The Glass Closet

Why Coming Out is Good Business

John Browne

カミングアウト

LGBTの社員とその同僚に贈るメッセージ

ジョン・ブラウン

松本裕［訳］

英治出版

K・ダ・ミューラに

THE GLASS CLOSET

Why Coming Out Is Good Business

by

John Browne

Japanese translation rights arranged with John Browne
c/o Ed Victor Limited (part of the Curtis Brown group of companies), London
through Tuttle-Mori Agency, Inc., Tokyo

まえがき

二〇一四年一〇月一日、私はヘンリー・オン・テムズで開催されたヘンリー文芸フェスティバルで本書について話をした。ここは毎年開催されるボートレースで有名な裕福な街で、私が出席した討論会は一八〇五年に完成したジョージア王朝様式の建物ケントン・シアターでおこなわれた。二世紀以上にわたり、学校として、教会として、そして劇場として使われてきた建物だ。その中で議論される話題は、しかし、まぎれもなく現代的だった。

イベント後、私は壇上で著書にサインをしていた。そこに五〇代半ばぐらいの男女が、特別な頼みごとをしてきた。「私たちの息子に宛ててサインしていただけますか?」と女性が言う。「息子に、カミングアウトしてほしいのです」

数年前なら想像もできなかったような場面だった。LGBTに対する態度は一〇年前と比べれば寛容になってきたとは言え、その度合いは世代によって異なる。世論調査では常に、親や祖父の世代よりも若い世代のほうが同性愛に対して寛容であることが示される。彼ら若者は、ゲイであることをオープンにしている教師や医師、親戚がいることがますますあたりまえになってきた世界で育っているのだ。だが、変化はすべての世代に訪れている。いま紹介した例では、オープンであることが息子の幸福にとって重要だと理解し、息子の旅路をいつでもそばで応援してくれている両親がいたわけだ。

本書が出版されて一年、私はこのような出会いを数多く経験してきた。ロンドンのあるイベントでは三〇代の男性に話しかけられた。「シンガポールへの往復の飛行機の中でご著書を読みました」と彼は言った。「そして、帰国してからカミングアウトしたのです」。またあるときは、大手銀行の上級幹部が私のもとを訪れ、彼も私の本を読んだあとにカミングアウトしたと教えてくれた。彼の同僚たちが衝撃を受けることも、ひどく驚くこともなかったそうだ。一番大きな反応を示したのは、もしかするとカミングアウトした当人だったかもしれない。彼は今、自分らしさを保ちながら、くつろいだ気持ちで同僚たちと過ごすことができている。

本書が、人によって異なるプロセスであるカミングアウトの案内図になるとは考えたこともなかった。絶対に効く処方箋も確実さもないものの、本書で紹介した体験談は、他者が参考にできる実例を示している。それらの物語がカミングアウトする自信を誰かにつけさせ、人生の本当の素晴らしさを経験する手助けをできたと知って、とてもうれしく思う。

本書の刊行以来、私は世界中のイベントで少なくとも週一回は本書について話をしてきた。ロンドンからシンガポール、サンフランシスコまで、実際にカミングアウトして成功した人々の実例ほど効果的に恐怖を消してくれるものはないという私の信念を、さまざまな職業のLGBTの人たちが実証してくれた。

だが二〇一四年一〇月二九日、グーグルとフェイスブックの社員向けに話をする予定になっていた日の前日、フォーチュン五〇〇にランクインしている企業の経営者でゲイであることをオープンにしている者はまだ一人もいなかった。若いLGBTのビジネスパーソンがトップを見上げても、自分のような人間を見つけることはできなかったのだ。

翌朝、その状況が変化する。朝の五時、私は世界中の仲間たちから届くメールの嵐に目を覚ました。どのメールも、アップルのCEOティム・クックが『ブルームバーグ・ビジネスウィーク』に執筆したエッセイの中でカミングアウトしたという知らせだった。[1] 彼は何年も前から親しい友人や同僚には打ち明けていたが、それまで公にカミングアウトする必要性は感じていなかったのだという。エッセイの中で、彼は世間の注目を彼自身のプライベートではなくアップルの製品に向けておきたかったと語った。それは、私がBPのCEOを務めていた間ずっと抱えていた恐怖と同じだ。

「私個人のプライバシーを守りたいという欲求が、もっと重要な任務に取り組むことから私を阻んでいたのだと気づいた」と彼は書いた。「アップルのCEOがゲイだと知ることで誰かが自分のアイデンティティを受け入れる手助けになるのなら、あるいは孤独を感じている誰かに安らぎを与えられるのなら、または平等を主張しようと誰かにインスピレーションを与えられるのなら、私のプライバシーを明かすだけの価値はある」

朝食を終えるころまでには、第二波のメールの嵐が届き始めていた。今度は、私のコメントを求める十数社のマスコミからだ。私の反応はためらいなく、単刀直入なものだった。私は個人的にクックのためにうれしく思っていた。カミングアウトして以来、私はプライベートの人生と仕事人生を一致させることで人生がどれほど楽になるかを実感してきた。ある意味、本書は二度目のカミングアウトだ。自分の人生の一章にピリオドを打ち、新しいページを開いたのだ。私は今では自分がどのように暴露されたかを自由かつオープンに、しかも初めて自分の言葉で語ることができる。

ビジネスマンとして私は、クックの決断がビジネスにとってどのような幅広い影響を与えるかも認識していた。オープンな手段で性的指向を公開したことで、クックはビジネス界における態度の変化を加速させるだろう。

その日の午後、私はスタンフォード大学の経営大学院で講義をした。「リーダーシップの観点」という授業の一環で、リーダーシップへの自分の道のりを語るよう頼まれていた。過去にこの授業で講義をした大勢のリーダーたちとは異なり、私は事業戦略や株主価値には時間を割かなかった。代わりに語ったのは、プライベートで危機に直面した経験から何を学んだかだった。カミングアウトする恐怖に長年さいなまれていたこと、「クローゼットに閉じこもっていた」（ゲイであることを隠していた）ことがどのようにBPの経営に影響を与えたかも話した。そのせいで私が悪い経営者になったのではないかという考えは否定したが、自分の一部を隠蔽することで同僚の多くとあまり親しい関係になれなかったことは認めた。また、それは私の幸福に多大な影響を与える個人的な重荷でもあった。

カミングアウトするというクックの決断は、もうひとつ重要な論点を提起している。多国籍企業の最高責任者は、プライベートと仕事人生の間に壁を作ることができない。やることなすことすべてについて、リーダーでいなければならないという責任があるのだ。現代のリーダーたちは、そのことを受け入れなければならない。公人であることそのものが、LGBTコミュニティ（またはその他の少数派コミュニティ）の一員であっても必ずしも成功の邪魔にはならないことを実証する力と責任を持たせるのだ。

企業がますます少数派のインクルージョン（受容）を重視するようになってきたというのは、勇気づけられる変化だ。スターバックスからゴールドマン・サックスまで、世界的な企業やもっとも尊敬されている企業の経営者が、今ではLGBTのインクルージョンに対する支援を公的に宣言し、社員全員が職場で安心して自分らしくいてほしいと願っている。それは正しいことであるだけではなく、業績にも影響を与える。目の前の業務に全力で取り組む社員を擁する企業は同業他社を毎年平均二%、二〇年間連続で上回っている。(2) 社員が性的指向を打ち明けたあとでも受け入れられると感じられなければならない以上、LGBT問題への取り組みは困難に思えるかもしれない。だが、LGBT社員を受け入れ、一緒に仕事に取り組むという企業の能力は、その企業がほかの少数グループをどう扱うかというリトマス試験紙にもなる。

今では、国際組織がその影響力を利用し、ＬＧＢＴの状況を改善するよう政府に圧力を加えるようになってきている。二〇一四年二月、世界銀行はウガンダへの九〇〇〇万ドルの貸し付けを延期した。同国の厳しい反ゲイ法案のためだ。世界銀行総裁ジム・ヨン・キムはのちに『ワシントン・ポスト』の論説に寄稿し、性的権利に対する抑圧は「多国籍企業がそれらの国々に投資したり拠点を設けたりすることをためらわせるという点で、国の競争力を損なう可能性がある」[3]と書いた。

その年の後半、私はワシントンＤ・Ｃにある世界銀行の本部で開催された「性的少数派のインクルージョンを促進するうえでの民間部門の役割」というテーマのパネルディスカッションで発言した。ほかに国際金融公社のジン・ヨン・ツァイ長官、世界銀行のサンジャイ・プラダン副総裁もパネリストとして参加していた。全体的な雰囲気は楽観的だったものの、ナイジェリアのある重役が、ＬＧＢＴの権利に強く反対している指導者がいる国では世界銀行による行動が何かを変えることはできないだろうと指摘した。彼は正しいかもしれない。だが、世界の政治リーダーたちがＬＧＢＴの権利についての計画をさらに推進し続けなければ何も変わらないし、その推進に経済的なてこ入れもしていかなければならない。

これまで経てきた道のりに気を取られて、これから先の道筋を見失ってはならない。企業や組織はしばしば多様性について語るが、本当にインクルーシブ（受容的）な環境は実現できていないことが多い。私はこの事実を本書の執筆中、そして出版後の大企業への訪問時に実感した。

多くの経営者が支援しようという雰囲気を上層部でつくっても、それが組織の全社員にまで行き届くことはまれだ。二〇一四年夏、私は少数派のインクルージョン促進に努めていることで有名なアメリカのある大手銀行で、タウンホール・ミーティングを主催した。ミーティング後、主に若手のゲイ社員から成るLGBT社員リソースグループ（共通の特性や経験を軸に集まり、キャリアアップや自己啓発を目指す社内の従業員グループ）と話をしたが、全員が共通の懸念を抱いていた。銀行の最高幹部は善意の発言をしているが、日々の業務に追われて上から指示されたインクルージョン活動に取り組む時間のない中間管理職には、それが浸透していないというのだ。そうした中間管理職が行動を起こすための時間や動機づけができるような優先順位が設定されるべきだというのが彼らの意見だった。

本書はLGBT問題について議論しているが、多くの異性愛者の女性も、ゲイの幹部社員が直面する困難に共感すると教えてくれた。どの少数派もそれぞれに独特な問題に直面しているが、共通の困難にも立ち向かっているということだ。スタンフォード大学での講義のあとにフェイスブックのCOO（最高執行責任者）シェリル・サンドバーグと会ったとき、私はそのことを痛感した。彼女は職場における女性のリーダーシップに関するすぐれた本『LEAN IN――女性、仕事、リーダーへの意欲』（村井章子訳、日本経済新聞出版社、二〇一三年）の著者でもある。

私たちはＬＧＢＴと女性社員が直面する共通のハードルについて話し合ったが、中でも特に私たち二人ともが高いと感じたハードルがある。自分らしくいる自信を見つけるという困難だ。私は、サンドバーグの熱意と態度に感銘を受けた。フェイスブックは多様性に関しては牽引的な立場にあると見られている企業だが、それでもまだやるべきことが多くあるとサンドバーグは認めている。たいしたことをやっていない企業ほど、「問題は解決した」などと言うことが多い印象を私はしばしば受ける。まだやるべきことが多く残っていると言う企業のほうが、大部分の進歩をすでに遂げている場合が多いのだ。

言うまでもなく、ＬＧＢＴが異性愛者の女性と大きく異なる点がひとつある。ＬＧＢＴはアイデンティティの重要な部分を隠している場合が多いのだ。クローゼットは孤立と孤独、ストレスの場だ。人の可能性を制限し、心の健康をむしばむ。

このストレスは、以前よりも幅広く理解されるようになってきた。私の経験上、ビジネスの世界に生きる人々はカメレオンのように行動する傾向がある。自分がいる環境に順応するのだ。自分たちのような手本がいなければ、本当の自分を抑えこむことを選ぶ者が多い。それは本人の創造力や生産性にとってだけでなく、部下の社員にとっても良くないことだ。

二〇一五年一月の時点では、企業のトップにおける環境はほとんど変わっていない。二〇一四年夏にクリストファー・ベイリーがバーバリーの最高責任者に選ばれても、二〇一四年一〇月にティム・クックがカミングアウトするという決断を下しても、FTSE一〇〇やフォーチュン五〇〇に選ばれている企業トップの誰一人として、後に続いてはいない。

それが前提だとすれば、LGBTの新卒の驚くほど多くが、就職するとクローゼットに引きこもることを選んでいるのも意外ではない。LGBT人権団体「ヒューマンライツ・キャンペーン」によれば、一八歳から二四歳のLGBTの社会人のうち、職場でカミングアウトしているのはたったの七%だそうだ。(4) 三五歳から四四歳までだと、三二%がカミングアウトしている。彼らの沈黙には、個人的・社会人的代償が伴う。クローゼット状態の男女は仕事に満足できず、離職する可能性が高いのだ。

だからこそ、企業がインクルージョンのメッセージをはっきりと伝え、あらゆる階層でそのメッセージが浸透し、実行されるよう保証することが大切になってくる。上級幹部は管理職に責任を持たせ、うわべを飾るためだけにダイバーシティ政策を取り入れるのではなく、本当に受容するよう取り組まなければならない。同時に、LGBTのリーダーたちも、LGBTの部下たちのために自分をさらけださなければならない。手本があれば、インクルージョンは可能になる。

本書を執筆していたとき、私はこれが役に立つ本になるのだろうかと心配していた。だがクローゼット状態の社会人に会い、オープンなLGBT社員が直面する困難に耳を傾けた結果、私は問題が現実のものであること、そして解決が必要であることを確信した。

ありがたいことに、本書の執筆中はいらいらするよりもインスピレーションを受けることのほうが多かった。ほとんどの場合、ＬＧＢＴやストレートの支援者たちは、私を楽観的な気分にさせてくれた。

二〇一四年一〇月、私は「アウト・フォー・アンダーグラッド・ビジネス会議（ＯＵＢＣ）」でスピーチをした。ＯＵＢＣは、金融や経営コンサルティング、会計の業界に関心のある優秀なＬＧＢＴ大卒者を発掘する場だ。就職フェアや人脈作りの会合には自信に満ちたオープンなＬＧＢＴの若者たちが集まり、世界でもっとも人気の高い企業の採用担当者と接触することができる。この会議は二七〇パークアベニューにあるＪ・Ｐ・モルガンの社屋で実施された。ＢＰでニューヨークに配属された四〇年近く前に、私が働いていたビルだ。遠い昔に自分がクローゼットに閉じこもっていたときと同じ場所で、自分自身のカミングアウトについて話すのはとても感動的な体験だった。そして、何百人もの若い男女があれほどの自信を持って振る舞っているのを見るのも、心を動かされる光景だった。時折、採用担当者のほうが緊張しているような印象さえ受けたほどだ。

あの場にいた若い男女の中には、仕事を始めてからどこかのタイミングでクローゼットに戻ることを選ぶ者もいるかもしれない。だが、それはごく少数だと私は信じている。オープンなＬＧＢＴの友人や同僚が昇進していけば、企業の文化も変わっていくだろう。

私たちは、長い道のりを旅してきた。だが、やるべきことはまだたくさんある。本書の執筆が私に何かを教えてくれたとすれば、それは、最高のときが訪れるのはまだこれからだということだ。

二〇一五年五月、ロンドンにて

ジョン・ブラウン

カミングアウト　目次

プロローグ

二〇一二年一一月、貴族院での投票の合間の休憩中、私は廊下で学者、司祭、政治家と立ち話をしていた。私は、翌朝に「アウト・オン・ザ・ストリート」でパネルディスカッションの司会をするのだ、という話をした。レズビアン、ゲイ、バイセクシャルおよびトランスジェンダー（ＬＧＢＴ）の従業員の職場環境を改善させる方法について、金融業界の企業幹部が話し合うイベントだ。三人の指導者たちは、困惑の表情を浮かべた。「なんとも奇妙ですな」と一人が言う。「その問題はすでに解決されていますよ。学界においても、教会においても政界においても、まったく問題はありません」

まるで悪い冗談の出だしのようだが、三人が揃って見せた驚きは、笑いごとではすまされない。高学歴の人々の間でも、ＬＧＢＴ社員を今も苦しめる困難についての認識が不足しているのだ。差別を軽減する方策が大幅に改善され、同性婚に対する考え方が変わり、ポップカルチャーにおける同性愛者の認知度が高まってきたことにより環境が整備されてきたとは言え、アメリカではLGBT社員の四一%がいまだに職場でそのことを隠していると推定されている。[1]イギリスでは、この数字は三四%だ。[2]必然的に、企業トップを目指すLGBT社員には、手本となる人物が存在しない。二〇一三年末時点で、フォーチュン五〇〇に名を連ねる会社の経営者の中に、ゲイであることを公表している人物はただの一人もいなかった。

本書は、何が彼らのカミングアウトを妨げているのかを理解し、真実を明らかにすることで得られる利益について伝えることを目指している。

本書は一年以上にわたる調査と世界中の一〇〇人以上におよぶプロフェッショナル、経営幹部、学者、スポーツやエンターテインメント分野で活躍する人々、心理学者、多様性におけるソート・リーダー〔思想的指導者〕への取材の集大成だ。本書には二つの目的がある。ひとつは私自身の物語とほかのゲイの企業幹部の物語を通じて、カミングアウトすることが従業員や彼らを支える企業にとって最適な選択だと示すこと。もうひとつは、企業が信頼、インクルージョン（受容）、ダイバーシティ（多様性）、尊重といった価値観をはぐくむためにどのような道筋をたどるべきかを提案することだ。

本書を読むうえで、重要な注意点もいくつかある。まず、私はゲイコミュニティ全体を代弁しようというつもりはない。カミングアウトの経験は、人それぞれだ。年齢や地域、職業、肩書、宗教的背景、家庭の事情などの要素によって左右される。取材を申しこむにあたってまずは私個人の人脈に頼ったが、その後もっと幅広い声や経験を求めてさらに網を広げた。それでも、本書が焦点を当てるのは主にホワイトカラーの企業人だ。だからと言って、ブルーカラーの労働者たちが直面する困難を覆い隠す意図はない。ビジネス界で四〇年以上を過ごしてきたというのが私の現実で、自分がもっともなじみある分野について書きたかっただけだ。

同様の理由から、本書は主にアメリカとヨーロッパに焦点を当てている。西側諸国でLGBTの実業家たちが直面する困難など、同性愛がいまだに犯罪扱いされている国でゲイの男性や女性が直面する困難に比べれば取るに足りないものだ。そのような国で同性愛者であることが知られれば、投獄や死にさえつながる可能性がある。アメリカの活動家たちは同性パートナーにも福利厚生を与えるよう、そして同性婚を法的に認めるよう主張しているが、ウガンダやインドのような国の活動家たちはもっとも基本的な保護や権利を求めて戦っているのだ。彼らの戦いには世界中が注目すべきではあるものの、本書の対象からははずれている。西側諸国の経営者や企業が自らの影響力を活用し、他国のLGBTの人々のために変化を起こしてくれることを私は願っている。

最後に、本書は理論的というよりは実際的な本を目指している。本書で紹介する物語は、男性も女性もそこから学び、選んで自分にあてはめられるような実例を提供するものだ。

カミングアウトという行為は一瞬で終わってしまうが、カミングアウトするための勇気を手に入れるまでには何十年もかかるかもしれない。そこに至るまでの要素には歴史、心理学、法律、宗教、勝利と失敗がすべて含まれている。本書も、それを目指している。第一章では、私自身の性的指向の暴露が発端となって、CEOを務めていたBPを退社するに至った経緯について語る。この辞任を巡る劇的な出来事は、私の企業人としての人生にとっても、プライベートの人生にとっても大きな転換点となった。この物語は、真実を明かさないという選択が招く結末を浮き彫りにする。

自分の性的指向に対する不安感は私の生い立ち、仕事、社会的ネットワークだけに根差すものではなかった。ゲイに対する社会の見方や扱いの違いという長い歴史にも強く影響されていた。第二章では、国境と時間を越えて社会で同性愛嫌悪が根差すに至った歴史的側面を紹介する。

同性愛嫌悪とそれがはぐくんだ反同性愛的法律は、消えつつある。だが、その遺産はいまだに現代の私たちの考え方を左右している。第三章では、クローゼット状態の人々の声を聞く。彼らは、仕事で成功するチャンスが限定されてしまうことを恐れているのだ。彼らの恐怖は大げさなように思えるかもしれないが、クローゼットに隠れて生きていると、バランスのとれた人生を送るのは難しい。彼らの話を聞きながら、私は自分自身の経験をかなり思い出していた。

彼らの懸念は、残念な真実に包まれている。ゲイに対する偏見は、いまだに存在するのだ。第四章で見ていくように、その偏見は時代とともに減ってきている。だがLGBT社員は例外なく、カミングアウトの際にはある程度のリスクを負わなければならない。ビジネス界には、ほかのどの業界とも同様、偏見を持つ人間がある程度はいるものだ。だが、応援してくれる人の数がますます増えつつあるのも事実だ。第五章では、企業がどのようにして、そしてなぜ変化を受け入れつつあるのかを示す。いまや、企業はＬＧＢＴ社員を単に容認するだけではなく、積極的に支援することによる利益について理解しているのだ。

カミングアウトして以来、私は以前よりもずっと自由に生きられるようになり、クローゼットの中にいる不安感なしに新たな仕事に挑戦できるようになった。だが、カミングアウトはつらい体験でもあった。第六章では、ゲイの実業家たちがカミングアウトすることの利益について、自らの経験を語る。彼らの物語は、ＬＧＢＴコミュニティを形成する人々の数と同様に多種多様だ。

真実を明かすうえでの困難は、業界によってさまざまだ。それを念頭に置き、第七章では、一般企業以外の分野に目を向ける。ＬＧＢＴの平等と容認に関しては社会全体からかなり後れを取っているプロスポーツ界、そして変化を推進するうえでもっとも重要な分野のひとつである政界だ。この二つは例外的な環境にある特殊な分野だが、ほかの分野のゲイの人々にも応用可能な教訓をもたらしてくれる。

クローゼットの中から社長室への私の旅路は、第八章で重点的に取り上げるＬＧＢＴのインクルージョンに向けて、企業が何をできるか教えてくれる。また、ゲイの従業員がなぜ自らのキャリアに責任を持たなければならないかも示す。企業がクローゼットの扉を開けたとき、その扉をくぐるかどうかは、従業員本人にかかっているのだ。

私自身、ＢＰのＣＥＯとしての任期中、もっと早くカミングアウトできるほどの勇気があればよかったのにと思う。それは今でも後悔している。そうしていれば、ほかのゲイの人々のためにもっと社会に影響を与えられたはずだ。本書で紹介する物語が、彼ら自身に影響を与えられるようになる、そんな勇気の源になってくれればと願っている。

1 逃げ隠れ

会社を出る時間だ。

二〇〇七年五月一日、BPのCEOを辞してからほんの数時間後の午後五時、私はロンドン本社ビルの五階からエレベーターに乗りこみ、下へと降りていった。ドアが開いたとき、私には二つの選択肢があった。誰にも見られずに地下の駐車場に向かい、チャールズ二世通りに面した通用口から車で出て行くこともできる。あるいは普通にロビーを抜け、木々が生い茂るセント・ジェームズ・スクウェアを見渡す正面玄関を出て行くこともできる。ただし、そちらを選べば、獲物を狙うハゲタカのように一日中待ち構えていた三〇人ほどのマスコミのカメラマンに出迎えられることになる。

四〇年以上にわたる石油産業でのキャリアの中、自分の性的指向をずっと隠し通したいという抑え難い衝動に従った結末が、この最悪の分かれ道だった。私の長年の秘密が今まさに暴露されようとしていたが、もうこれ以上逃げ隠れするつもりはなかった。よし、正面玄関から出て行こう。

カメラマンたちにも、オフィスで待っている編集者たちにも、ネタはたっぷりあった。その日の朝一〇時ごろ、イーディ高裁判事が一月に出した裁判所の差し止め命令による報道規制が解除されたからだ。この決定により、『デイリー・メール』紙、『メール・オン・サンデー』紙、そして『イブニング・スタンダード』紙を所有するアソシエイテッド・ニュースペーパーズ社は、私とジェフ・シュヴァリエという若いカナダ人との三年にわたる関係の詳細を報じることができるようになる。

私たちの関係についての噂は、何カ月も前から飛び交っていた。[1] だが、その噂がきわめて公に報道されるとなれば、ビジネス界の多くの人々にかなりの驚きを与えるだろう。

二〇〇三年、ジェフは二三歳の男性エスコート、平たく言えば男娼だった。彼と知り合ったのは、今ではもう存在しないウェブサイトだ。世間の目にさらされるビジネスマンだった私には、クラブへ出かけたりデートの相手を外で探したりすることなど、誰かに見られるのが怖くてとてもできなかった。そこで代わりに選んだのが、もっと秘密が守れる、ただしリスクはずっと高い方法だった。紆余曲折を経て、九カ月後にはジェフは私の家に引っ越していた。一番の親友にさえどこで彼と出会ったのか教えるのが恥ずかしかったので、私たちは話をでっちあげた。私のアパートメントからはテムズ川の反対側に位置するバタシー公園で、ランニング中に偶然出会ったことにしたのだ。自分から進んで話したことはなかったが、友人たちは当然、二人の出会いに興味を持つ。聞かれたときには、この話をした。

だが二人の関係は、やがて壊れてしまった。私はジェフに金銭的援助を続けたが、それは口止め料のつもりではなく、良識的な感覚から、彼を即座に切り捨てたくなかったからだ。だが、いつまでも彼の生活を支援し続けるつもりもなかった。それからさらに九カ月ほどして、私は彼への送金をストップした。すると彼からショートメールや電子メールが届くようになった。私は無視し続けた。二〇〇六年のクリスマス・イブに彼が送ってきたメールは、脅迫のようにも取れた。「ちょっとだけ支援してほしいと頼んでるだけだ」とメールにはあった。「きみに恥をかかせたくはないけど、コミュニケーションを取ろうと努力しても何の反応もないから、ぼくは追い詰められている」(2)。私は、これも無視した。

クリスマスが訪れ、年が明けた。二〇〇七年一月五日金曜日、私がバルバドスで休暇を過ごしていたころ、『メール・オン・サンデー』がBPの広報部に電話をかけてきた。私のプライベートについての暴露記事を載せる予定で、私がジェフとどのように出会ったか、二人でどのように過ごしたかを詳しく書くというのだ。ジェフが、かなりの大金と引き換えにネタを売ったのだった。その日のうちに私のコメントがほしい、と彼らは言った。私がコメントしようがしまいが、日曜日には記事を掲載するとのことだった。

ビーチと太陽の光を楽しむ気持ちは、怒りと恐怖に取って代わられた。一度は信じた若い男性が、二人の思い出を金と引き換えにすることを選んだのだ。その後明らかになった彼の話の大半は、誇張されているか間違っていた。自分の私生活の周囲に築いていた壁が、がらがらと崩れ始めた。ここから連鎖反応的に私の人生、仕事上の人間関係、私の評価、そして最終的には私が信頼され率いていた企業であるＢＰの評判までもが傷つけられることになるのを私は恐れた。友人や同僚たちと慌てて話し合いをした結果、ロンドンでも最高の法律事務所を雇い、記事の発表を止める差し止め命令を請求することにした。

このとき私は五九歳で、特に近しい人々にも自分の性的指向について話したことはなかった。それが突如として、知りもしない弁護士に携帯電話越しに自分の状況を説明しなければならなくなったのだ。まだ会ったこともない相手に、不安とストレスでいっぱいのときに、自分の第二の隠れた人生についてこの上なく詳細な情報を共有するよう求められた。真実をすべては語らないことにしようと決めたのは、そのせいかもしれない。ジェフとどのようにして出会ったのかと弁護士に聞かれたとき、私はバタシー公園でランニング中に会ったと話した。

一月六日土曜日、最高裁は記事の差し止め命令を発効した。大きな安堵を覚えたが、それも束の間だということはわかっていた。新聞社がこの決定に不服を申し立て、差し止め命令を解除させようと執拗に働きかけるのは当然だったからだ。また、自分の証言にひとつだけ、だが重要な虚偽が含まれていることもわかっていた。

翌日、私は仕事でトリニダード・トバゴへ飛んだ。マニング首相との会談中、私の頭は差し止め命令とBPの製油所における安全に関する非常に不利な報告の発表が迫っているという事実でいっぱいだった。CEOをこれ以上続けることはできない、と私は結論づけた。私生活に吹き荒れる嵐は私の評判を壊滅的に傷つける可能性があり、それがBPにも影響を及ぼすことは絶対に許せなかった。一月八日、夜の便でロンドンへ戻った。着陸するとすぐに、取締役会長のピーター・サザーランドに会いに行った。弁護士の指示どおり、差し止め命令の内容や詳細を漏らすことなく、言える限りのことを説明する。そして、今すぐ辞任したいと伝えた。ピーターは私の提案を受け入れてくれたが、取締役会は私が七月末までCEOを続けるべきだと決定した。差し止め命令がまだ最高裁で処理中のため、関係者全員が法的に何も言えない状態の今、私の辞任を世間にどう説明するというのだ？　というのがその理由だった。会社は、後継者にトニー・ヘイワードを指名した。彼が夏に後を引き継いでくれるまで、私は待たなければならない。

二〇〇七年一月一六日、BPは「ベイカー・レポート」の報告内容を公表した。これは、二〇〇五年三月にテキサスシティの製油所で起きた爆発に関して元米国務長官ジェイムズ・ベイカー率いる委員会が調査した内容の報告書だ。私の個人的な心配事は、取るに足りないものになった。この大惨事で一五人が亡くなり、一七〇人以上が負傷したのだ。過去二〇年にアメリカの職場で起こった事故としては最悪の部類に入る。非常に緊迫したこの日、私は再び責任を引き受けた。記者会見は爆発直後に製油所を訪れたときの記憶と、被害者の家族やBPの社員が感じていた苦悩を呼び起こした。

私は仕事とプライベートを切り離すのには慣れていたのだが、レポートの残虐なまでの率直さがその境界線を越えた。私がジェフとの出会いについて話したことが虚偽だという事実に改めて気づかされたのだ。そして、ほかのことにまったく集中できなくなってしまった。二〇〇七年一月二〇日までに私は自分の証言を訂正し、最高裁を欺いたことを謝罪した。そうすることでほっとはしたが、内心では、これで結果が変わるわけではないことはわかっていた。

外の世界では、ビジネスは通常どおり続いていた。そこから六カ月間の私の手帳は、BPのCEOとして過ごしたほかのどの半年とも同じようなものだ。どの日も会議や出張で埋めつくされている。ニューヨークに五回、アメリカのほかの都市に三回、ロシアに二回（そのうち一回はウラジーミル・プーチンに別れを告げるためだった）、中国に一回。BPの役員会も三回、そして年次総会も一回あった。表面上は冷静さを保っていたものの、この半年間は人生でもっともストレスの多い日々だった。

ときには、沈黙を守らなければならないという重圧から、柄にもない振る舞いをすることもあった。世界経済フォーラム（ダボス会議）は、理由も告げずに欠席してしまった。一月下旬には一週間の休みをとってただ姿を消した。それまでに一度もしなかったことだ。疑心暗鬼が極まり、なぜBPを辞めるのかと聞きそうなすべての人から逃げ出したくなって、バルセロナ近郊に住む友人のところへ逃げ出したのだ。戻ってくると、最高裁判所が記事の差し止め命令は解除すべきと判断したことを知らされた。ただし、控訴のため、差し止め命令は一時的に継続されているという。控訴院は私の控訴を三月五日と六日、カメラが入った状態で審理した。判決を待つ間、私は仕事でニューヨークへ飛んだ。あまりの不安でがちがちに固まっていたため、ビジネス界のある賞を受賞することになっていた私を撮影しようと待っていたCNBCのカメラの前に姿を現すのを忘れてしまった。GEのCEOでCNBCのオーナーでもあるジェフ・イメルトがのちに連絡してきて、賞は撤回されたと伝えた。

数日後、私の控訴は却下された。だが裁判所はまたしても差し止め命令を一時的に継続し、その間に私は自らのプライバシーを守る最後の努力として貴族院に上訴する許可を求めた。だが、これが成功する可能性は低く、差し止め命令も最終的には解除されてしまうだろうということはわかっていた。上訴の準備には、さほど時間はかからなかった。まるで私の辞任も含むすべての工程が、ずっと前から入念に計画されていた予定の一部のようだった。

あの数カ月間は、人生の中でもっとも悪夢のような日々だった。私は被害者ではなかった。人は自らの選択に責任を持たなければならず、私はいくつかのまずい選択をしたというだけのことだ。私はクローゼットの中で生きてきて、男娼との面倒な関係に陥ってしまった。それだけでも十分悪いが、それに加えて私はその関係を継続し、しかも、そのことを誰にも打ち明けられなかった。それが虚偽の証言につながり、二週間後の訂正に至ったのだ。偽証とまでは言えないが、かなり近かった。この嘘のために、事態はさらにまずくなった。この試練の間中、弁護士たちは私に誰ともこの案件について話し合ってはならないと助言していたが、この時間を活用して『メール・オン・サンデー』の記者たちは記事を膨らますことができた。そして二〇〇七年五月一日、ついに差し止め命令が解除されるその日まで、時間が私をさいなみ続けた。

正午までには私は辞任を発表していた。私が一二年間率いてきた会社、まだ大学生だったうちに働き始めた会社を去るのだ。記者への発表には、悲しみも含まれていた。

「BPにおける四一年間のキャリアの中で、私はプライベートと仕事を切り離してきました」と発表には書いた。「性的指向は個人的なものであり、秘密にしておくものだと常に考えていました。新聞社が私のプライベートについての話を公表することを決定したのは、個人的に非常に残念です」

この発表は、その後数日間にわたってイギリス国内だけでなく主要な国際紙の一面を飾り続ける数々の記事のきっかけとなった。差し止め命令を解除したことで最高裁判所は絡み合う主張の数々を記事にする自由を新聞社に与えたわけだが、中には間違っている情報や誤解を招く情報も含まれていた。私は、記事に書かれたようにトニー・ブレア首相およびゴードン・ブラウン大蔵大臣と交わした内密の会話の内容を元恋人に漏らしたりはしていない。それに、企業の資産や資金を乱用して彼を支援したりもしていない。この点はBPが証拠を精査したうえで裏付けている。

判決の際、イーディ判事はこの件を法務長官に回すこともできるが、私の行為が公的な判決において公開されるだけで十分な罰となるため、そのようなことをしても意味はないだろうと語った。それに加えて、私は一九九五年以来BPが達成してきた数々の業績に最近の出来事が影を落とすという厳しい現実にも直面していた。私がCEOを務めていた間に、BPの市場価値は五倍になっていた。いわゆる「セブン・シスターズ」(3)の中では小さいほうの会社だったところから主要な世界的企業へと会社を成長させ、ヒューストンからモスクワ、クアラルンプールまで、何万人もを雇用した。一時期、BPはイギリスの年金基金が配当として受け取る金額の六分の一までを提供していたこともあるのだ。そうした業績がすべて、突如として付け足しのようになってしまった。記者たちは新しい記事を権力とセックス、そして嘘の物語として紡ぎ出す。そして間もなく、私は彼らに写真を提供しなければならなくなるのだ。

エレベーターのドアが開いた。外にいるカメラマンたちがレンズをこちらに向け、シャッターを押すのを待ち構えているのが見える。階上では、出て行く準備をする私を見て部下たちが涙ながらに悲しんでくれた。彼らには心から感謝していたが、私は感情を表に出さず、別れも告げなかった。ここからの短い時間を乗り切ることに全神経を集中させていたからだ。

私の頭の中には、ひとつの思いが渦巻いていた。それはアウシュヴィッツを生き延びた母の記憶だ。その人生最後の一四年間、母は私と一緒に暮らしていた。戦争で母の家族はほとんどが殺されてしまい、母はとてつもない痛みと苦しみの時代を生きてきた。だが、感情を素直に表現し、率直にものを言うこの時代には理解しにくいかもしれないが、母は決して過去を引きずることがなかった。自らの人間性を、自分にも人権はあり胸を張って立っていればすべてに立ち向かえるという信念を、母はあの暗黒の時代にも失わなかった。

私はロビーを突っ切って群集の中へと出て行った。最初のシャッター音に、何千ものシャッター音が続く。私は歩道で立ち止まり、笑みを浮かべた。ほかに何ができる？　カメラマンたちが押し合いへし合いし、中には私を怒らせようとする者もいた。そのほうが当然、いい写真が撮れるからだ。誰かが、「ゲイのクズ」という罵り言葉を叫ぶ。私が車に乗れるようにとＢＰの警備員が道を空けさせたときに、強引なカメラマンが一人地面に押し倒された。警備員の一人が彼を見下ろし、いくばくかの皮肉をこめてこう言った。「どうも申し訳ありません」

当時ＢＰの広報責任者だったロディ・ケネディが、チェルシーにある自宅までの短いドライブに同乗してくれた。運転手で元警察官のピーターは、カメラを構えて追ってくるバイクの一団を振り切らなければならなかった。騒乱のさなか、私たちは黙ったままでいた。まるで、車内から空気が吸い出されてしまったかのようだった。

自分が育てる一翼を担った会社から離れるのは、身を切るような辛さだった。何十年もかけて私は自分の人生のかなり大きな部分を偽り、隠して、こうしたことが起こるのを防いできたはずだった。可能な限り長いこと、私は逃げ、隠れ、曖昧にごまかしてきた。だがこの日、ほぼ避けようもなく、私の二つの世界が衝突した。その副産物として、私は人生のすべてを構成してきた仕事を失ったのだ。

あれだけ長い年月を不安と恐怖に包まれて過ごしてきた挙句に、私はその恐怖がついに実証されたと考えずにはいられなかった。その瞬間は、ゲイであることをずっと隠していたのは正しかったのだと確信していた。

少年時代

社会人となったばかりのころに自分の性的指向を公に認めることを拒否した理由は、自信のなさからだった。会社に抑えつけられていたわけではない。それは事実とはまったくかけ離れている。研修生からCEOへと昇りつめる中で、私は自分の能力に自信を持ち、傲慢にさえ思えるほど自信たっぷりに振る舞えるようになっていった。

だが内面には深い苦悩を秘め、毎日のように心の中で葛藤していた。本当の自分を見せるのが恥ずかしいと感じながら自分に満足するのは難しい。その感覚は、昇進しても消えることはなかった。逆に、昇進すればするほど失うものが大きくなる気がして、恐怖は増すばかりだった。

ゲイの男性でも女性でもそうだと思うが、私の不安感は仕事でのキャリアを検討するよりずっと前から膨らみ始めていた。条件付けや自問自答、自己不信のすべては、早い時期に始まるものだ。

私はケンブリッジシャーという地方にある全寮制のキングス・スクール・イーリーに通った。西暦九七〇年創立のこの学校は複数の修道院的な建物から成り、生徒がしばしば礼拝に訪れるイーリー大聖堂と強いつながりを持っていた。進歩的な英国国教会の学校であるイーリーで地獄の業火や天罰が話題に上ることはほとんどなく、私の記憶にある限り、宗教の授業で同性愛が取り上げられることもなかった。その話題は、まるで存在しないかのように扱われていた。

一般的な認識とは裏腹に、全寮制の男子校で同性愛が横行しているというのはまったく事実ではない。私が思春期を過ごした一九六〇年代、同性愛はまだ違法だった。そのことを、私たちはなんとなく認識していた。同性愛嫌悪的ないじめを目にすることはなかったし、生徒や教師について噂がささやかれることもなかった。その代わり、性的な事件を起こした生徒はひっそりと退学させられていた。ただ教室から姿を消し、何も説明はされない。それが意味するところは明らかだった。ゲイであるというのは、間違っていることなのだ。

学校の中でも外でも、同性愛者の末路ははっきりとしていたが、だからといって性的欲求や行為が止められるものではない。私の初めてのゲイ体験は海外で、まだ年若い一〇代のころだった。私の父は海外のBPで働いていて、私はイギリスよりも明らかにもっとおおらかな環境で陽の光を楽しみながら夏を過ごすのが常だった。その中で、同年代の友人たちと何回かの行為があった。彼らの親たちも、石油会社で働いていた。その行為について罪悪感を覚えることはなかったが、私たちがやったことが誰かに知られたらどうしよう、という心配はした。幸いにも、私は友人たちとわざわざ約束をする必要はなかった。私たちは暗黙のうちに同じ沈黙の掟に従い、その掟は秘密がばれることに対する恐怖によって守られていた。

私の両親は、とても世慣れた人たちだった。世界中を旅してまわり、人種や宗教を問わず、誰でも家に迎え入れていた。だが、学校のときと同様、性的指向は話題に上ることすらなかった。我が家の会話には、ほかの多くの家庭もそうだと思うが、性的指向についての話題が入る余地はなかったし、もっと言うなら私にガールフレンドがいるかどうかというごく基本的な質問さえ出ることはなかった。父は彼の世代によくいた典型的なイギリス人で、自分の感情について話すこともなければ、相手が自らの感情について話すことも期待していなかった。戦争中、父は陸軍大尉としてイギリスのために戦った。戦争を乗り切ったストイックさが、戦後も父の中に残っていたのだ。

母には同性愛の話題を避ける理由が山ほどあったが、そのほとんどがホロコーストを生き延びた体験に根差していた。カトリック教徒の父親とユダヤ教徒の母親の間に生まれた母は、ルーマニアのオラデアというところで主にカトリックの人々に囲まれて育った。一家のカトリックとの強い結びつきを考えれば、母と五人の兄弟たちはユダヤ人狩りを逃れることもできたはずだ。だが誰かが彼らを売り、ナチスは母と母の家族をアウシュヴィッツ行きの貨物列車に乗せた。到着すると、母はアウシュヴィッツの中の、奴隷労働者たちが働かされていた軍需工場へ送られた。親戚の多くは、ビルケナウとして知られる絶滅収容所に送りこまれた。母が両親の姿を見ることは、二度となかった。

人間のもっとも残酷な本質を目撃した母は、容易に人を信用しなかった。彼女の思考の大部分は、疑いに占められていた。「他人を信頼して秘密を明かしては絶対にだめ」と、私が幼かったころから母は教えてくれた。その教えは、私の心に刻まれていた。

母がアウシュヴィッツで何を見、何を経験したのかについて、家族で話し合うことはなかった。母はその記憶をしまいこみ、私は好奇心こそあったものの、母にその苦悩を再現してほしいと頼むこともなかった。成長し、戦争について学ぶにつれ、母の苦悩の中にはピンク色の三角を目印につけさせられていたゲイの収容者の記憶があったに違いないと私にはわかるようになった。

母は、私がゲイではないかと疑っていたのだろうか？　わからない。だが、わかっているのは、少しでも弱みを見せるのは悪いことだと母が強く信じていたということだ。私の同性愛性を知れば、惨劇を防ぐために隠しておかなければならない不利益だとみなしただろうことは間違いない。過酷な時代は、人を現実主義者に変える。母は、私が知る限りもっとも現実的な人の一人だった。もし私が自分の性的指向について母に打ち明けていたら、母はきっとこう言ったただろう。「あなたがゲイでもストレートでもどっちでもいいわ。とにかく結婚して子どもを持ちなさい。そして秘密は自分の胸にしまっておくこと。それを表に出していいことはひとつもないんだからね」。私が何歳だったとしても、同じことを言っただろう。

十代後半になると、母の教えのために私は他人に対して懐疑的になった。すべての若い男性の例に漏れず、私は性的空想や欲求に対する意識の高まりにとらわれていた。そうした感情が沸き起こるたびに、私は自分に言い聞かせた。「何もするな。何も言うな」。そのころすでに、私は自分の人生のさまざまな側面を小部屋に区切るやり方を覚えていた。小部屋のひとつは、自分を社会的に容認可能な人物にするために必要な物語やイメージで埋めつくす。別の小部屋は、誰にも打ち明けられない隠れた感情や秘密の考えで埋めつくした。

その後、私は物理を学ぶためケンブリッジ大学に進学した。そこでは、内なる私と外の人生との間の壁がさらに強固になった。学生はガールフレンドがいなくてあたりまえの環境だったので、ゲイではないかと周囲に疑われる心配はなかった。当時、学内に女子生徒はわずかしかおらず、男子と女子はほぼ完全に隔離されていた。通うカレッジも別、食堂も別だった。

私はボートクラブに男子チームの舵手《コクスン》として参加した。ゲイを揶揄するような冗談はほとんど聞かれず、ゲイをほのめかす中傷で一番ひどいものは「プーフター」や「シャツリフター」(いずれも同性愛者に対する差別語)だった。時折、ボート仲間に熱を上げてロッカールームで視線を交わすことはあったが、それ以上踏み出す勇気はとてもなかった。当時唯一のゲイ体験はジェームズ・ボールドウィンの『ジョヴァンニの部屋』(大橋吉之輔訳、一九八四年、白水社)を読んだことくらいだ。イタリア人のバーテンと関係を持つ若いアメリカ人男性の物語だった。

ゲイに少しでもかかわりのある物事は、私にとっては砂金のようなものだった。

社会人時代

一九六九年、私はBPに就職した。私がアメリカ行きを希望すると、BPは私をアラスカに送りこむことにした。期待していた行先ではなかったものの私は承諾し、北極圏よりも上、アンカレッジから一〇〇〇キロメートル以上北にあるツンドラの凍土で社会人生活をスタートさせた。そこで調査井を掘るチームの一員として石油技術者の仕事を覚えることになる。会社の末端の中でもさらに末端の仕事だった。若造が自分を過大評価しないよう、その鼻をへし折るBPなりのやり方だ。やがて、ニューヨークやサンフランシスコ、ロンドン、カルガリーでさまざまな仕事を経験して昇進していくにつれ、私の責任も増えていった。

昇進を続け、仕事の時間が増えてくると、私は自分のアイデンティティに関する個人的ないら立ちを仕事にぶつけるようになった。カミングアウトすることには、まったく何の利益も見出せなかった。私のキャリアはいい方向に進んでいて、プライベートと仕事との間の境界線ははっきりしていた。職場では、性的指向が垣間見えるような行動は見せなかった。プライベートでは、バーでゲイの人々と出会い、時折は性的な関係も持つ、秘密の人生を送っていた。この二つの世界が出会うことは決してなく、私はそれで満足していた。危険を察知する能力は、長年の訓練によって磨き上げられていった。

一九八一年の時点で、私はすでにBPに一二年勤めていた。花崗岩の建物で知られ、美しい夏の日差しがめったに見られないスコットランドの都市アバディーンに移ったときには、三三歳だった。BPのもっとも重要な生産資産のひとつである、北海最大のフォーティーズ油田の責任者に任命されたのだ。毎月二回、週末を巨大な海上プラットフォームで過ごしていたものだ。職員たちは冗談めかして一二人ほどいるプラットフォーム管理者たちのことを「枢機卿会」、私を「法王」と呼んでいた。

ある週末の夜、陸に上がっているとき、私は街で唯一のゲイクラブに行った。よそではゲイの集まる場所に出かけていたが、アバディーンではこれが初めてだった。心の底から怖かったが、BPの誰かに会う危険はほぼゼロだろうと計算していた。そこで出会った相手と、私は一緒に家に帰った。お互いの個人情報はほとんど明かさなかったが、彼は明らかに高い教育を受けた、なんらかの専門家だった。私は自分の名前を教えたと思う。「ジョン・ブラウン」などという名前を持っていると、「身元不明《ジョン・ドウ》」と名乗っているのとほとんど変わりない。

二日後、職場にいると、その相手が廊下の向こうからこっちに歩いてくるのが見えた。その瞬間、体温がかっと上がるのを感じ、私は自分の反応がなんであれ、それを見るような誰かがあたりにいないことを素早く確認した。その時点で、私には部下が数百人いた。「法王」が罪を犯したという冗談を、何人が言うことになるだろう?

それは重大な内面的危機の瞬間だったが、なにごともなく過ぎ去った。あとでわかったことだが、私が会った相手は会社の別の部門で働いていたのだった。彼の状況も、私と同じなのは明らかだった。その後たまにお互いに気づくことがあっても、私たちはまったくの他人として振る舞った。守るべき秘密があるのは自分一人だと思うのは、認識が甘かったというわけだ。

長期的な関係を持つことは、一度も考えなかった。現実的な壁があまりにも高すぎたからだ。出世階段はただでさえ滑りやすい。踏み段に油を塗るようなまねをして、わざわざ上りにくくしてどうする？　当時は知らなかったが、ニューヨークでの上司、故フランク・リックウッドは実はゲイだった。フランクは、BPで唯一のゲイではなかっただろう。実際、一九七〇年代初頭には、一九六〇年から一九六九年までBPの会長を務めたサー・モーリス・ブリッジマンが、マーケティング部門について「くたびれた女王で一杯だ」と語ったと言われている。私の親友ジニ・サヴェージは、私が知る以前のBPが「イギリスのパンジー《ホモ》」として知られていて、日本やイタリア、ポルトガル、スペイン出身のマーケティング部長たちが一種のゲイ組織のようなものを形成していた時代を覚えている。だが、私が一緒に働いていたいかつい調査井作業員たちには、そういったことはなかっただろう。一九八一年にはエイズの蔓延が世界中で同性愛嫌悪をあおっていて、同性愛的な考えを抑圧する新たな理由となっていた。(4)

私の家庭の事情も、問題をややこしくしていた。父は長年にわたる糖尿病と、壊疽《えそ》による数回の患部切除の末に一九八〇年に亡くなった。母は悲しみに打ちひしがれ、父の死後どうすればいいか、生きる意義を見出すのに苦労していた。そして、一九八〇年代前半は時折私と一緒に暮らしていた。一九八六年に私がクリーヴランドに引っ越した時には、完全に同居するためについてきた。今となっては、私が母の面倒を見たかっただけではなく、母に私の面倒を見てもらい、私自身の欲求から守ってほしかったのだとわかる。

ＢＰでの着実な成功が、二重構造の人生を強化した。私はオハイオ州のスタンダード・オイルのＣＦＯ（最高財務責任者）に昇格しており、仕事は楽しく、母も私と一緒にアメリカ中を移動するのを楽しんでいた。にもかかわらず、私はまぎれもなく孤独だった。仕事をこなし、母親の面倒を見ながらでもたまには誰かと出会うことが可能だと自分に言い聞かせたが、かなり複雑なやり方でなければならなかった。それはたとえばニューヨークへの出張中にバーに行ったり、インターネットが使えるようになる前の時代には掲示板の募集に返事を書いて待ち合わせの約束をしたりするやり方だった。こうした茶番を続ければ続けるほど、私はそれに長けていった。時にはこの二重生活をとてもスリリングに感じ、こうしていることでまるで訓練中のスパイのように、危機を察知する能力を伸ばしているのだと思うこともあった。これが正しい生き方なのだと、私は自分に言い聞かせていた。

ＣＥＯになると、私はプライベートにおける慎重さが会社の利益のために欠かせないと考えるようになった。以前よりも内向的になり、相手を探すことも控えるようになった。ＢＰを世界的な大企業へと成長させている最中だったのだ。私は社会的には保守派の複数の国で、実業家や政治指導者と定期的に取引していた。秘密が少しでも漏れれば取引関係に傷がつくことを私は恐れた。特に中東では、いまだに同性愛者に死刑が言い渡される国もある。仕事とプライベートをきっちり分けておくことが、どちらの世界にとっても最適だと信じていた。

振り返ってみれば、私がゲイだということを一部の人々が知っていたか、あるいは強く疑っていたのだと確信を持って言える。立派な大人が会社のイベントに妻ではなく母を連れてくるなど、失笑を買って当然だ。だが私は休憩室でささやかれる噂話を聞きつける暇もないくらい忙しかった。

幸い、母は誰にでも好かれる人だった。いつでも冷静に女主人の役割を果たし、BPのイベントやディナーでは舞台と伝統の一部となった。給料こそ出ないものの、会社の立派な一員になったのだ。たまに母がいないときには、みんなが「ポーラはどうしたんです?」と尋ねた。人々がその日出会う中で、母はもっとも興味深い人物の一人だった。それは母の経歴だけが理由ではなく、彼女の存在そのものが理由だった。母は快活で知的で、ファッショナブルだった。女性は母のアクセサリーやドレスのセンスに感嘆したし、年を重ねるにつれて母はますますエレガントになっていった。仕事上、母が莫大な資産だったと言ってもまったく大げさではない。個人的には、母はパートナーの代わりだった。

母が病に倒れたのは、かつて大富豪アスター一族の住居だったバークシャーのクリブデン・ハウスで開かれた千年紀《ミレニアム》を祝うすばらしいイベントを楽しんだ数カ月後だった。二〇〇〇年七月九日に母が亡くなったとき、私はその傍らにいた。家には、二四時間体制で看護師が詰めていた。その看護師が、痛みを和らげるためだけに少量のモルヒネを母に投与していた。ある日曜に新聞を枕元に届けると、座って新聞を読んでいた母が「読めないわ」と言った。そして息を引き取ったのだ。

その後の数カ月間、私はひどく寂しかった。異性愛者であったなら妻と子どもがいて、みんなで母の死を悼むことができたはずだ。だが私には共に悲しむことのできる家族もおらず、寂しさがすべての気力と活力を奪い去ってしまった。

正確にいつだったかは覚えていないが、母の死後一年ほどして、私は積極的にパートナーを探し求めるようになった。そのようなことをした経験は、それまでなかった。今の若者なら、インターネットを使うことにたじろいだりはしないだろう。だが当時のインターネットは今とはまったく様相が違っていて、私の世代の人間にしてみれば、利用するには恥ずかしさがつきまとい、それが余計にハードルを高くしていた。パートナーを探す旅は、予想どおり、悲劇へと向かっていた。

転落

二〇〇七年五月一日の夜、私は非常に深い眠りについていた。プライベートでも仕事でも激動にみまわれ、物理的に疲労困憊していたのだ。何週間も前から食べるより多くタバコを吸っていて、体重は五八キログラムにまで落ちていた。いくら私の背が低いと言っても、六〇歳近い男性にしては軽すぎる。精神的には、私は消耗しきっていた。足下の地面が揺らいでいるときに持ちこたえるには、知的筋肉を相当使うものだ。

辞任からわずか二日後の五月三日、私は持続可能な開発についてのアマルティア・セン連続講義〔ノーベル経済学賞受賞者アマルティア・センに敬意を表して開かれる公開講座〕のため、ブリュッセルでスピーチをおこなうことになっていた。数カ月前に届いた招待は、非常に名誉なものだった。押し寄せるマスコミが講義とその目的から注意をそらしてしまうのではないかと私は懸念した。

友人や元同僚たちは、ありとあらゆる新聞を避けるようにと強く助言してくれた。だが、講座に招待されている外交官や学者から成る聴衆が、どぎつい見出しを見逃したはずはない。「BPトップを引きずりおろした傲慢、嘘、そして同性愛」「大嘘――石油会社社長が一五〇〇万ポンドの給料を失う」「ブラウン卿――輝きを失った太陽王」。『デイリー・メール』紙などのゴシップ紙に載った厳しい批判記事を読んだ者もいるだろう。「偉大なる名士として記憶され、その名をとどろかせるまであとほんの少しだった」とその記事には書かれていた。「どれほど、彼がそれを望んだことか。だが昨日、真実が首をもたげ、頭のてっぺんからつま先まで完全無欠だったBPのCEOであるマディングリー卿ジョン・ブラウンが、嘘にまみれた詐欺師であったことが判明したのだ」(5)。『ガーディアン』紙のコメントはこうだった。

「ビジネス界における近代化の先駆者として見られていた人物がこのように使い古された方法で陥落するのは、偶然にすぎない。シティで働き、ブラウン氏を擁護するあるファンドマネージャーは昨晩の辞任を『理不尽だ』と語ったが、職業上はリスクを取ることで生きてきたこの男性も、やはり同じ方法で抹殺されたのだった(6)」

私は欠席するかもしれないと連絡したが、主催者側が最近の出来事は私たちには関係ないからぜひお越しくださいと主張したので、私はベルギーに向かった。スピーチは非常に楽観的な内容で、二酸化炭素排出量が少ない世界へとうまく移行できる可能性が非常に高いというものだった。変化の速度が重要であることは認識しつつも、科学者たちが発見し始めている深刻なリスクを避けられるだけの速度で移行が可能だ、と私は結論づけた。つまりは、共通の危機が共通の目標を生み出すと私は信じていたのだ。

スタンディングオベーションには励まされたし、CEOの肩書がなかったとしても自分が立てる舞台はあることを思い出させてくれた。だがその拍手の中にも、一部敵意が含まれていた。「ブラウン卿、投獄を覚悟されていますか？」と訊いたのは『デイリー・テレグラフ』紙のイギリス人ジャーナリストだ。「あなたは嘘をついた。答える義務があります。これは公共の利益にかかわる問題ですよ」。観客からジャーナリストに対するブーイングが沸き起こり、彼はすぐさま椅子に座り直した。スタンディングオベーションと彼の辛辣な発言の狭間で、私は誰が何を考えているのかわからず、ひどく混乱してしまった。

私は幻想を抱いているわけではなかった。理由が私の性的指向であれ、ほかに見られる欠点や弱点であれ、私のことを大嫌いだという人は当然いるだろう。私がこれほど公につまずくのを見て大喜びする人がたくさんいるだろうこともわかっていた。そういう連中のことは、無視するしかない。ブリュッセルでの出来事は、私から力を奪った。もちろん、あのジャーナリストが仕事をしていただけだということは理解していた。彼にとって、私は個人ではない。記事のネタだ。上場企業を経営していると、その違いを察することができるようになる。その日私が学んだ教訓は、周りがまったく予期していないときに発言するという行為にはすさまじい力があるということだった。

オスカー・ワイルドはかつて、どのような聖人にも過去があり、どのような罪人にも未来があると言った。私は、辞任からの数日、数週間でその意味がわかるようになった。多くの友人たちが私を応援する公開書簡に署名し、イギリスのマスコミに発表した。BPは私が必要としている間はずっと、オフィスを使い続けていいと言ってくれた。世界中から何千通もの手紙が舞いこんできたものだから、その申し出には大変助かった。手紙は一通を除いてどれも励ます内容で、どれもなんらかの形で私を元気づけてくれた。送り主は友人、かつての同僚、実業家、政治家、芸術家、技術者などさまざまだった。彼らは支援と助言を提供してくれた。一緒に過ごした時間、一緒に成し遂げた実績を思い出させてくれた。ある放送ジャーナリストは、彼の会社から取材の申し込みが行くことを事前に手紙で警告してくれた。そして、彼個人としての頼みを付け加えていた。「絶対に断ってくださいね」

私の辞任は、もっとも内向的で無口な人々にさえ考えや共感、怒りを表現するきっかけを与えた。何日も何日も、私は手紙を読んで返事を書く以外のことは何もしなかった。メールには メール、手書きの手紙には手書きの手紙で。私のアシスタントは、増え続ける書簡の山を整理するために自分用のアシスタントを雇わなければならなくなった。あるとき、オフィスの誰かがややふざけた口調で、まるでご自分の死亡記事を読んでいるみたいですね、と言った。それも一理ある。みんな、いいことばかり書いてくれていたからだ。

手紙の少なくとも三分の一は、まったく知らない人々からだった。その多くが、ゲイであったりレズビアンであったりすることから生じた非常に個人的なつらい出来事を語っていた。中には、新聞に暴露されてカミングアウトを余儀なくされた人もいた。あるいは、刑事告訴されて投獄された人もいた。また、離婚や出国、自宅の売却に追いこまれた人もいた。出身がロシアであれスペインであれ、フランスであれアメリカであれ、そうした人々の一人ひとりが、人間としての苦しみの他に類を見ない物語を綴っていた。

ゴシップ紙の裁きによれば、こうした人々は有罪と見なされる。彼らの「罪」はただゲイであるというだけだったのだが、彼らの弱さを食い物にする新聞社によってさらに事態は悪化した。その後遺症をどうにか乗り切って、生き延びた人もいた。耐えきれず、崩れ落ちてしまった人もいた。

私は、彼らの率直さに感銘を受けた。ひとつには、人々が私のことを考えてくれているという事実に安らぎを得た。また、このような形で暴露されるのは私が初めてではないと知ることも励みになった。自分がそれほど異質ではないように思えたのだ。私は注目を浴びる立場にあり、それはとてもつらかったが、過去に例がないというわけではなかった。

最初からやりなおす

BPから去るとき私は平静を装ったが、内心、辞任によって深く傷ついていた。その痛みが失せるまでには、何カ月もかかった。普通であれば、そんなに急に退陣しようとはしなかっただろう。だが、私の判断は正しかった。何よりも避けたかったのは、自分の肩書やオフィスにしがみついてBPの評判に傷をつけることだった。元のオフィスを数日だけ使ってから、私は荷物をまとめ、別れも告げずに出て行った。

自分が新しい人生を創り出さなければならないことはわかっていた。そこで手始めに、いくつかの役職を辞任することにした。私が暴露された経緯は私が顧問を務めている会社や組織にとってもいい影響は与えないだろうから、向こうから話を切り出さなくてもすむようにしよう。私は取締役会に名を連ねているゴールドマン・サックスに手紙を書き、辞任を申し入れた。先方は、何の意見もなくそれを受け入れた。当時ウォルマートのCEOだったリー・スコットは電話をかけてきて、悲しさのにじむ声で、ウォルマートの取締役会に加わってほしいという非公式な申し出を取り下げると伝えた。彼いわく、本社があるアーカンソー州の宗教色が強い右派の強さを考えたら、私の状況には対応しきれないとのことだった。それから私はロンドンに本部を置くプライベートエクイティファンド、APAXパートナーズのCEOを訪ね、会長の座を降りる旨を伝えた。意外なことに、彼は私が残るべきだと返答した。英国王立工業アカデミーの会長職も辞任すると申し出たが、聞き入れられなかった。

BPを辞めたら人生が終わるかもしれないという私のひそかな恐怖は、大げさだったようだ。私にとって、五月一日前後の出来事は決定的な痛手だったが、外の世界からすれば、夕方のニュースのひとつにすぎなかった。ほかの無数のスキャンダルの中心人物と同様、私は二週間もしたら過去のニュースネタになっていた。そのころにはカメラマンたちが玄関先で待ち構えていることも、外食先についてくることもなくなっていた。五月末に、私はスペインに農場を持つ親しい友人たちを訪ねた。私たちは散歩をして野に咲く花を眺め、数日滞在する間に、彼らはお気に入りの格言をことあるごとに私に刷り込んだ。「犬が吠えても、隊商《キャラバン》は進む」。小さな邪魔が入ったとしても人生は続いていくという意味の、中東のことわざだ。

私と同年代の人々には、話を聞いてくれるパートナーがいた。修道僧なら孤独の中に祈ることで悩みを解決できるのかもしれない。だが私は自分自身を理解するのに誰かの手助けが必要で、そのために友人たちを頼った。

その中の一人が、オルダス・ハクスリーを引用して私の心を安らかにしてくれた。ハクスリーはこんなことを言ったらしい。「知識人《ハイブロウ》であればあるほど、ズボンが下がりやすい」。彼らは、私の人生の新たな側面――暴露され、職を辞めたこと――を理解し、楽しむようにと、やさしく教えてくれたのだ。出来事が起こり、状況は変わっても、私は実質的には変わっていない。ただ、前より賢くなっただけだ。大変な騒動を経験したが、それを乗り切って多くを学んだ。他人について、友人について、自分について。そして私は恥を棄てた。

友人たちは、自分が得意なことをすればいい、と励ましてくれた。そうやって世間に貢献すればいいと。私は、BPでそれができることを証明した。また先へ進んで、ビジネスに取り組む時期だ。

FTSE一〇〇種総合株価指数に名を連ねる別の企業で会長や社長の座に就きたいという思いはなかった。公開市場に戻ればまたスポットライトが当たる場に戻ることになる。また、私は現実的にも考えていた。ヘッドハンターからしてみれば、私は「訳あり物件」だ。追い詰められて嘘をつき、BPを辞めると同時にカミングアウトしたような人材は、あまりにも扱いにくい。次に入るなら、もっと小さい民間企業がいいだろう。私は、エネルギーを専門分野とするプライベートエクイティファンド、リバーストーンのパートナーになった。私の辞任を巡る騒動は、アメリカのパートナーたちにとってはどうでもいいようだった。ただ、それに関連して訴訟の対象になっていないかどうかだけははっきりさせてほしい、と言われた。その心配はなかった。

　残念ながら一部の人々、主にビジネス界の知人たちは、二度とやさしい顔を見せてくれることはなかった。ひょっとすると、彼らはもう私からはうまい取引や利益を引き出せないと考えたのかもしれない。だが、大多数の人々にとって、私のカミングアウトは事件でもなんでもなかった。大騒ぎになった状況を見て、彼らは私のことを心配してくれた。中には私がゲイではないかと長年怪しんでいた人もいて、そうした人々にとってはこのニュースはショッキングではなかった。そうではない人々にとっても、一連の出来事は、昔から知っていた私という人物に新たな側面が加わっただけのことだった。

　目がほんの少しだけ悪い人は、自分の目が悪いと気づいていない場合が多い。視力検査を受けて新しい眼鏡をかけて初めて、それまで見えていなかったものに気づくのだ。私も、気分が軽くなるまでには少し時間がかかった。だが何カ月か経つうちに、まるで巨大な重りと鎖から自分を解き放ったような気分になった。私はあまり内向的ではなくなり、もっとオープンになった。すると、自分自身にもっと楽観的になれるようになった。カミングアウトしてからのほうが、人生が楽になったのだ。今回起こったすべてのことについて、母だったらどう思っただろう、と私は考え続けた。きっと、こう言っただろう。「悲劇は決して終止符を打つものではない。始まりを告げるだけよ」。そして、母ならきっと、楽観的になった私を気に入ってくれたに違いない。

辞任してから翌月までに受け取った何千通という手紙の中に、一通だけ自宅に送られてきたものがあった。それが、私の興味を惹きつけた。差出人は、ギーという名の三二歳の男性。ベトナム人の母と中国人の父のもとにサイゴンで生まれ、ドイツで育った。ほんの数週間前に私が取締役を辞任した投資銀行に転職して仕事を始める直前、ニュージーランドを旅行中に私の性的指向についての暴露記事を読んでいたそうだ。そのうち一紙が私の自宅の写真を載せていて、そこから住所を推測したとのことだった。転職のついでに新たな関係を持つつもりではなかったようだが、ほとんど知りもしない人物にもかかわらずニュージーランドの北端にあるアイランズ湾の新聞でまでトップ記事を飾った私に興味を覚えたらしい。それはすばらしい出会いだった。私がBPを辞任してから一カ月後の二〇〇七年六月一日に私たちは一杯飲むために会い、以来、ずっと一緒にいる。

ギーと初めて会う日、自分を落ち着かせるために私は葉巻を一服した。それが、私の最後の葉巻になった。二七年間も毎日三、四本の葉巻を楽しんでいたのに、突如として、それ以上吸いたいという気持ちがなくなったのだ。ただ、急に葉巻をやめるのは、決して簡単ではなかった。間もなく私は個人トレーナーをつけて定期的に運動をするようになった。半年後、私は体が若返ったような気分だった。この身体的健康の急激な増幅は、カミングアウトの驚くべき副産物のひとつだ。あの出来事がなければ、こうはならなかっただろう。

振り返って

BPの辞任からしばらくして、蔵書の目録を作っていたとき、カヴァフィスの詩集を見つけた。前世紀にもっとも影響力の強かったギリシア人詩人と言っても過言ではないカヴァフィスは、「肩の包帯」や「一夜」などと題された多くの詩に自らの同性愛性を綴った。叙情的で理解しやすい彼の詩は痛みと不安に包まれ、ストレートの世界に生きるゲイの男性の心理的追放を示唆している。私はニューヨークに住んでいた二〇代の、まだ出世階段の末端にいたころにこの詩集をよく読んでいた。特に記憶に残っているのは「隠されたもの」という十四行詩だ。この詩の中で、カヴァフィスは周囲のすべての人々から彼を切り離す壁について語っている。私は、いつもその壁について、彼の四方を取り囲む何枚ものガラスのように想像していた。

何年も経って改めて詩集を開くと、表紙の内側にその詩の英訳を自分が手書きで書きこんでいたのに気づいた。横には日付が書かれている。一九七三年八月二五日。私は二五歳だ。

「隠されたもの(7)」
われのしたこと言ったことから
真の姿を知られてはならぬ。
ここにはいつも壁があり

わが行いと生き方を変えた。
ここにはしばしば壁があり
もの言おうとせば黙らせられた。
きわめて目立たぬわが行いと
きわめてひそかなわが言葉——
われを知るにはそれしかあるまい。
とはいえ、わざわざ目を向けて
努めてわれを知るには及ばぬ。
いつか、より完璧な世の中に、
われとよく似ただれかがきっと
姿を現し自由に振る舞うだろうから。

やるべきことは、まだまだたくさんある。だが初めて読んでから四〇年後の今、この詩は一人の若者の願いというよりは、予言のように思える。

2　美と偏狭

ギリシアやローマの古美術品の管理者が、二組の男の恋人同士を描写した銀細工を取り出した。私は、穴があったら入りたい気分になった。

一九九五年から二〇〇五年まで、私は大英博物館の理事を務めていた。ほかの理事たちには多種多様な職業を持つ著名な人々が含まれていたが、全員に共通していたのが美術と骨董品に対する情熱だ。理事の多くは、さまざまな所蔵品がそれぞれどのように人類文明にあてはまるかについて権威をもって語ることができた。私たちはだいたい毎月一度、土曜日の朝に博物館の戦略や業績、資金調達について話し合うために集まっていた。ほかに、博物館の常設展示にどのような品を購入するべきかも決定していた。その判断の材料とするため、よそでは通常「キュレーター」と呼ばれる「管理者《キーパー》」が、理事会前の「バザール」でおすすめの品を披露するのだ。

一九九九年のある朝、キーパーたちは「ウォレン・カップ」と呼ばれる、装飾が施された小さな銀のゴブレットにとりわけ夢中になっていた。それは二〇〇〇年ほど前に作られたと思われ、エルサレム近くで掘り出されたと言われていた。[1]この時期の銀器は盗賊たちや侵略してくる軍によって溶かされてしまうこともあったのだが、このたぐいまれなローマの工芸品は生き延びたのだ。カップの片側には、竪琴をバックに性交している二組の男の恋人たちが描写されていた。きっと、音楽家たちがロマンチックな雰囲気を盛り上げるのを手伝ったのだろう。開けっ放しの扉から、奴隷が覗き見している様子も描かれている。

理事たちはカップの出自と真贋のほどを議論しつつも、銀の内側から外側に模様を打ち出す技法の見事さを称賛していた。キーパーは、これが裕福な一族の開くささやかな宴で目玉となったであろうこと、ローマ人たちがこれをポルノとしてではなく、絶妙の美しさを持つ品として眺めていたであろうことを説明した。それは、まさに非凡な歴史を持つ魅力的な逸品だった。だが、その同性愛的な描写ゆえに、私はその品について好意的な発言をすることができなかった。カップを褒めれば、カミングアウトするも同然のような気がしたからだ。たった一一センチしか高さのないカップだったが、私には、非常に長く暗い影を落としているように見えた。

結局、理事会はそのカップを一八〇万ポンドで購入することを承認し、それは当時としては博物館が始まって以来もっとも高額な買い物となった。[2]私個人の居心地の悪さはさておき、この購入はそれまでの数十年間で見られた同性愛に対する態度が大きく変化していることを示していた。イギリスで同性愛行為がまだ違法だった一九五〇年代、大英博物館は実際にこのカップを購入する機会を拒否したことがある。ケンブリッジ大学のフィッツウィリアム美術館もだ。一九五三年、アメリカの税関職員が「ウォレン・カップ」の持ちこみを却下した。どぎつい描写がその理由だった[3]。

五〇年近く経って、イギリス人はそのお堅さから脱却した。少なくとも、大英博物館の進歩的な考えを持つ一部の人々は。「ウォレン・カップ」は購入後常に展示されており、一時期はギフトショップでレプリカを二五〇ポンドで売っていたこともあった。

「これは単にローマ時代の壮麗な金属細工の逸品というだけではない」と書いたのは、大英博物館のニール・マクレガー館長だ。「宴での杯からスキャンダラスな器へ、そして最終的には象徴的な芸術作品へと変遷したこの品は、性的関係に対する社会の見方が常に変動していたことを思い出させてくれる[4]」

大英博物館は、二〇〇八年にハドリアヌスとその時代についての展示をおこなったときに館長の言葉を改めて証明することになる。イギリス人のほとんどは、イギリスとスコットランドを分ける壁を建てた人物としてこのローマの皇帝を認識している。あまり知られていないのが、ハドリアヌスの性的指向だ。彼には、長年連れ添ったアンティノウスという男の愛人がいた。アンティノウスはナイル川で謎の溺死を遂げた。彼の存在が皇帝にとって不都合になったから殺されたのだという説もある。死後、アンティノウスは彫刻として崇拝された。彼をまつる神殿が建てられ、都市に彼の名が冠され、彼は神となったのだ。二〇〇八年の展示は、同性愛がローマ時代には異質ではなかったことを思い出させるためのものだった。

ニューヨークでの四年間の勤務が終わりかけていた一九七六年、観察眼の鋭い友人のフランス人女性が私に一冊の本をくれた。マルグリット・ユルスナールの一九五一年の著書、『ハドリアヌス帝の回想』（多田智満子訳、白水社、二〇〇八年）だ。このフィクションの本の中で、ハドリアヌスは死の間際に何通かの手紙を書く。失われて久しい恋人について、「もっとも強く、もっとも濃密な形の執心、灰ではなく炎から取り出された一粒の黄金」〔訳者訳〕からくる情熱をもって語るのだ。(5) 自らの在位中に長く続いた平和は、この若き恋人との関係から生まれたものだったと皇帝は断言した。美しさと優しさに満ちたこの本を、私は罪悪感を覚えながら読んだ。友人は、まだ私が打ち明ける心の準備ができずにいる何かを感じ取っていたのだ。

三二年後、私の六〇歳の誕生日に、別の友人がユルスナールの初版本をくれた。その時点で、私がクローゼットを出てからもう九カ月が経過していた。この本に対する私の態度は、自分自身に対する態度の変化を反映していた。もう、読んでも恥ずかしさを感じることはなかった。それは、本を読み、ハドリアヌスとアンティノウスが分かち合った愛を見て、その本質を悟った。それは、天から与えられた資質だったのだ。

美しさ

オスカー・ワイルドが同性愛を「それについて語ることすらしない」愛と描写するより数千年前、古代文明は同性のほかの神や人間と性行為をおこなう神々をあがめていた。インドからローマまで、そうした神々が愛人の性別を気にすることはほとんどなかった。彼らは同性とのいちゃつきを楽しみ、神の信奉者たちもまた同様に振る舞った。さまざまな時代、そしてさまざまな文化において、社会は男同士や女同士の性行為を容認するどころか、祝福さえしていた。

ギリシア人は、人間が性的欲求に打ち勝てないのと同様、神々も打ち勝てないと信じていた。オーストラリアの歴史家ロバート・オールドリッチは、このように書いている。「この点において、ギリシア神話はギリシアの男たちが自らの性的欲求を反映し、自らを認識するための鏡の役割を果たした[6]」

その鏡は、彼らにありとあらゆる性的関係を映し出して見せた。太陽神アポロは女神との間に複数の子どもをもうけている。だが同時に、スポーツ万能だったスパルタの王子ヒュアキントスを含む膨大な数の男性の愛人も持っていた。ある日、アポロとヒュアキントスが円盤を投げて遊んでいると、西風の男性神ゼピュロスが仲睦まじい二人に嫉妬し、風を吹かせて円盤の飛ぶ方向を変え、ヒュアキントスを死に至らしめた。その血から咲いた花が、ヒヤシンスと呼ばれるようになったと言われている[7]。プルタルコスは、人類最強の男であり権力の象徴であるヘラクレスにあまりにも大勢の男性愛人がいたため、全員を列挙することは不可能だと綴っている。[8] 海の神ポセイドンも、男性神タンタロスを強姦したとされている。[9]

神々の主神ゼウスでさえ、トロイでもっとも美しい少年ガニメデの魅力には抗えなかった。ある神話によればゼウスは鷹に姿を変えてガニメデをさらい、酌をするよう強制する。ガニメデは夜には主人の床で過ごし、昼は酒を注いで過ごした。ギリシアの悲劇作家ソポクレスによれば、ガニメデは「その太腿を使ってゼウスの力を燃え立たせる」技を会得したとのことだ。[10]

責め

愛と献身の物語は、やがて排他と残忍の時代に道を譲った。旧約聖書のレビ記[11]の解釈がすべて、神への敬虔な信心という名目のもとで、ゲイに対する極端なまでの抑圧と迫害につながっていく。同性愛行為に対する寛容な態度は、悲劇的な結末を持つものと考えられた。犯罪都市ソドムの壊滅が同性愛行為の蔓延の末に起こったものだというのは、一般的な認識だ。だが、これはほんの手始めにすぎなかった。のちの指導者や聖職者たちも、悲劇的な出来事を同性愛行為と関連づけている。西暦五三八年、キリスト教徒のローマ皇帝ユスティニアヌス一世は、同性愛行為におよぶ者の処刑を命じる勅令を出している。同性愛者による性的行為が「飢餓、地震、疫病」の根源だというのがその理由だった。[12] ヨーロッパの人口の少なくとも三分の一を死に至らしめた腺ペストの流行後には、ユダヤ人が蔓延の原因だと言われた。ただし、ユダヤ人がいない地域では、同性愛者と売春婦が民衆の怒りを浴びた[13]。

ヨーロッパ全域で、腺ペストは同性愛嫌悪を爆発させた[14]。この現象は、エイズの流行時に再び見られることになる。同性愛者の数が世界一多いと他国人から揶揄されていたイタリアでは特に、疫病に対する反応が顕著だった[15]。ベニスでもフィレンツェでも、同性愛行為におよぶ者は誰であれ根絶するべく公的機関が設立された。同性愛者が若者を仲間に引き入れることを恐れたのだ[16]。民衆は同性愛者を密告することが奨励され、役人が疑わしい者を捕えて拷問し、自白を引き出した。「有罪となった男色者はさらし台に載せられ、正義感溢れる市民によって虐待され、打たれた」と歴史家バーン・フォーンが書いている。「この試練を生き延びたとしても、最後には、火あぶりにされたのだ[17]」。あるいは、被疑者が最初に公衆の面前で去勢される場合もあった。

同性愛行為はヨーロッパ全域で犯罪とされ、死刑に処せられることもしばしばだった。一七世紀までには、同性愛関係を犯罪とする法律がフランス、スペイン、イギリス、プロシア、デンマークで公布されている。オランダでは、一七三〇年だけで同性愛を疑われた七五人もが処刑され、その後の八〇年間で、一〇〇〇件近い裁判がおこなわれた[18]。

だが一八世紀後半からは、ゲイの男性に与えられる自由が特にフランスで広がり始める。啓蒙思想家たちは、プライバシーと世俗主義に対する懸念に突き動かされており、宗教的な観点からは男性同士の性行為には触れなかった[19]。彼らは、両者の同意があるのであれば誰の権利も侵されていない以上、同性愛行為は犯罪ではない、と主張した。フランスの憲法制定会議はこれに同意し、一七九一年までには同性愛は犯罪ではなくなった[20]。一九世紀になると、はっきりとしたゲイのサブカルチャーが生まれてくる。都市化により、パリやアムステルダム、ロンドンなどの大都市にゲイの人々が集まるようになった[21]。男たちは公園や公共の広場、公衆トイレ、鉄道の駅や商店街で性的好奇心を満たした[22]。

一八五五年創刊のロンドンの出版物『ヨーケルズ・プレセプター（田舎者の指南書）』は、同性愛者の放蕩についてこのような言葉で警告している。「男性の形をとったこうした怪物、一般的には〈ホモ〉と呼ばれるようになる輩が近年、大都市において増加している現状を受け、公衆の安全のためにもその存在を知らしめる必要がある……このような怪物たちが娼婦と同様に通りをまさに歩き回り、獲物を狙っているのだ！[23]」

一八六一年までに、イングランドとウェールズはアナルセックスに対する死刑を廃止していたが、それでも懲役一〇年から終身刑までの刑罰は残っていた。大英帝国が拡大を続ける中、指導者たちは植民地の「文明化」と現地の慣習の「是正」が必要だと感じるようになった。是正するべき内容には、同性愛行為も含まれた[24]。一八六〇年、行政官たちはインドで同性愛行為を違法とする刑法を作成した。その文言をそのまま使うなら、「自然の摂理に反した性的交渉」を禁じたのだ。その後、この刑法はさまざまな形でフィジーからザンビアまで世界各地のイギリス植民地で制定された[25]。イギリスが男性同士の性行為を非犯罪化したのは一九六七年だが、旧植民地や保護領の多くが法律をそのまま残した。二〇一三年末時点で、そうした国々のうち四四カ国が、まだ反同性愛法を施行したままだった[26]。

偏狭

私の母はよく、自分の人生をはっきり三つの時代に分けられると語った。第二次世界大戦以前の時代、戦後出会った父と過ごした時代、そして父の死後、私と過ごした時代。だが、そこには空白の時代がある。母は、アウシュヴィッツで過ごした時代を抹消していた。あの地獄を母が乗り切れたのは、不屈の精神と鋼のように固い決意のおかげだ。いったん自由になると、母は同じ強さをもって記憶を過去に埋めたのだった。

母が自分の過去をこのように扱った理由を、二つの出来事が教えてくれた。晩年、母は私と一緒にワシントンD・Cにあるアメリカ合衆国ホロコースト記念博物館を訪れた。毎年一〇〇万人以上が訪れる博物館だ[27]。だが、再現されたガス室の前を歩き、強制収容所で死んだ人々の物語を読む来館者の間には、不気味なほどの沈黙が流れていた。展示されているのは日用品ばかりで、フライパンやスーツケースなど、死の収容所へと向かう列車に乗せられるときに人々が荷造りしたものだった。母は、何足もの靴を展示した一角で足を止めた。そして、五歳だった姪、つまり私の従姉が、ガス室に送られたことを話してくれた。普通なら、私が母を慰めるところだ。だがその場を去るときには、母が私を慰めていた。

一九八〇年代に私たちはアウシュヴィッツを訪れ、その後私は二〇一三年六月にもそこを再訪した。どちらの訪問でも、虐殺がいかに組織的におこなわれたか、そしていかにその規模が大きかったかを思い知らされた。ユダヤ人がナチスのメインターゲットだったことは間違いない。だが展示からは冷酷なまでに効率的な分類の仕方と、少数グループに対して長く続く迫害が見て取れる。黄色い星は、ユダヤ人の印だった。黒い三角は、ロマの流れを汲む人々。紫の三角はエホバの証人。そして、ピンクの三角は同性愛者の印だった。

第三帝国（一九三三〜四五年のナチス政権下のドイツ）時代、当局は同性愛が疑われる約一〇万人を逮捕し、その半数を投獄した。[28] 一九三四年から一九四一年の間に当局は二〇〇〇人以上の性犯罪者の去勢をおこなったが、その中には強姦者と小児性愛者だけでなく、数多くの同性愛者が含まれていた。[29] 医師は、去勢の実施をためらいもしなかった。歴史家ジェフリー・ジャイルズによれば、ベルリンの刑務所に併設されていたある病院では、一九三四年の一〇月までに一一一件の去勢が実施されたそうだ。「刑務所の医師は、手術全体を局部麻酔だけでぴったり八分間で完了させられるまでに技術を高めたと誇らしげに報告した。そしてこれが『地域を守るもっとも安価な方法であることは間違いない』と宣言した」。[30] これに加えて、ナチスは一万五〇〇〇人のゲイの男性を強制収容所に送った。[31] 看守たちはしばしば、ゲイの収容者により厳しい作業を課した。彼らの死亡率が高く、収容所から解放後の生存率も低いのはこれが原因かもしれない。[32] 生活環境はあまりにもひどく、生存した同性愛者は四〇%に満たないと見られている。[33] ただし、レズビアンはそれまでと同様、社会的にも政治的にも脅威とはみなされていなかった。

戦後、ユダヤ人コミュニティは、この残虐行為が起こったことを世界が記憶し続けるよう活動を続けた。ホロコーストは、社会のほかのどの区分よりもユダヤ人コミュニティに深い傷を残した出来事だ。私自身、親族の多くを殺されている。だが、ゲイの男性たちは、記憶に残ることを要求すらできなかった。同性愛を違法とする法律は一九六九年まで残っており、収容所から生きて帰ってきた男性の中には、戦後に再逮捕された者もいる。[34] ほかの生存者とは違い、同性愛者は戦後に賠償を受けることもかなわなかった。[35] ドイツでは、同性愛の被害者に対する補償がおこなわれるようになったのは二〇〇一年になってからで、[36] そのころまでにはほとんどの生存者がもうこの世にはいなかった。収容所で命を落とした、あるいは生き延びたゲイの男性たちは、忘れられた犠牲者などではない。彼らは、無視されたのだ。

二〇世紀に同性愛を撲滅しようとした政権は、ヒットラー政権だけではない。デンマーク、西ドイツ、ノルウェー、スウェーデン、そしてアメリカでも、ゲイの人々に対して何千件ものロボトミー手術〔精神外科施術〕がおこなわれた。[37] 最近公開された軍の文書では、第二次世界大戦の最中と戦後にも、アメリカ政府が精神異常とみなした退役軍人(統合失調、精神障害に加えて同性愛も含む）にロボトミー手術を強制していたことが明らかになった。[38] 電気ショック療法も、同性愛者の「治療」法として一般的になった。一九三五年、ニューヨーク大学の教授が米国心理学会の会合で医師たちに対し、この治療法が効果を発揮するのは「通常人間の被験者におこなわれるよりもかなり高いレベルで[39]」実施された場合のみだと指導している。一九五二年に米国精神医学会が発行したマニュアルは、初めて同性愛を「反社会的な人格障害」に分類した。[40]

同性愛を精神病と定義することによって、同性愛者に対するネガティブな偏見はさらに強化され、同性愛者に対する先入観を暗に正当化した。一九五〇年の『政府における同性愛者やその他の異常性癖者の雇用』と題された議会報告では、アメリカ政府が同性愛者を雇用すべきではない理由を詳しく説明している。「一般的には、倒錯した性行為を公然とおこなう者には普通の人間が持つ感情の安定が欠けている」と報告書は述べた。「さらに、異常な性行為にふけることで個人の道徳心が損なわれ、責任ある地位にふさわしくなくなるという結論を裏付ける証拠は豊富に存在する」[41]。報告書は反共産主義のゲイ狩り、いわゆる「ラベンダーの恐怖」の始まりを後押しした。当局は、共産主義のスパイが同性愛者の職員に対して秘密をばらすと脅しをかけ、極秘情報を盗み出すことができると考えた。一九五三年には、ドワイト・アイゼンハワー大統領の行政命令第一〇四五〇号により、「性倒錯」は連邦職員を解雇する根拠として確立された。[42]

解雇された職員は、バーに出かけてもわずかしか慰めを得られなかった。警察がそうしたゲイの集まる場所で定期的に手入れをおこない、公然わいせつの罪で常連客を逮捕していたからだ。一九五〇年代、カリフォルニア州は「性倒錯者の……避難場所」[43]として利用されるどのような施設からでも営業許可を剥奪する権利を、短期間ながらアルコール飲料取締局に与えた。アメリカでもっとも流通しているニュース雑誌『タイム』誌の一九六六年版に掲載されたエッセイでは、ゲイの男性に対する一般的な見方が述べられている。「アメリカのホモセクシャル」と題されたこのエッセイは、ゲイの男性を全国的な「逸脱者」とし、「圧倒的大多数の人々が、同性愛者に対して激しい嫌悪感を持っている」と述べている。そして結論として、同性愛は「一切の激励も美化も正当化も、少数派の苦難という偽りの地位も、単なる嗜好の違いという詭弁もふさわしくない——そして何よりも、それが有害な病以外の何かであるという嘘などもってのほかだ[44]」。この記事の掲載時、五〇州中ただ一州、イリノイだけが同性愛に関する法律を廃止していた。

一九五〇年代と一九六〇年代のイギリスでも、状況はさほどましとは言えなかった。一九五四年、コンピューターの父アラン・チューリングが、同性愛を治療する化学療法を受けた末に自殺した。一九五五年、著名な弁護士ロード・ヘイルシャムが同性愛を非難し、薬物中毒にも匹敵する道徳的かつ社会的問題だと訴えた。ヘイルシャムいわく、同性愛は若者が年長の同性愛者にまだ影響を受けやすい時期に誘発される性質だとのことだった。彼の執筆物はさらに、体の器官を本来の目的とは違う不自然な用途に用いることについて述べている[45]。ヘイルシャムはその後、イギリスでもっとも地位が高い首席判事となった。

一九五七年には、のちに大英博物館の館長となったサー・ジョン・ウォルフェンデンが、同性愛犯罪と売春についての調査結果を発表した。同意のある成人男性間での同性愛行為はもはや犯罪とみなされるべきではない、とその調査結果は述べている。また、売春については罰則を厳しくするべきだと提案した。[46] 後者の提案は二年以内に法律として制定されたが、同性愛の部分が適用されたのはそれからさらに八年後だった。

一九六〇年代前半、道徳観と大衆による理解のなさ、独善的な司法とマスコミに後押しされ、同性愛嫌悪は国中に広がっていた。数々のスキャンダルが同性愛行為に関連していたり、あるいは「話を面白くするために」同性愛をにおわせたりしており、共産主義の脅威を恐れる時代にスパイ行為まで上乗せされることがあった。これに巻きこまれた人々の名前は記憶から薄れつつある。ジョン・ヴァサル、ガルブレイス、ロード・モンタギュー、ピット＝リヴァースなどはごく一例だ。やがて、ウォルフェンデンの提言が、私がケンブリッジ大学の二年生だった一九六七年に立法化された。法律の変更は重要な出来事だったが、人々の考え方が追いつくまでにはさらに長い時間を要した。偉大な小説家で、一九一三年から一九六〇年にかけて執筆と見直しが繰り返された男同士の恋愛物語『モーリス』の原作者でもあるE・M・フォースターが、こうした考え方について一言でまとめている。原稿に、このようなメモをつけていたのだ。「発行は可能だ、だがその価値はあるだろうか？」[47] 小説が発表されたのは一九七一年、フォースターの死後一年経ってからだった。

こうした状況を背景にして、ゲイの人々がしばしば地下に潜っていたのも不思議ではない。匿名での性行為は避けられない妥協点と受け止められていた。男たちは互いの肌を求めていたが、名前を明かせば深刻な結末を迎えるだけだ。一九七〇年代初頭、ニューヨークのアンソニア・ホテルの地下に一九六八年に作られたゲイのための公共浴場コンチネンタル・バスのような場所では、容姿端麗な若い男たちが腰にタオルを巻いた姿で歩き回り、カクテルをちびちび飲みながら、最終的には見知らぬ相手とセックスをしていた。第三者からすれば、自堕落に見えるだろう。だがドリンクバーやダンスフロアでたむろする人々にとっては、反抗と自由の象徴だった。サウナ、バー、クラブは、外界での抑圧を忘れさせてくれる場所だったのだ。また、コンチネンタル・バスは単にセックス相手を求めるだけの場所ではなく、ゲイの男性たちが互いに交流できる唯一の場所でもあった。客が相手探しに夢中になる中、当時まったくの無名だったベット・ミドラーがピアノにバリー・マニロウを従え、プールサイドで演奏して熱狂的な喝采を浴びたのもこの場所だ。私の友人で作家のブライアン・マスターズは、全盛期にコンチネンタル・バスを訪れたときのことをこう回想する。「何年も真っ昼間に投獄されていたあとで、なんとワイルドでぜいたくな自由だったことか！」(48)

一九六〇年代後半までには、ニューヨークのゲイバーへの手入れは筋書きに沿っておこなわれるようになっていた。照明が落ちる。警察が客を並ばせる。身分証明書を持たない者、女装している者を逮捕する。通常、こうした手入れは大きな騒ぎもなく終わっていたが、一九六九年六月二八日の手入れは筋書きどおりにはいかなかった。長年にわたって敵意を向けられてきたせいだろうか、グリニッチ・ヴィレッジのストーンウォール・インに集まっていた常連客たちは調べに協力せず、反抗した。男たちは身分証明書の提出を拒み、ドラッグ・クイーン〔女装したパフォーマー〕たちは女性警察官と一緒にトイレに行って性別を確認されることを拒んだ。警察が解放した客も急いで帰宅することはせず、野次馬の人垣ができていた店の外に集まった。

ジャーナリストのデヴィッド・カーターは、警察の攻撃的な姿勢が群集の不満をあおったと回想する。「クラブの外で起こった最初の暴力行為は、警察が女装客の一人を乱暴に押しやったときだった。彼女は振り向いて、ハンドバッグで警察官の頭をぶん殴った」とカーターは書いている。「警察が警棒で彼女を殴り、群集に怒りの波が広がった。そしてすぐさま警察にはブーイングや野次が浴びせられ、誰かが護送車をひっくり返せと怒鳴った[49]」

群衆は、警察より優に五〇〇人は数で上回っていた。人々がバーに向かって瓶やレンガ、ゴミ箱を投げつける。増援が到着するまでの少なくとも四五分間、警察は中に閉じこめられる羽目になった。活動家たちが建物の外側に「ゲイパワーを応援しよう」だの「やつらは我々の権利を侵害した」だのといった言葉を書きなぐった。暴動は、大手新聞紙すべてで一面記事となった。翌週、情報週刊誌『ヴィレッジ・ヴォイス』が同性愛嫌悪に満ちた「弱々しい手首《リンプ・リスト》」だの「同性愛《ファゴットリー》」だのといった悪口雑言まみれの記事を載せ、激しい怒りを呼ぶ[50]。一〇〇〇人もの抗議者たちが編集部の外に集結した。それに続く強奪や路上での衝突で、ゲイコミュニティは抑圧に対する明確なメッセージを伝えた。ニューヨークのアングラ系新聞紙『イーストヴィレッジ・アザー』は、募る怒りをこのような言葉でまとめている。「ホモが反抗するのなど、見たことはあるか？　……今、時代は変わってきた」……記事のテーマは、「このバカ騒ぎは終わりにしなきゃ！」(51)だった。

その後の数年で、ゲイの人々はイギリスでもアメリカでも、社会の中でもっと目に見えるようになってきた。新しいLGBT出版物も増えてきて、アメリカでは『ゲイ・フレイムズ』、イギリスでは『ゲイ・タイムズ』などが発刊された。

クローゼットに閉じこもった若い男性だった私は一度もゲイ専門の本屋に足を踏み入れたことがなかったし、ゲイの定期刊行物を購読することもしなかった。だが最近になってわかったことだが、そんな私でも革命的な雑誌にかかわりがあったのだ。

二〇一三年の夏、私は会議のためサンフランシスコに飛んだ。その際、一九七〇年代前半からの知り合いで元BP幹部のマイケル・サヴェージが妻でヨガインストラクター兼詩人のジニとやっていたサンフランシスコ・オペラでの上演に招待された。そこで、本書の初期の草稿を読んでもらえないかとジニに頼んでみた。彼女は引き受けてくれ、その後の会話の中で、実は彼女がルアン・ボーンというペンネームを使って身分を隠し、イギリスにおける同性愛生活についての雑誌『ランチ』を一九七〇年代に編集していたことが判明した。ジニのことはもう三五年以上知っていたが、この初期のサブカルチャーと彼女が密接にかかわっていたことは初めて知った。クローゼットに隠れていると、自分自身や相手の秘密を暴露しそうな質問はしないものだ。

一九七二年に、ジニはすばらしい論説を書いている。「イギリスにおける同性愛の経験は、過去四〇年ほどの間に大きく変わってきたように見える。……まだ道のりは長い……だがその経験の実際の本質は、まだほとんど研究されていない。我々は自分自身についてほとんど知らないのだから、第三者が我々について雑な、あるいは時代遅れの考えを持っていても驚くことではない(52)」。四〇年後の二〇一二年に書かれていてもおかしくない文章だ。

この雑誌には、ゲイに対する偏見を茶化したユーモア特集があった。「プーフター（同性愛者の蔑称）を探せ」という記事では、著者はこう説明している。「プーフターは触りたがりで、腕を取ったり、肩に手を置いたりしたがる。そして、世界中の誰もが知っていることだが、彼らは口笛が吹けないのだ！(53)」記事によれば、レズビアンはパイプを吸うとのことだった。だがそんなことよりも重要だったのは、『ランチ』がゲイの模範となる人々にインタビューをしていることだった。私自身のヒーロー、デイヴィッド・ホックニー（イギリスの画家。一九三七年〜。現代美術の巨匠と言われる）も取材を受けた一人だ。ゲイの現状についてどう感じるかと聞かれた彼は、ストーンウォール事件後の精神の変化をこのような言葉で語った。「イギリスのゲイの環境についてはあまり詳しいわけじゃない。だが、人は立ちあがり、存在を認識され、ときには自らの役割を果たすべきだと思う[54]」

「ゲイ活動家同盟」や「急進的《ラディカル》レズビアン」「ゲイ解放戦線」といった活動家組織が闘争をその活動の中心に据えた一方[55]、そこまで過激ではない活動家たちが国会議員や専門家組織、マスコミに対して訴えかけた[56]。一九七三年、米国精神医学会が二〇年前の立場を翻し、同性愛を精神疾患の区分から外した[57]。その後、国家公務員任用委員会も、同性愛者の連邦職員としての採用を禁じる規則を撤廃している[58]。一九七七年、ハーヴェイ・ミルクがサンフランシスコの監督委員会に選出され、ゲイであることを公表して当選したカリフォルニア初の公職者となる。ゲイが集まる場所への手入れはなくなり、それがゲイの新たな出会いの場に対する需要を生んだ。歴史家ドメニコ・リッツォは一九七〇年代後半をこう説明している。「バーやナイトクラブ、浴場の黄金時代……解放された性がポルノグラフィからポップミュージックの文化まであらゆるものに表現され、ヴィレッジ・ピープルの一九七八年の曲『ＹＭＣＡ』を世界的なヒットにしただけでなく、特定の世代にとっての賛歌へと変えた[59]」

だが、エイズ危機が、すぐさま音楽を止めてしまった。

テレビ

その「黄金時代」は、ゲイコミュニティの評判を定義づけることになる、退廃と無責任さのイメージを造り上げた。エイズが生み出す恐怖と相まって、ゲイはマスメディアにおいて、いかがわしく、触れてもいけない人々として描写されるようになった。このイメージが変わり始めたのは、テレビや映画の影響のおかげだ。

イギリスのテレビは、何十年も前から人々の考え方に影響を与えてきた。一九八六年、エイズ危機に対する大衆の恐怖が高まる中、ＢＢＣはその主力連続ドラマ『イーストエンダーズ』に二人のゲイを登場させた。その年、二人のうち中流階級のグラフィックデザイナーという設定の登場人物のほうがロンドンのイーストエンドに引っ越し、若い行商人の男と関係を持つ。数週間にわたって制作側はその登場人物を好意的に扱い、恋人たちが近隣住民から受ける偏見を描き出した。あるシーンでは、同性同士の恋愛について打ち明けられた地元の噂好きおばさんドット・コットンが激怒し、こう言う。「あたしがあなたの部屋を掃除することはできませんよ、だって同性愛を容認することになるじゃありませんか？　だいいち、あなたたちがエイズにかかっているかもしれないし」。彼女は神が「うんざりして」、ゲイの男たちに教訓を与えるために「この恐ろしい疫病をもたらした」のだとも言った。(60)

ドットは、ゲイの性行為に対する世間の先入観を代弁し、ゲイとエイズを結びつけた。『イーストエンダーズ』の脚本家たちは、そこからさらに踏み込んだ。ゲイの登場人物を日常に置き、寝室や病室ではなくカフェ、スーパー、家庭に登場させたのだ。しかも、怒りの声が高まる中で。そして一九八七年には初めて、二人の男性のキスシーンを映し出した。国会議員たちは、エイズが蔓延している今、ゲイの男性をこれほど好意的に描写するべきかどうか審議した。あるゴシップ紙は、「おぞましい！　画面から消してくれ[61]」という記事を載せた。また別の新聞紙は、「イーストホモ野郎《ベンダーズ》！」をトップ記事にした[62]。その同じゴシップ紙がのちに、ゲイの二人の甘いシーンを「二人の都会派《ヤッピー》ホモ野郎による、同性愛のラブシーン」と描写した[63]。ドラマに出演していた俳優の一人、マイケル・キャッシュマンの家の窓に、二つのレンガが投げこまれた。彼の実生活でのパートナーは、ゲイであることを暴露された。「私たちは一歩も引かなかった」とキャッシュマンは語った。「私たちはとにかく前進を続け、政治も、ゴシップ紙でさえも、最終的には私たちについてきた[64]」。テレビ界に新たに生まれたこの登場人物たちが、ゲイの暮らしは踊りとドラッグと病気ばかりではないことを教えてくれたのだ。

　一九九〇年代後半まで、アメリカのテレビに出てくるゲイの登場人物はほぼ確実と言っていいくらい脇役だった。レズビアンがゴールデンアワーに脚光を浴びたのは、女優でコメディエンヌのエレン・デジェネレスが初めてだ。一九九七年四月、自らの名を冠したシットコム番組を持つスターのデジェネレスは実生活でカミングアウトし、『タイム』誌の表紙に「そうよ、私はゲイです」という見出しとともに登場した。数週間後、四二〇〇万人の視聴者が彼女の番組にチャンネルを合わせ、人気司会者オプラ・ウィンフリーが演じるセラピストにカミングアウトする彼女を見守った[65]。

　デジェネレスは、実生活と番組の両方でカミングアウトすることによって、ゲイコミュニティの全体像をもっとしっかりと描き出せると考えたのだった。「私は自分本位に、自分のためにカミングアウトしたし、是が非でもなにかしらの大局観を必要としていた番組にとってもプラスになると思ったからカミングアウトしたの」。カミングアウトしたときのインタビューで、彼女はこう語っている。「ほかの人たちがカミングアウトするなら、それもいいと思う。だって、単に多様性を見せるだけでもいいことなんだから。そんなに極端なことを言ってるわけじゃないし、残念ながら、ニュースで一番注目を浴びるのは私たちのような人種なんだし。ほら、ゲイパレードで、自転車に乗ってるレズビアンや女装してる男たちを見るでしょう。私は彼らがどんな人間なのか決めつけたくない。彼らを攻撃してるように思われたくはないの。私がやってることの本質は、みんなの違うところを受け入れるってこと。彼らにゲイコミュニティ全体を代表してほしくないし、彼らも私にコミュニティ全体を代弁してほしくないはず。私たちは一人ひとりが違うんだから(66)」

視聴率を見れば、視聴者がその違いを知りたがっていることがわかった。この回が放送されて間もなく、『エコノミスト』紙が「同性愛が選択肢としてあり得るなら、今こそその道を選ぶ最適の時だ(67)」と主張する記事を掲載した。ＮＢＣは二人のゲイが主役のシットコム『ウィル＆グレイス』を放送する。二〇〇一年から二〇〇五年まで、この番組の視聴率は全米第二位を維持した(68)。

二〇一二年、アメリカの放送局五社が放送するゴールデンタイムのテレビドラマに登場する

LGBTキャラの割合は過去最高に達した。二〇〇七年にはレズビアン、ゲイ、バイセクシャル、トランスジェンダーの登場人物の割合は全体の一・一%にすぎなかったが、二〇一二年までにはそれが四・四%にまで増えていた。[69]「GLAAD（中傷と闘うゲイ&レズビアン同盟）[70]」の元代表ハーンドン・グラディックによれば、それは「ゲイやレズビアンの人々が社会の中でどう見られているかについての文化的変化を反映している。ますます多くのアメリカ人がLGBTの家族や友人、同僚、仲間を受け入れるようになってきた。そしてお気に入りのテレビ番組にチャンネルを合わせる中で、視聴者は実生活で出会うのと同じくらい多様な人々を見ることを期待するのだ[71]」

同じことが、音楽の世界でも起こっていた。初期のスターだったヴィレッジ・ピープル、エルトン・ジョン、フレディ・マーキュリーらの登場は、現代の生活における多様性に対する容認性の高まりを反映していた。ニューヨークに拠点を置く職場問題についての大手シンクタンク「人材改革センター」は最近、「ゲイの男女についてのポジティブなイメージがどこでも見られるようになったことで世論が変化し、アメリカで初めて、国民の過半数がLGBTの平等を望むようになった[72]」と宣言した。

映画『ロード・オブ・ザ・リング』で魔術師ガンダルフを演じたイギリス人俳優イアン・マッケランは、映画界で展開しつつある変化をこう見ている。「私がガンダルフになったときは、キャストの中でゲイだったのは私一人だったと思う」と彼はあるインタビューで語っている。「それが今では、ゲイのドワーフが二人いる。ゲイのエルフもいる。ゲイであることをオープンにしている俳優が六人もいる……そもそもガンダルフがゲイじゃないなんて、誰に言える？」[73]

別世界

同性愛行為がいまだに犯罪とみなされる国に住んでいる何百万人ものゲイにとって、恐怖と迫害は日常生活の現実のままだ。七七カ国が今も、同意のある成人間であっても同性愛行為を違法としていて、ゲイの人々は逮捕と投獄の危険と隣り合わせで生きている。七七カ国のうち五カ国では、死刑さえあり得るのだ。[74]ゲイの人々の個人的自由を制限するだけでなく、これらの法律は不寛容と恐怖の文化も助長してしまう。

二〇〇九年以来、ウガンダの政治家は同性愛を犯罪とする既存の法律を拡大しようと動いている。地元では「ゲイを殺せ」法案として知られるこの法案は、「悪質な」、つまり繰り返される同性愛行為には、死刑を要求することができるようになるものだ。医師や友人、親戚、隣人たちには、事件発覚から二四時間以内に「違反者」を通報しなければ三年の懲役が科せられる。「同性愛が正しいか間違っているかという議論は、ウガンダにはもはや存在しない」と法案の作成者デイヴィッド・バハティは二〇一二年のドキュメンタリー番組で語った。「それは間違っている行為なのだ[75]」

ときには、ウガンダの新聞がゲイの男女の名前や住所、顔写真を掲載することもある[76]。二〇一〇年一〇月、『ローリング・ストーン』誌が「ウガンダのホモ通報リストトップ一〇〇の写真」と題した記事を掲載した。鮮やかな黄色の全段見出しに書かれた文字は、「やつらを吊るせ」。ウガンダの元銀行員ジョン・ボスコは、二〇〇一年にラジオ番組で同性愛者であることを暴露されたのちに亡命を求めてイギリスへ渡った。だがイギリスの内務大臣ジャッキー・スミスが「ゲイの男性やレズビアンの女性は、同性愛を犯罪とする国でも『目立たずに』いれば危険にさらされることはない[77]」と宣言した数カ月後の二〇〇八年九月、ボスコは強制送還される。ボスコがカンパラに到着するころまでには、新聞紙が彼の顔写真を一面に掲載していた。彼は逮捕され、コンクリート打ちっぱなしの監房に入れられ、ほかの囚人たちと一緒に鎖でつながれた。「警察に殴られ、ほかの囚人たちにも殴られる」と彼は語った[78]。ボスコは看守に賄賂を使い、イギリスの弁護団が彼の強制送還の無効を申し立てる間、半年間身を隠していた。彼は二〇〇九年三月にイギリスに戻り、今はサウサンプトンで心の健康を支援する職員とパートタイムの簿記係として働いている。

ウガンダ人は同性愛を「アフリカ人らしくない」と考える傾向があり、ゲイの男性が同性愛行為をするのは金のためだけだと決めつけている。人口のなんと九六%が、「同性愛は社会で受け入れられるべきではない[79]」と信じているのだ。法案の擁護者はそうした考えを悪用し、自らの権力を強化しようとしている。彼らはゲイを生贄にして、経済や医療など本当に重要な問題から人々の目をそらしているのだ。同性愛に対する不安感をあおっている間、政府はほかで手を抜くことができる。

似たようなことが、ロシアでも起こっているかもしれない。それが始まったのは二〇一三年六月、同性愛やら、反同性愛運動の背後にいるらしいのだ。ウラジーミル・プーチンがどう「プロパガンダ」法案の可決によってだった。[80] この法案は同性愛と異性愛が「社会的には同じものである」という「ゆがんだ認識」を未成年に与えかねない情報を提供した人間に、罰金や実刑を科すというものだ。[81] この法律は非常に曖昧な文言で書かれているため、ゲイを受け入れようと説く教師や親に対しても適用可能だ。[82]「ゲイ支援派」の外国人やゲイと疑われる者も逮捕され、二週間拘束される可能性がある。[83] 別の法律と併せて、ゲイのカップルも、同性婚を認める国に住むひとり親の家庭も、ロシア生まれの子どもを養子に迎えることはできなくなった。[84]

時折、ロシアの巧言は腺ペストが蔓延し始めたころのイタリアで官僚が使っていた巧言を思い出させる。プーチンは、ロシアの出生率が下がっていてロシア人家庭が減少傾向にあることを理由に、これらの法案を正当化した。[85]

法案の擁護者たちは、もっと露骨だ。ロシアの公営テレビ局の次長を務めるドミートリー・キシレフは、プーチンはもっとやるべきだと主張した。「[同性愛者は]献血や精子提供を禁じられるべきだ」と彼はロシアでもっとも有名なニュース番組で語った。「それに、彼らが自動車事故に遭った場合、その心臓は地中に埋めるか燃やすかするべきだ。その生命は続けるのにふさわしくはないのだから[86]」

私は二〇〇〇年から二〇〇七年の間、頻繁にプーチンと会っていた。私たちの関係は心のこもった友好的なものだったが、個人的な話になることは一度もなかった。ほかの国家元首と同様、私は彼と経済について、石油について、そして事業提携の力関係について議論した。性的指向に関する彼の考えはまったくわからないが、プーチンが現実主義者であることは知っている。私から見れば、ロシアの反ゲイ法案はゲイに対する純然たる嫌悪というよりは、政治的姿勢からくるものだ。ほかにも指摘している者はいるが、プーチンはおそらくほかの制約的な法案から注意をそらそうとしているのだろう。二〇一一年末に集団抗議運動のあとで議会を通過した法案は、公民権をもっと幅広く制限するものだ[87]。過去の迫害の余韻の中、少数派の同性愛者が権力追求の駒として使われただけだ。

動機はなんであれ、人権団体はロシアの法案がゲイに対する暴力の発生につながるのではと懸念している。二〇一三年七月、東欧におけるゲイの人権を擁護する団体「スペクトラム人権同盟（ＳＨＲＡ）」が、あるネオナチ組織の信奉者たちが同性愛者の個人広告欄を使ってゲイのティーンエイジャーをアパートに誘いこむようになった、と暴露した。その後ティーンエイジャーたちに暴行を加え、拷問し、その様子を動画で撮影してインターネットにアップするのだ。「ロシアの小さな町や村でゲイであることを暴露されるのは、しばしば死にも等しい」と

SHRAのラリー・ポルタヴツェフは言う。「暴露されたティーンエイジャーは自殺をするかもしれないし、仲間からいじめられるかもしれないし、親から縁を切られるかもしれない。まさに悪夢だ[88]」

進歩はまちまちではあるが、過去数世紀と比べれば変化はもっと早く訪れると考えられるだけの理由はある。誰もがつながっているこの時代、権力のあからさまな濫用が気づかれずにすむ可能性は低く、はっきりとした反応を呼ぶ可能性が高い。二〇一三年八月、モスクワで世界陸上大会が開かれていた際、外国人アスリートたちがロシアの反ゲイ法への反対意見を表明した。スウェーデン人の高跳び選手エマ・グリーン・トレガロはゲイの権利を擁護する意味で爪を虹色に塗った。アメリカ人ニック・シモンズは八〇〇メートルの銀メダルを同性愛者の友人たちに捧げた。どちらの行為も、世界でトップニュースとなった。二〇一四年にソチで開催された冬季オリンピックでは、アメリカは同性愛者のアスリートから成る代表団を派遣し、オバマ大統領は公式な立場での一切の参加を拒否した[89]。

スポーツ界以外では、アメリカのバラク・オバマ大統領からイギリスのデーヴィッド・キャメロン首相まで、世界の指導者たちがゲイの権利を人権と結びつけるようになってきている。二〇一三年四月、国連事務総長パン・ギムンは世界中の反ゲイ法案の撤廃を求める世界的キャンペーンを立ち上げた。オスロの人権会議で流された動画によるスピーチで、彼は文化と伝統、宗教が個人の基本的権利を否定するうえで正当化されることは決してないと主張した。「世界中のレズビアン、ゲイ、バイセクシャル、トランスジェンダーの人々に対する私からの約束は、私はあなたたちの味方だということです。国連事務総長として、私はあなたがたに対する攻撃を糾弾し、進歩に向けて指導者たちを促し続けます[90]」

ロシアで可決したような法案に、私たちは懸念を覚えるべきだ。だが、社会によって発展の速度は一定ではないことも覚えておかなければならない。近年、他国の政治家が同様の法案を成立させておきながら数年後に撤廃するという事例がいくつか見られた。それもしばしば、かなりの決まり悪さや恥ずかしさとともに。ロシアの最近の法案には、イギリスに先例がある。一九八八年、マーガレット・サッチャーの保守政権は地方自治法第二八条を通過させた。地元当局が「意図的に同性愛を推奨したり、同性愛を推奨する目的で印刷物を発行したりしてはならない」と定め、同性愛関係を「偽りの家族関係」と決めつけるものだ。これが、ゲイの権利擁護者と未来の政治家、両方にやる気を起こさせた。現在、イギリスは世界でももっともゲイを容認する社会のひとつとなっている。

外国政府がモスクワをはじめ、ゲイを抑圧する国の首都の指導者に変化を促すこともできるが、最終的には、変化は内側から起こらなければならない。ロンドンに拠点を置く「ヒューマン・ディグニティ・トラスト」の最高責任者ジョナサン・クーパーは、LGBT関連法案について、どれかひとつの国が別の国の手本となるような事例はあまりないと言う。たとえば、バハマは一九九一年に同性愛を非犯罪化したが、カリブ海に浮かぶほかの九つの国は男性同士の性行為を犯罪とする法律を今も残している。「非犯罪化は新植民地主義の新たな形だという主張は常にある」とクーパー。「もちろん、ばかげた話だが[91]」。かつて大英帝国の一部を成していた連邦国では、植民地時代の遺産が同性愛の犯罪化だった。

ゲイの歴史の大部分を占めてきた同性愛嫌悪はなくなりつつあるが、この章で紹介した話が、現代の私たちの考え方の背景となっている。古代ギリシアから第三帝国まで、そしてカンパラでの抑圧からニューヨークでの自由まで、社会的な自由主義と破壊的な同性愛嫌悪が入り混じる長い歴史が、現代のすべての議論や判断の下地となっている。私たちは、まっさらな状態から始まっているわけではないのだ。

3 深く隠れて

二〇〇七年五月、イギリスの大衆紙『デイリー・メール』は、私のセンセーショナルな暴露記事を積極的に報道していた。編集者たちは私の辞任を目玉に据え、一カ月の間に二〇件以上の記事を掲載した。イギリス最大の企業でトップが交代するという出来事は報道価値があるし公益に値するという点は否定しない。また、私のプライベートに関する報道の細かい事実が多少誇張されていて、それが部数を伸ばすために利用されたということも理解している。記事の中には私の転落を喜ぶような内容のものもあり、その大半が同性愛嫌悪に基づいているように見受けられた。だが思いがけないことに、六年後の二〇一三年七月、『デイリー・メール』の人が私のアシスタントに電話をかけてきて、同性結婚についての意見を述べる記事を書く気はないかと尋ねてきた。私は丁重にお断りした。

大衆紙との過去の軋轢にもかかわらず、その申し出はうれしかった。玄関先にカメラマンを張りつけるところからゲイの権利について発言する場を提供してくれるところまでの劇的な転換は、ゲイに対する社会の態度の変化を反映している。この変化がもっとも顕著に現れたのが、同性婚についての世論調査だ。一九八三年の調査では、回答したイギリス人の半数が、同性愛関係は「どんなときでも間違っている」と答えた。二〇一二年には、その数字はたったの二二％にまで下がっていた。[1] こうした考え方は、宗教団体でも変化している。一九八三年、英国国教会会員の七〇％近くが同性愛関係に強く反対していた。二〇一〇年には、それがほぼ半減していた。[2] 無宗派の中では、同じ期間に五八％から二一％にまで減っている。

イギリス政府は同性同士のパートナーシップを法的に認める法案を二〇〇五年に制定し、二〇一三年には、同性婚を合法化する提案が上院下院の両方をやすやすと通過した。貴族院では、賛否の差は二対一を越えていた。[3] この結果に喜んだのは、ゲイの権利擁護者だけではない。かつてさまざまな法案の中でも反ゲイ法案を通過させたことで「汚い政党」と呼ばれたことさえある保守党に所属するデーヴィッド・キャメロン首相が狂喜したのだ。「こんなふうに考えるべきだと思う——今、学校にゲイの少年たちがいて、いじめられるかもしれないと懸念し、世間にどう思われるか悩んでいる。そんな少年たちに対して、国の最高機関である国会は彼らの愛情がほかの誰の愛情とも変わらない価値を持っていると言い、平等を信念としていると伝える。それを少年たちが耳にするのだと」とキャメロンは語った。「そうすれば彼らは今よりもう少し胸を張って立てるようになるし、私はその事実に誇りを持つことができる」[4]

変化の風は、アメリカにも吹いていた。二〇〇七年のピュー・グローバル・アティテュード調査によれば、アメリカでは四九％が以下の文言に賛同したとのことだ。「同性愛は、社会が受け入れるべき生き方のひとつだ」。二〇一三年までには、六〇％がそう感じていた。[5]二〇一三年の最初の三カ月で、アメリカ国内における同性婚について七回実施された全国世論調査のすべてが、同じ結論に達していた。同性婚に賛同する意見が、反対する意見を上回ったのだ。[6]

前進の度合いを測るのは全国世論調査だけではない。二〇一一年、オバマ大統領は米軍の「聞かざる・言わざる政策〔同性愛であることを軍側からは聞かない代わりに、同性愛の入隊者も自分から告白してはならないことを方針として定めたもの〕」を撤回した。その一年後、アメリカの四つすべての軍士官学校の学者が共同でおこなった研究では、この政策の撤回により「軍の即応能力にも、団結や採用、人員確保、攻撃、嫌がらせ、士気といった組織内の構成要素にも」、否定的な影響は出ていないことがわかっている。[7]『グリー』や『ダウントン・アビー』などテレビのヒット番組にも、ゲイが登場する。フランシスコ法王でさえ、自分に同性愛者を決めつける権利はないとして、社会におけるゲイの容認を呼びかけた。

このような幅広い文化的変化は、ビジネス界にも変化を受け入れるチャンスをもたらした。フォーチュン五〇〇に名を連ねる企業の九〇％以上が、性的指向によるものも含めた差別の防止を目的とした方策を実施している。[8]航空宇宙から銀行業、大手石油業まで、多種多様な分野の優良企業がこの方策に関する成果を公表しているのだ。

こうした進歩にもかかわらず、アメリカではLGBT社員の四一%がいまだに職場ではクローゼットに閉じこもっていると推定され、イギリスでも三四%が同じ状態だ。[9] 彼らが自分の性的指向を隠している理由は非常に個人的かつきわめて複雑なもので、人によってそれぞれ異なる。だが、キャリアアップの妨げになるのではという恐怖感が根底にあるということははっきりしている。

クローゼット状態の彼ら社員には、手本となる人物がいない。二〇一三年末時点で、フォーチュン五〇〇企業のCEOでゲイであることをオープンにしている人物はいなかった。決して、ゲイの企業幹部に優秀な人材がいないからではないと思う。むしろ、経営層におけるゲイの少なさは自己選択と容認の問題からくるのではないだろうか。LGBT社員はいまだに不安でいっぱいで、それは工場のラインで働く者も最高責任者も同様だ。

かつて『ニューヨーク・タイムズ』が「ゲイの多様性と感受性トレーニングの父」[10]と呼んだブライアン・マクノートは、その専門であるゲイ問題についての職場におけるセミナーをAT&Tやゴールドマン・サックス、メルクといった大企業でも実施してきた。社内における所属やそこで実施されている保護の有無にかかわらず、クローゼット状態の社員はカミングアウトすることによって大惨事が起こると考える傾向があるという彼の見解には、私も同意する。彼の言うように、「カミングアウトしない者は、頭の中で起こるかもしれない事態を想像しているが、そのようなことは実際にはほぼ起こらない[11]」。

クローゼット状態の社員が経験する恐怖のせいで、本書のインタビューの一部は約束を取りつけるのが難しかった。同僚や友人たちに頼んでその友人や家族に参加を呼びかけてもらったのだが、匿名にすると伝えても多くが取材を拒否した。

アトランタに本社がある会社で働いている異性愛者の女性は、二〇代半ばの男性の友人に、クローゼットに閉じこもっていることについて取材を受けるつもりはないかと聞くのさえも難しかったと言う。その友人は、同性愛問題について非常に敏感なのだそうだ。「どんな話がしたいのかについて電子メールを送ることも、伝言を残すこともできなかった」と彼女は言った。「結局、留守電にはただかけ直してほしいとしか言えなかった。あとでかけ直してもらったときも、彼の席がパーティションで区切っただけのオープン席だから、空いている部屋を見つけてもう一回電話してもらわないといけなかったの[12]」

インタビューを取りつけても、土壇場で何の説明もなくキャンセルされたこともある。話をすることを引き受けてくれたクローゼット状態の社員は、実名を明かさないことを条件にした。個人が特定されないよう、年齢や国籍、どの街で働いているかといった情報でさえ伏せておいてほしいと言った人もいる。ほとんどが、仕事のメールアドレスには絶対に連絡しないでほしいと強調した。ある人のメールには、こう書かれていた。「こちらが当方の個人アドレスです。この件について、以後はこのアドレス宛にご連絡ください。秘書に厄介な質問をされずにすみますから」[13]

この恐怖心は、ＬＧＢＴに対する寛容性で知られている会社に勤めている従業員にまで見られた。ある投資銀行で働くジョージがその典型例だ。オックスフォード大学を卒業した彼は、アメリカでも最大手と言える銀行のロンドン支店に六年間勤めてきた。彼の雇用主は、アメリカとイギリスの両方で実施された調査によれば、もっともゲイに対して好意的な職場のひとつと見られている。実際、彼は職場で一度も同性愛嫌悪を感じたことがない。彼の銀行はゲイの権利を促進する慈善活動に数多く出資している。そして、ジョージによれば、「インクルージョンを促進する膨大な量の多様性プログラムを猛スピードで進めている」[14]。そのプログラムには、ゲイであることをオープンにしているアスリートを招いて実体験を語ってもらったり、異性愛者《ストレート》の従業員がゲイの同僚にとって安全な空間であることを示すポスターやステッカーをオフィスのドアに貼ったりするものが含まれる。

にもかかわらず、ジョージが働くフロアにいる三〇〇人の従業員の中で、ゲイであることをオープンにしている人は一人もいない。「銀行業での一番の問題は、カミングアウトしている上層部が誰もいないことだと思います」と彼は言った。「このフロアだけでも四、五人いるのは知っていますが、私も含め誰もそのことをオープンにしていません」

彼とクローゼット状態のほかの同僚たちは、カミングアウトすることで職業上のリスクが生じると考えている。ステッカーぐらいでは、それは変えられないのだ。調査ではイギリス人の七〇％以上が同性婚に賛同すると言っているかもしれないが、少数とは言え無視できない数の人たちが反対している。[15] それは、特に自分の業績評価の際には、検討しなければならない要素だとジョージは言う。

彼の銀行では毎年、従業員が自分の業績を評価する人のリストを提出する。同時に、上司はそのリスト以外の従業員からも意見を募る。大手銀行では一般的な慣習だ。これらの評価の結果が、従業員の給料や昇進、そして事実上、企業内での長期的な生存能力を決定づけるのだ。

「カミングアウトしても大丈夫だという確率が九九％だと思っていても、最後の一％の結末が恐ろしいんです」とジョージは言う。「誰かが私のことを気に入らなければ、私に直接言う必要も、同性愛嫌悪を示す必要もない。うまいこと立ちまわって、業績評価のときに私の顧客対応がまずかったなどと言えばすむ。何か話をでっちあげさえすれば、私の昇進は突如として危機にさらされるわけです」

このような手続きには、安全措置が講じられている。人事部は適正評価をおこなっているし、各部署は業績評価の食い違いについて問い合わせを受ける。だが、それでも安心できないとジョージは言う。彼の綿密な分析によれば、そうした安全策にでさえ穴があるのだそうだ。

「悪い評価が出てくると、部署は従業員を昇進させようとするのではなく、今の地位を守るために時間と費用を使わなければならなくなるんです。オフェンスではなく、ディフェンスに回ってしまうというわけです。たった一人の意見で、そんな状態になってしまうんです」

こうした計算を毎日のようにおこなうのは非常にくたびれる。普段の業務がときには一六時間にもおよぶ仕事ではなおさらだ。週末にしていたことの詳細をぼかしたり、付き合っている相手の話をするときに代名詞の性別を変えたり、ソーシャルメディアで普段の暮らしについての情報をうっかり漏らさないよう注意したりするのも相当疲れる。本書の取材を受ける際にも、ジョージは職場近くのコーヒーショップを避けて、一〇分歩いたところにある店での待ち合わせを希望した。インタビューの最中、ジョージはこちらの話をよく聞いて率直に応えてくれたが、公共の場でこの話をすることが心配の種となったようだ。コーヒーを口に運びながらも、彼の視線はほかの客や通行人をちらちらと窺っていた。ときには、質問に対してささやくように答えることもあった。

真実を調整したり、日々の暮らしの基本的な情報を修正したりしなければならないのは、ジョージだけではない。ワシントンD・Cの「人材イノベーションセンター」によると、ゲイの男性の一八%が普段の生活、たとえば仕事のあとに人と交流する場などの情報を修正し、ストレートに「思われる」ようにしているとのことだった。一六%が、立ち居振る舞いや声色を変えている。そしてレズビアンでは一二%が服装や髪形、アクセサリーなど、外見を調整しているとのことだった。(16)

「嘘をつくのにはもううんざりしています」とジョージ。「今の仕事と労働時間を考えたら、人生のかなりの部分に影響を与えるんです。そのかなりの部分において、将来的に幸せで正直に生きることはとても重要です」。あと何年かして取締役になれたら、カミングアウトすると彼は言った。だが今のところは、まだ隠れ蓑をかぶっていなければならない。

ジョージの雇用主は、ゲイの容認を推し進めて非常に高く評価されている。それでも当事者が考えるリスクの高さ、そして恐怖心の強さが、まだ一部の従業員に職場で本当の姿を見せることをためらわせている。もっと厳しい職場環境で働くゲイの男性にとっては、状況はさらに厳しい。アレクサンダー（仮名）はニューヨークとロンドンの投資銀行で九年働く間に、同僚たちによる同性愛嫌悪的な冗談のせいでますますクローゼットの奥深くに閉じこもるようになったそうだ。彼は現在ではカミングアウトしているが、二つの理由から実名を明かしたがらなかった。ひとつは、彼にひどい扱いをした同僚たちを特定して辱めたくないということ。もうひとつは、同僚の大部分がゲイを受け入れるようになったとは言っても、職場にはまだ潜在的な同性愛嫌悪が残っているということだ。「僕は今でも金融業界の一員で、今後もこの業界で長期にわたって事業利益を追求するつもりです」と彼は言った。「金融界の人々は、僕が『沈黙の掟』を破ったら、間違いなく僕に否定的な目を向けるでしょう[17]」

「あからさまな脅迫を受けたとか、同性愛者《ファゴット》呼ばわりされたとかいうことではないんです」。プライバシーが守れる自宅アパートで取材を受けてくれたアレクサンダーはこう言った。「ですが、潜在的な同性愛嫌悪があることは明らかです。職場で自分自身をさらけだしてもいいものかどうか、考えさせられますよ[18]」

彼が耳にした意見の多くは、彼の直属の上司でもある取締役の発言だった。あるとき、彼の部署はロンドンを出て、社外会議のためにウェールズの田舎に建つ邸宅に一週間滞在した。サイクリングやハイキング、カヌーなどで連帯感を強めるためにおこなわれる、会社の伝統行事だ。ある日の夕食の席で、ほぼ全員が男性の銀行家たちは順番に、ベッドで誰かにささやかれたことをひとつ打ち明けることになった。「僕は、『誰かに腕がとてもすてきだと言われた』と言いました」と彼は思い起こした。するとテーブルの反対側に座っていた上司がこう叫んだそうだ。「で、その彼の名前はなんていうんだ？」アレクサンダーは、みんなに合わせて笑うしかなかった。

翌日、サイクリングに出かけたときもその冗談は続いていた。「自転車の置いてあるところへ向かって歩いているときに、上司が言ったんです。『あのピンクのやつがあるだろう？あれが君のだぞ』」

彼はまた、仕事ができると評判の女性取締役と一緒にスイスでの会議から車で戻ってきたときのことを回想した。道中、最近会社を辞めたある取締役の話題になった。彼女はその取締役の大学に入り直すという決断、そして母親との仲の良さについてさげすむような意見を言い出したのだそうだ。「彼女はかなり嘲るような口調で言いました。『それに、カミングアウトもしたに違いないわ』って。それで僕は『それはよかった、彼が幸せだといいですね』と言いました。彼女はこっちを向いて、口をぽかんと開けてじっと僕を見ていましたよ」

社内にはLGBT支援グループがあるが、グループに参加することで不名誉の烙印が押されるため、「秘書や人事部しか参加できない」とアレクサンダーは言う。銀行家が実際に会合に参加することはなかった。だが、アレクサンダーには一人だけ、秘密を共有している仲間がいた。ゲイのナイトクラブで一度偶然会った、同じ会社のやはりクローゼット状態の銀行家だ。彼は、アレクサンダーにこれからもクローゼット状態でいるよう、あらゆる兆候を隠すようにとアドバイスした。「彼はこう言いました。『証拠は絶対に見つからないだろうが、打ち破れないガラスの天井があるんだよ。取締役までは行けるかもしれない。でもそこまでだ。ゲイだったら、クラブに入れないってことさ』」。アレクサンダーはやがてカミングアウトし、その半年後に解雇された。同性愛嫌悪がその一因となったのかどうか、彼は考えないようにしている。何かの差別よりも、不況のせいで自分が不要になったのだと思いたいそうだ。カミングアウトして戦略コンサルタントとして働いている今、彼は前の同僚たちと離れたことに満足している。ゲイにやさしい今の新しい環境で働いて、以前の暮らしがどれだけストレスに満ちたものだったかがわかったという。

「クローゼット状態でいると、いつでも自分がどう行動しているか自問して、他人から見られたくないような何かが見えているのではないかと常に気にしなければなりません」とアレクサンダーは語った。「いつでも舞台の上にいるような感じですが、頭の中を占めるのは、観客に気に入られるかどうかの問題ではありません。自分が仕事を続けられるかどうかです」

ジョージとアレクサンダーが匿名という条件でなければ取材を引き受けてくれなかったという事実こそ、隠れた恐怖がいまだに存在することの証明だ。コーナーストーン・キャピタルの設立者でCEOのエリカ・カープには、彼らの不安がよくわかる。カープによれば、クローゼットに隠れている人が受ける多大な苦しみを本当に理解できるのは、クローゼットを出た人間だけだそうだ。

カープは、ニューヨークのクレディ・スイスで働いていたころ、七年間をクローゼット状態で過ごした。自分の性的指向を秘密にしておくのに、すさまじいプレッシャーを感じていたと言う。「ウォールストリートにはマッチョなエネルギーが溢れていて、完全に勝負を掌握しているという印象を与えなければ生き残っていけません」と彼女は語った。「みんな貢献度に基づいて評価され、判断されたいんです。レズビアンだと、人が居心地の悪さを感じるか、それでなくても注意がそらされるほどの特異さが加わってしまいます。そうすると、本来の職務ではない側面に目が向いてしまうんです[19]」

サリという名の女性と長年付き合ってきたカープだが、職場で恋人の話をするときは、「サム」という名前で話してきた。職場に足を踏み入れた瞬間、「彼女」を「彼」に変換するのもとてもうまくなった。常に嘘をついていることで、もっとも親しい同僚との間にさえ壁が生じるようになり、すっかりエネルギーが消耗してしまった。必然的に、体面を保つためのストレスが私生活にも侵食してくるようになる。「一度、サリと一緒にセントラルパークを歩いていたんです。私は目があまり良くないんですが、一〇〇メートル先に職場の誰かがいるような気がして、気になってサリの手を離してしまうんです。本当につらかった」

カープは、友人や家族と一緒のときにはオープンに暮らしていた。ゲイ・プライドのパレードを初めて見に行ったときは祝福の気持ちで一杯だったが、それもパレードが職場の近くに差しかかるまでだった。「三〇丁目でパレードを離れて、ずっと西まで歩いてから一〇ブロック下りました」と彼女は思い返す。「職場の前を通ると考えるだけでつらかったんです。あのときのストレスと恐怖の感覚は忘れられません」

同性愛嫌悪的な拒絶に対する恐怖だけが、一部の女性をクローゼット状態にとどめている原因ではない。ゲイやバイセクシャルの女性は、自分の性的指向に興味津々になる男性が一部いるのだと言う。その好奇心が居心地の悪い状況を作り出し、仕事のうえで大きな壁となる場合もあるのだそうだ。

クロエは自信に満ちた二八歳の率直な女性で、大手国際業務会社の石油・ガス部門でチームリーダーを務めている。彼女はゲイであることをオープンにしている社員を何人も知っていて、同僚たちは偏見がないと言う。自分の性的指向を間違っていると思う人がいるとは思っていない、とのことだ。それでも、どの街で働いているかは明らかにしてほしくない、と私に頼んできた。「私は自分の能力を実証してきました」と、薄明りの灯る地下のバーで彼女は語った。「でも、男性たちが私のことを軽く見るようになるかもしれないと思うと怖いんです[20]」

以前の職場で経験したことが、彼女のその考えを形作っている。熟練した地球物理学者でもある彼女は、世界最大級の石油・ガスグループでキャリアをスタートさせた。油田を掘る掘削作業員たちと一緒に仕事をしていたころは、いつでも現場で唯一の女性だった。同僚たちは毎晩一人最低六杯はビールを飲み干し、性的な冗談を交わすのがお定まりだった。

一度、仕事と仕事の間に長めの休みがあって、チームのみんなで草原でくつろいでいたそうだ。誰かが食事のデリバリーと一緒に、二人のストリッパーも注文した。「ドラッグでハイになっている裸の女性が二人やってきて、二〇人の男たちの前でお互いに触り合いながら踊っていたんです」とクロエ。「男たちのほとんどは無骨な作業員でした。女性に対して無礼な発言をしていて、女性に対するポジティブな意見は性的な含みを持つ場合だけでした」

彼らを刺激するのを恐れて、クロエはカミングアウトすることなど考えもしなかった。やがて、その不幸せな気持ちが原因で、油田掘削所から大学院へと場所を移すことに決める。本当の自分に正直に生きて、親しい友人だけでなく誰に対してもオープンでいたいと思ったのだ。そして大学院の同級生たちの前で、自分がバイセクシャルであることをさりげなく明かした。すると数日のうちに、同級生の一人で長年投資銀行で働いてきた男性が、セックスをしようと申し出てきた。「彼はこう言ったんです。『君は明らかに性的ないろいろのことに対してオープンなんだから、やろうよ』。私がバイセクシャルであるということが、彼は気に入ったんですよ」

彼女は拒否し、二人の関係は気まずくなった。だが、その同級生はその後も申し出を続け、彼女の状況についてほかの学生に話した。「嫌がらせの度合いがもう耐えられませんでした」とクロエは言う。「それに対処できるだけの強さが私にはなかったんです」。クロエはすぐさまクローゼットに戻り、プライベートについて話をすることを拒むようになった。

彼女の今の勤務先は、インクルージョンに積極的な企業だ。それでも、クロエはクローゼットに閉じこもったままでいる。「ゲイだったら成功できません」と彼女は言う。「石油・ガス業界はあまりにも旧態依然としていて、まともな考えの人なら絶対にカミングアウトなんかしません」。彼女は、私の辞任のこともよく覚えていた。彼女のストレートの同僚たちは私がもっとオープンで透明性をもっているべきだったと話していたそうだが、クロエは私が自分自身を否定したのは正しかったと強く信じている。「あなたがこの業界の中心部にいたのなら、リスクは非常に大きなものです」とクロエ。「私は掘削現場にいました。業界がどんな感じか、私にはよくわかりますから」

私の辞任は、彼女にクローゼット状態を続けるべきだという彼女の信念をさらに強めた。これは、私の経験から学んだ教訓としては間違っている。私が生きていた二重人生は、ビジネスキャリアの有効な青写真として見られるべきではない。訓戒として見られるべきなのだ。

隠れる代償

ここまで紹介してきたような社会人たちは知りすぎるくらい知っていることだが、クローゼット状態で生きる人生はニュートラルなものではない。二つの世界をまたぐ人生だ。たとえ熟練していても、あちらの世界からこちらの世界へと切り替えるたびに精神的なエネルギーは吸い取られる。そのエネルギーはもっとずっと生産的に、仕事で問題解決に使ったり、私生活でパートナーとの安定した関係を構築したりするために使えるはずのものだ。

性的指向はそれだけで人を定義するものではないが、間違いなくアイデンティティの大きな一部分ではある。自分の一部を否定すると、自分自身のすべてを受け入れることは不可能になる。これは、自信と自尊心を大きく損なうことだ。私自身そうだったが、その代償は自分では気づくことすらできないかもしれない。ニューヨークの精神分析医ジャック・ドレッシャー博士は、クローゼット状態の人々は自分の仕事上の業績を必ずしも常に喜ぶことのできない状況にある、と言う。「彼らは、自分が本当の自分ではないように、自分が何者なのかわからないように感じているのです。ですから、実際に達成した業績を完全に受け入れることができないのです」と博士は語る。「これが、クローゼットに閉じこもっている人の心理状態です。他者に見られないよう煙幕を張ると、自分も周りが見えなくなる。自分自身も見えなくなってしまいます[21]」

ＢＰで昇進していく中で私は計算をして、必要となる妥協点を見出してきた。頂点に昇りつめはしたが、そこで感じたのは、とらわれ、孤立した気分だった。

私の二重生活が始まったのは一九六九年、アラスカのアンカレッジでだった。最初の数週間を過ごした汚い安ホテルは壁があまりにも薄かったので、ほかの宿泊客のことを知らずにはいられなかった。街は、ダウンタウンの大部分を破壊した一九六四年の大地震から復興している最中だった。街の中心部の大部分がまだすっぽりと陥没してしまったままなのが見て取れた。バーが立ち並ぶ通りがあったのだが、そこでは人が殴られることなど日常茶飯事で、たまには撃たれることさえあった。それでも、みんな毎晩のようにそこへ飲みに行っていた。ある人気のバーでは、店側が床にピーナッツの殻を敷きつめて、歩くたびにパリパリと音がするようにしていた。客は、ピアノの上で踊っていた。

こんな大騒ぎの中で私は初めての仕事をスタートさせ、調査井の流れを調べる試験の手伝いをしていた。私が一緒に仕事をしていたのは大半がテキサスかオクラホマからやってきた男たちで、長身でいかつく、脱獄囚と言っても通ったかもしれない。凍てつく最北の地で次の仕事を待ちながら何時間も一緒に過ごす中で、私は自分の人格を隠す術を身につけていった。要は、完全に普通に振る舞い、波風を立てないことだ。私は礼儀正しく、頼りになるように振る舞った。実際の年齢は二一歳だったが、一七歳そこそこにしか見えなかった。チーム最年少だっただけではなく、外国人でもあったので、みんなたいていはやさしくしてくれた。誰かに彼女はいるのかと聞かれれば、ただ「はい」とだけ答えておけばよかった。その職場では、みんな少しよそよそしかった。それが壁を生み、私はその後ろに隠れていた。

一九六〇年代後半から一九七〇年代前半にかけての業務遂行の基準は、今よりもずっと低かった。誰かを仲間に迎え入れられたように感じさせるためにどうするのが適切かという考えも、今とはだいぶ違っていた。ロサンゼルスやサンフランシスコに出張があると、日中はずっと仕事をしている。夜になると、チーム全員でストリップクラブへ繰り出し、ウィスキーやジンを飲んで絶え間なくタバコをふかすのが常だった。点滅する照明でぼんやり照らされた女性たちが体をくねらせる。それは劣悪な場で、私は行きたくはなかったが、断ったことはなかった。なじまなければならなかったからだ。

ツンドラでの二年間の勤めを終えた一九七一年、ＢＰはようやく私をニューヨークに異動させてくれた。私は四八丁目と二番街の角に程近い、今ではダグ・ハマーショルド・プラザと呼ばれている場所に比較的安い住まいを見つけることができた。ちっぽけなキッチンがついたワンルームで、味もそっけもない部屋だった。

これほど大きく活気に満ちた都市で、私はどう過ごしていいかわからなかった。だが匿名性が高まったことで、初めて思い切ってゲイバーに行く勇気が出た。入口で、用心棒が私を止めた。「ここはゲイバーだぜ」。まるで警告して追い返そうとでも言うように、彼は言った。「ここがゲイバーだってことは、わかってるんだよな？」あまりの恥ずかしさに、私は走って逃げた。もしかしたら、その場にそぐわないように見えたのかもしれない。そのときはスーツを着ていたので、私は数時間後、ジーンズとセーターに着替えてまた店に戻った。

ようやく店内に入った私は、神経が高ぶっていた。何か興奮するような、普通は見られないような光景が展開されているのではないかという期待を持っていた。だが、あまりにも普通な雰囲気に、私は衝撃を受けた。ただ大勢の人々が飲んだり踊ったりしているだけだったのだ。しかも、スーツ姿も見受けられた。

そのころはあまり金がなかったので、頻繁に店を訪れていたわけではない。ゲイクラブは、セックス目的で集まる場所というのが一般的な見方だった。だが、実際に人々がそこへ行く動機はそれほどはっきりとしていないことを私は知ることになる。そこは幅広い人々が出会う場所で、中にはとても興味深い人もいたし、多くはクラブの四方の壁に囲まれていなければゲイとして生きられない人たちだった。

当時、BPがニューヨークに構えていた支店はかなり小さかった。それで、私は少し気が楽になった。職場のほかの誰かがゲイかもしれないなどとは想像もつかなかったし、ゲイバーに行くような人がいるなどあり得ないと思っていた。だが、私は間違っていた。数週間もしないうちに、一軒のゲイバーに入った私はすぐさま見覚えのある誰かに見つけられた。それは、職場の人間だった。彼が近づいてきて、私は穴があったら入りたくなった。

彼は明らかに、私よりもゲイの世界にどっぷりつかっているようだった。それに加えて彼の社内での位置を考えたら、性的指向を人に知られて失うものが多いのは彼のほうだ、と私は推測した。ティーンエイジャー時代の出会いと同様、彼もリスクを背負っているので、どこで私と会ったかを彼が明かすことはないと私は理解した。職場では共通の秘密に私はおびえきっていたが、誰も気づくことはなかったし、私たちも互いの足をすくったりはしなかった。

イギリスの両親に手紙を書くとき、私は注意深く人生を編集していた。彼女がいるフランス人男性と一緒にグリニッチ・ヴィレッジに引っ越して、料理の仕方やディナーパーティの開き方を教えてもらったことはオープンに綴った。だが、ゲイであることをオープンにしていて同性愛を絵画で表現するデイヴィッド・ホックニーに魅了されていることは、それほど積極的には書かなかった。あるとき、私はカヴァフィスの詩をエロティックに表現したホックニーのイラストを購入した。二人の男性がベッドを共にしている絵だ。今にして思えば、それは隠れた抵抗だったのかもしれない。秘密のゲイ暮らしを他人にオープンに語ることなどできなかったから。

両親に手紙を書くときでも会議に出席するときでも、私の根本的な哲学は「証拠は見せない、兆候も見せない、本当の自分を他人に見せる言い訳を作らない」だった。ちょっとでもへまをしたと思ったら、私は何週間もぴりぴりしていた。一度、水色のスーツを着て建築現場の前を歩いていたら、何人かの作業員が品のない野次を飛ばしてゲイに対する中傷を投げかけてきた。その日以来、ダークスーツ以外は着ないと心に決めた。

一九七四年、私はサンフランシスコに移ってそこで二年間働いた。その後一九八〇年にもそこへ戻って、スタンフォード大学で経営学の学位を取得した。あの街は、私の肌には合わなかった。カミングアウトしていない控えめなイギリス人にとって、ゲイタウンで有名なカストロ通りの押しつけがましいまでの雰囲気は、どうにも魅力的には思えなかったのだ。

このころ、私にはガールフレンドがいた。かかりつけの医師の娘だ。週末には彼女と会い、一緒に過ごすのがとても楽しみだった。連れとしてはとても楽しい相手だった。たまにはカストロ通りのゲイバーに行くこともあったが、サンフランシスコのゲイコミュニティは街のほかの部分とあまりにも隔離されていて誰かにばれる心配はほとんどなかったし、彼女に偶然出会うことも絶対にないとわかっていた。二つの人生を生きていると、なんでも合理的に考えるようになるものだ。

私が見かけどおりの人間ではないと知っていた人物が、少なくとも一人はいる。経営学部の学生は全員、郵便物を受け取る分類箱を割り当てられていた。あるとき、私の箱にゲイとレズビアンの会合への招待状が入っていた。しばらく考えた末に、私は行かないことに決めた。数日後、その会合を主催した学生が私のところへやってきて、「来られなくて残念だよ」と言った。ひょっとすると、彼は将来私に待ち受けている困難を理解していたのかもしれない。ガールフレンドとの関係は、やがて私が振られて終わりになった。彼女を責めることはできない。私には結婚する意志はなかったし、彼女はそれを感じ取ったのだろう。私はその後カルガリー、ロンドン、アバディーンでキャリアを積んでいった。一九八六年までには、私はオハイオ州クリーヴランドのスタンダード・オイル・カンパニーで最高財務責任者の地位まで昇進していた。ゲイの友人たちと会うことは、ほとんどなくなっていた。そして、母は本格的に私と同居するようになっていた。

四〇代に差しかかった私を、誰もが自分の友人や従姉妹とくっつけたがっていた。ディナーパーティに行けば誰かの配偶者が「あなたに会わせたいとってもすてきな人がいるのよ」などと言うのだ。子どもが一人や二人いる離婚した女性にとって、私はどうやらもっとも適任な独身男性の一人になっているらしかった。私は丁寧に対応したが、関心はほとんど示さなかった。穏やかに質問を無視すれば、やがて相手が諦めるのが常だった。

隠しごとのプロフェッショナル

二〇一三年、私は駐英ロシア大使と大使公邸で昼食を取っていた。仕事上長年の付き合いがあるロシアの元エネルギー相シャフラニクが主賓だった。大使は、私がBPの油田調査および生産部門を率いていた一九八九年にシャフラニクと初めて出会ったときの話を隅々まで細かく話して見せた。「あのときは、我が国の情報機関があなたはBPの次期CEOだと報告したから、あなたを非常に丁重に扱ったんですよ」と大使。「うちの諜報員が情報を集めてきたんです」。彼らの報告書に、ほかにどんな情報があったのだろうと私はいぶかしんだ。

母と暮らしていた一四年間、私はどのような形のゲイ生活からも自分をほぼ完全に切り離していた。深い寂しさは感じたものの、ごくまれに一夜限りの関係があればどうにかなるだろうと思っていた。私の被害妄想が拡大したのは一九九五年、CEOになってからだ。海外出張の際は政府に招待を受けていることも多く、そうすると身辺に常に護衛がいることになる。一九九八年にBPがアメリカの石油会社アモコを買収するとアメリカでの私の知名度も上がったので、私は渡米時には常に個人警護を二四時間体制でつけていた。ホテルでは隣の部屋に警備担当者が詰め、ドアが開いた瞬間に目を覚ます。クローゼットの扉は、いまや釘でしっかりと打ちつけられていた。

ばれるのではないかという恐怖は、同性愛を犯罪と定める国でゲイであることをオープンにしてはビジネスができないという思いこみから来ていた。これは中東やアンゴラ、ナイジェリアくらい遠く離れた国ではたしかに事実だった。クローゼット状態でいることを、私は現実的なビジネス上の判断だと考えていた。

従業員がクローゼット状態かどうかを知るのに、どこかの誰かがロシアの情報機関を使う必要はない。私は自分の公の姿を非常にうまく管理していたつもりだが、今にして思えば、同僚の中には私がゲイだと疑っていた者もいただろうということがわかる。私は他人を欺くのがうまかったし、その過程で自分自身を欺くのはもっとうまくなっていった。

二〇〇二年六月、私はベルリンで開かれた「ウィメン・イン・リーダーシップ」会議でスピーチをおこなった。私の主張は、単刀直入だった。BPは、世界中のもっとも優秀な人材を大勢集めるために、多様性の維持に努めるというものだ。ありとあらゆるタイプの人々の中からもっとも優秀な人材を募ることでしか、競争力を維持することはできない。「これが、多様性と個性のインクルージョンに対する我が社の努力の背景にある単純な戦略的論理です。男性でも女性でも、どのようなバックグラウンドでも、宗教、人種、国籍、性的指向も関係ありません」と私は言った。「我が社は実績という唯一の基準に基づいて、最高の人材を世界中から集めたいと思っています」

インクルージョンに向けたBPの取り組みは、ありとあらゆる人々を対象としていた。だが左寄りの新聞『ガーディアン』紙がこの話を翌日報じたとき、その見出しはごく一部しか切り取っていなかった。「BP、ダイバーシティの方針によりゲイの社員を募集」[22]

性的指向への着目は、「ゲイ」と「ビジネス」を混在させることがどれほど普通ではないかを示していた。BPではまさにそれを実行していて、従業員に対して正当に提供するべき項目の中には同性同士のパートナーに対する福利厚生も含めていた。[23] 一九九九年終盤、世界最大の石油会社エクソンがより規模の小さいライバル会社モービルと合併した。この合併以前、モービルは同性パートナーへも福利厚生を提供していたが、エクソンはしていなかった。そして合併の条件のひとつとして、エクソンは以後の新規採用者にこの福利厚生を提供することを拒否した。

『ガーディアン』の見出しに、私は多少なりともショックを受けた。だがそれよりも心配だったのが、私の私生活に直接探りを入れてくる取材の数々だ。CEOとして受けるどのインタビューも地雷原になり得る。うっかり口が滑ったり、文言を間違えたりすれば、悲劇を生むことになるのだ。

自分の性的指向については、眉ひとつ動かさずに偽る術を学んだ。セリフを練習する必要もなかった。ただ運命の女性に出会えていないだけの独身貴族だという印象を与えるべく、私は最善を尽くした。「私が結婚するかどうかは今のところ不明です」と私はロンドンの『サンデー・タイムズ』に語ったことがある。そしてこう付け加えた。「この記事が広告代わりになるかもしれませんね[24]」。新聞の中では『フィナンシャル・タイムズ』だけが、私がゲイかどうか直接質問してきた。単刀直入な質問に対して、私は単刀直入な答えを返した。「その点は聞く相手を間違えましたね[25]」

だが、もっとも怖かった取材は、二〇〇六年のものだった。毎回一人の「漂流者」が無人島に持って行けるレコードを八枚選ぶという人気ラジオ番組『デザート・アイランド・ディスク』への出演を、BBCの制作陣が打診してきたのだ。音楽の合間には、伝記的なインタビューが差し挟まれる。

何が心配だったか？　一九九六年、この番組の司会者スー・ローリーが当時影の大蔵大臣と言われていたゴードン・ブラウンに対し、性的指向について質問していたからだ。「みんな、あなたがゲイなのか、それとも人格に何か問題があって結婚していないのかと知りたがっていますよ」とスー・ローリーは率直に訊いた。ブラウンはこう答えた。「ただ、まだしていないというだけですよ」(26)

ＢＰの広報責任者ロディ・ケネディは、非常に洞察力にすぐれた人物だった。私の隠れ蓑を彼なら当然見抜いていただろうとほぼ確信しているが、彼は私の性的指向についてのどのような憶測も、ＢＰのイメージに影響させたくなかった。彼の考えでは、これが取るべき正しい立場だった。彼はこの懸念について私に相談し、おそらく、その多大な影響力を利用して司会者が私の性的指向に触れないようにさせたのだと思う。彼の立ち回りが功を奏し、その質問が投げかけられることはなかった。

ほんの一瞬、この番組を機にカミングアウトしようかと考えたこともある。仮に私が「カミングアウトしたい」と言ったとしたら、ロディはそのように取り計らってくれただろう。だが私の勇気は長くは続かず、私はその考えを自分の中にとどめたままだった。

代わりに私が語ったのは、ジャコモ・プッチーニとリヒャルト・ストラウスの話だった。全寮制学校の凍てつく寒さを回想し、母の痛ましい経歴について語った。すべてが、和やかな雰囲気の中で進行した。無人島にひとつだけ贅沢品を持って行けるとしたら何にしますか、と聞かれ、私はキューバ葉巻を一箱、と答えた。キューバの歌手コンパイ・セグンドの『チャン・

チャン』を聴き、沈む夕陽を眺めながら葉巻をふかすのだ。

　現実は、そのような楽しい妄想とは程遠かった。私は二つの人生を生きるのにどんどん疲れてきていた。何をしていようと関係ない。何かを秘密裡におこなっているというのは、疲労困憊するものだ。

　今でも、クローゼット状態の若者の話をしょっちゅう耳にする。それを聞くたびに私は社会が彼らに対して与えているプレッシャーに怒りを覚えると同時に、結末を思って悲しくもなる。本章で紹介した物語の数々は、自分自身を固い殻の中に閉じこめて、誰も入ってこないようにしていたときのことを思い出させる。人々は憶測するだろう。質問もするかもしれない。だが、本当の私が見えるほど近くにまでは誰も来ないだろうと私は確信していた。

　企業内でどの階級にいたとしても、従業員はクローゼット状態でいたら視野が狭くなる。二重生活が生み出す限界と、仕事とプライベート両方に対するその腐食作用について理解できるのは、あとになってからだ。

　元投資銀行家のアレクサンダーは、上司にピンク色の自転車のことでからかわれたのを今でも覚えている。だが元同僚たちに怒りを覚えるよりも、長年クローゼット状態でいた自分自身に怒りを覚えるそうだ。「もし僕が最初からみんなに対して正直でいたら、人生はこんなに難しかったでしょうか？」と彼は言う。「同性愛嫌悪の人たちが力を握っているのは、僕たちがそれを許しているからです。僕たちが恥じるよう彼らが仕向けるのを許していたら、僕たちはいつまでたっても二流市民ですよ」

恐怖が、彼をクローゼット状態にしていた。今は、自由が彼をその外へと連れ出した。

「僕がゲイであることに誇りを持っていたら、ピンク色の自転車があるなんて言って何が面白いんです？　それがおかしいのは、僕がクローゼット状態でいようとしたからです。カミングアウトすれば、冗談にもならなくなるんですよ」

4　亡霊と恐怖

　カミングアウトすることに対する恐怖は、根拠があるものだろうか？　どのような状況であれば、この選択肢は検討されるべきなのだろう？　そして、それによってどんな影響が生じるのだろう？　私自身の場合で言えば、カミングアウトすることが恐ろしくてたまらなかった。今思い返すと、その恐怖にはまったく根拠はなかった。私が昇進するにつれ、ゲイの従業員に対する社会の態度も変わっていった。不安とパニックのせいで、私にはその変化がはっきりとは見えなくなっていたのだ。

　私は、カミングアウトによる明らかにマイナスな影響は一度も経験したことがないので、本章ではほかの人々に体験談を語ってもらった。企業の最上位層において、ＬＧＢＴが統計的に少なすぎることを示唆する証拠は十分にある。加えて、ＬＧＢＴの従業員に対して意識的であれ無意識であれ、かなりの偏見があることも事実だ。これにより、不公平な報酬からあからさまな差別まで、多くの実質的な不平等が生まれる。自分の性的アイデンティティが上司によって昇進を阻む壁に仕立て上げられた体験を、六人が語ってくれた。そして、ある経営者は、ゲイであることが原因で経験した自分の事業に対する経済的な影響やその後受けた嫌がらせについて語ってくれた。

過去と現在が与えてくれる教訓は、社会で何かがうまくいかなくなると、少数派が槍玉に挙げられるということだ。たとえば、ユダヤ人の歴史はよく知られている。LGBTもやはり少数派で、その容認に対する態度が改善している昨今の変化が恒常的なものなのか、それともまた逆行し得るサイクルの一部にすぎないのかはまだわからない。

フォード・モーターの最高幹部を務めていた間、アラン・ギルモアは日々計算に追われていた。そのすべてが、数字の計算だったわけではない。一九八〇年代後半、あるジャーナリストがギルモアに、なぜ一度も結婚していないのかと尋ねた。「私はフォード・モーターと結婚しているからだ、と答えた」とギルモア。ミシガン州ディアボーンにある本社でほかにゲイの幹部社員を一人も知らなかった彼は、自らの性的指向から会話をそらし、偽る必要性を感じていたのだ。「カミングアウトしたり誰かに暴露されたりしたらクビになると思っていたわけじゃない」と彼は言う。「だが、会社のその後の成長にとって害になる可能性があると思ったし、フォードに不必要な注目を引き寄せることにもなると考えた[1]」

ギルモアは法人内で二番目に高い地位である副会長の座にまで昇りつめたが、それまでの三四年間をずっとクローゼット状態で過ごしてきた。昇進のたびに、彼の性的指向にまつわる噂がついてまわった。一九九〇年代前半、ある記者が別のフォード幹部による逸脱行為の取材のため、広報部に接触してきた。「広報の担当者がこう言ったらしい。『その話は忘れろ。本当の話を教えてやる。ギルモアはゲイなんだ』」。のちに、広報部の別の社員が、この話を裏付けた。

このときは何も起こらず、その年の後半、当時フォードのCEOだったレッド・ポーリングが、自分の後継者候補にギルモアの名が挙がっていることを伝えてきた。だが、取締役会は最終的にアレックス・トロットマンを指名し、ギルモアは引退することに決めた。

ギルモアは、自分が見送られたのが性的指向のせいかどうかはわからないと言ったが、そうだったことを示唆する者はいた。二〇〇二年にフォードがギルモアを副会長として再雇用した際、彼はCEOビル・フォードと会った。ビル・フォードはその直前に、取締役会でギルモアの指名について話し合っていたのだそうだ。「『君がゲイだという話は一度も出なかったよ』と言われた」とギルモア。「私の考え過ぎかもしれないが、そのときはこう受け取った。『前に出た話だから、そんなに関心を呼ばなかったよ』と」

社会の態度が変わってきており、企業がその変化を受け入れるようになってきたとは言え、カミングアウトにはいまだにリスクが伴う。ギルモアの話からは、カミングアウトすること、あるいは暴露されることの影響がはっきりと見えることは決してないのがわかる。偏見には、隠れているという性質がある。つまり、従業員がまったく気づいていないリスクがあるということだ。

そのリスクの種類は業界、雇用主、地域によって異なる。アメリカの場合、ＬＧＢＴ社員を職場での差別から明示的に保護する法案を上院が可決したのは二〇一三年後半に入ってのことで、この法案は、いまだに下院で困難な戦いに直面している。[2] ＬＧＢＴ社員を明示的に保護する法律を通過させたのは、二一州にすぎない。残る二九州の時代錯誤な法的環境では、ゲイであるという理由で従業員を解雇することが理論上は可能なのだ。

アメリカでは、カミングアウトしているゲイやレズビアンの従業員のほぼ五人に二人が、過去五年間に職場で嫌がらせを受けたと報告している。[3] ホワイトカラーのＬＧＢＴ社員の中では、半数以上が「下品な冗談や巧妙な攻撃」などで侮辱されたり冷遇されたりしたことがあるそうだ。[4] 私がキャリアを積んでいた時代は、この割合はもっと高かっただろう。

私は二〇〇七年に暴露されてからも、自分の性的指向のせいで将来の展望が暗くなったとは思わない。だが、私の境遇は典型的とは言えないだろう。私はすでに幹部社員として出世し、四〇年以上にわたって石油やガス、金融など幅広い業界で人脈を築いたあとでカミングアウトしたからだ。カミングアウトする前に、私は異端者の烙印を押されることなくＢＰのトップの座にたどり着いていた。キャリアの序盤でカミングアウトする若者は、私が与えられた機会を得られないかもしれない。

長年の進歩によって嫌がらせのリスクは減ったかもしれないが、完全になくなるところまではいっていない。性的指向を告白してもキャリアにまったく影響がない、と言い切れるだけの根拠はない。大丈夫だとゲイの人たちに言えたらいいと思うが、集めたデータは、ある程度のリスクが残っていることを示唆している。平均すればそのリスクは小さいしなくなりつつあるが、本章で見ていくように、状況は人によってかなり異なる。

企業のトップで

企業は、人類を進歩させる動力だ。企業は個人では得られない健康、富、幸福を一人ひとりにもたらすべく形成される。だがダイバーシティとインクルージョンに関しては、企業はリーダーというよりは追随者であり、能動的というよりは受動的だ。社会の変化に対して、企業は相談プログラムを立ち上げ、企業方針を調整し、ダイバーシティ研修に投資し、少数派を対象とした採用活動を強化してきた。だがそうした努力にもかかわらず、企業における少数派の割合はいまだに不釣り合いなほど低い。

この偏りは、役員室から始まっている。そこにいるのはほとんどがストレート（少なくともストレートと思われる）白人の男性ばかりだ。二〇一二年、フォーチュン五〇〇企業の全役員室の四分の三近くが、白人男性によって占められていた。(5) データによれば、取締役の平均年齢が上がるにつれ、白人男性の割合はさらに増えているようだ[6]。

役員の多様性に関する調査は、これまでのところ、LGBTであるかどうかについては調べていない。このため、LGBTの役員がどれくらいいるのかはわからない。二〇一三年、製薬会社ファイザーの最高コミュニケーション責任者でレズビアンであることを公表しているサリー・サスマンが、広告と広報の多国籍企業、WPPで非業務執行取締役に指名された。彼女によれば、役員会がゲイの意見を反映できるようになるまでにはまだしばらくかかるとのことだ。「伝統的に、女性や少数派、ゲイを蚊帳の外に置く内輪な集まりでしたから」と彼女は言う。「変化には時間がかかるでしょうが、いずれは変わります。真の英雄は、見た目や肩書に惑わされずに個人の才能に目を向けるCEOや推薦委員会です[7]」

ヘッドハンターたちの間では、状況が本当に変わりつつあるのかどうかの議論が交わされている。多くのFTSE一〇〇企業の役員選考に関わるヘッドハンター、アンナ・マンは、性的指向は選考過程で検討要素にはならないと言う。「私は、役員会レベルでゲイの方々に対するどのような形の偏見も見たことはありません」とマン。「無関係な要素ですから[8]」。だが、ロンドン・シティを拠点にする別のヘッドハンターは、匿名を条件として、偏見が存在する余地はかなりあると明かした。「役員会に人を入れるのは、気心の知れた者同士で集まるためです」とそのヘッドハンターは言う。「そうなると、採用側とまったく同じではない人々が除外される可能性は十分あります[9]」

これだけでは、差別の証拠にはならない。現実は、もっとずっと複雑だ。企業の役員会は確立された社会的・職業的ネットワークの産物であり、会社の管理責任を負う。そのため、保守的かつリスク回避的になりがちなのは驚くことではないし、部内者と部外者との間の壁を強化する形で行動してきたのも当然と言える。たとえば、男性役員たちが男子トイレで並んで用を足しながら取引をまとめたり議論を展開させたりしているのを見たことがあるが、これでは女性役員がのけものになってしまう。経営幹部が上層部決定をおこなう際、同性愛性が意識的にせよ無意識にせよ危険信号と見なされる可能性はあると私は考えている。役員の型にはまらない人物は、リスクと不安定さを伴うからだ。だからこそ、二〇一三年末時点でFTSE一〇〇企業の中でゲイであることをオープンにしている役員がいないのかもしれない。だが、ある役員会が、ゲイであることをオープンにしている人物をCEOに任命した。[10]その人物は、二〇一四年夏にバーバリーでその座に就く見込みだ。全人口の五％がゲイだと推定すれば、FTSE一〇〇企業にはゲイのCEOが五人、フォーチュン五〇〇企業には二五人いるはずだ。

隠れた偏見

人は誰しも、無意識の偏見によって行動を左右されている。幼いころから、私たちは社会や友人、家族から情報を取りこみ、否定的な偏見を吸収していき、これらの情報が他人に対する考え方や態度を形成する。心理学者マーザリン・バナージとアンソニー・グリーンワルドは、共著『心の中のブラインド・スポット――善良な人々に潜む非意識のバイアス』（北村英哉、小林知博訳、北大路書房、二〇一五年）でこの無意識の偏見について詳しく解説している。「こうした知識の断片は、文化的環境の中であまりに頻繁に遭遇するため、脳の中に蓄積されている」と著者らは言う。「いったん意識に定着すると、隠れた偏見は特定の社会グループに対する私たちの態度に影響を与え得るが、私たちはその影響に気づかないままだ[11]」

「潜在的連合テスト（IAT）」を見ると、社会のあらゆる領域が隠れた偏見の対象となり得ることがわかる。[12]このテストは、さまざまなグループの人々（たとえばヒスパニック、高齢者、ゲイなど）に評価（いい、悪いなど）と既成概念（知的、スポーツ万能、不道徳など）を関連づけるというものだ。回答者が特定のグループの評価と既成概念を選ぶスピードが速ければ速いほど、その関連づけは強力だということになる。この調査では、回答者が「いい」という評価を黒人、高齢者、ゲイに関連づけるよりも、白人、若者、ストレートの人々に関連づけるほうが多いという傾向が常に見られる。[13]

二〇一三年末までに、一〇〇万人以上の人々が性的指向に関連する偏見を測定するIATに回答した。「テストを受ける異性愛者の大多数が、黙示的にストレートの人々を好む傾向をある程度は示します」と言うのは、データの監修をおこなっている心理学者レイチェル・リスキンドだ。「レズビアンやゲイの人々もわずかながらほかのゲイやレズビアンに対する好意を示しますが、その度合いはストレートの人々に見られるストレートびいきの傾向ほど強くはありません」[14]。最近、私もこのテストを受けてみることにした。結果、私はストレートの人々よりゲイの人々を無条件に好む一六％の回答者の一人になった。回答者の六八％がゲイよりもストレートを好み、一六％がどちらに対しても中立的だった。

私たちは、幼いうちから異性愛的偏見にさらされている。子どもたちが本やテレビで目にする登場人物のほとんどが、ストレートだ。宗教では、同性愛はしばしば罪と関連づけられる。アメリカではエイズに対する根強い恐怖から、ゲイの男性は献血が許されていない。そして、地域によっては、結婚したり養子を取ったりするなど、異性愛者に与えられている権利の一部がゲイの男性や女性には認められていない。

ゲイを気まぐれで性的に乱れており、病気まみれで薬物や酒におぼれがちな人々だと決めつけることは、間違いなく彼らの本当の能力に対する評価に影響を与える。何人かの採用候補者を比較するとき、人事担当者は評価作業に割ける時間もリソースも限られている。評価に欠けている部分があると脳が勝手にその穴を埋めるが、それは一部には無意識の偏見や既成概念によって導かれているものだ。それは人類の進化の成功には欠かせなかった自動的なプロセスなのだが、現代の職場環境においては少数派から機会を奪いかねない。

ジェンダーと人種についての調査では、無意識の偏見が採用、昇進、昇給に関する決定を左右する可能性があることがすでに実証されている。そしてそれがゲイの採用候補者にも起こり得ることを示す証拠はますます増えている。社会学者アンドラス・ティルチックは、ゲイの男性と異性愛者の男性がまったく同じ職務資格を持っていた場合、面接で受かる可能性はゲイの男性のほうがはるかに低くなるという仮説を検証した。[15] 七つの州で一八〇〇件以上の求人広告を選び、それぞれに二通の架空の履歴書を送付したのだ。片方の履歴書には、大学でゲイの学生組織での経験を記載した。もう一方は、「進歩的社会主義連盟」という名の左翼系学生組織の会計係としての経験を記載した。二通の履歴書は十分に目立つが、性的指向と職務資格との間には何も関連性を見せないように書かれた。したがって、応募者が面接に呼ばれる割合の差は、一方の学生が発信している「ゲイ信号」だけに起因しているということになる。[16]

異性愛者という設定の応募者のうち、面接に呼ばれたのは一一・五%だった。同じ資格を持つがゲイ組織で活動していた応募者のうち、面接に呼ばれたのは七・二%にすぎなかった。つまり、ゲイの応募者が面接までこぎつける可能性は、ストレートの応募者より四〇%低かったというわけだ。[17]

この結果が、ゲイを採用したくないという明白な忌避感情によるものだと簡単に言うことはできない。意識的であれ無意識であれ、既成概念が候補者選びに一役買った可能性はある。ティルチックが説明しているが、この調査では、ゲイの応募者は「自己主張が強い」「積極的」「意志が強い」候補者を求めていることを明示している求人に応募したときのほうが、通常よりも面接に呼ばれる割合が少なかった。この三つの条件は、異性愛者の男性に対する典型的な既成概念だ。ゲイの候補者を却下した人事担当者は、はっきりと同性愛恐怖を持っているわけではないかもしれない。だが、ゲイの男性はなよなよして消極的だなどという無意識の思いこみにより、ゲイの応募者が仕事にふさわしくないと思ってしまうかもしれない。[18]

ゲイであることをオープンにしている男性が職に就く場合でも、ストレートの同輩ほど稼げない可能性がある。アメリカで過去一〇年の間に発表された一〇数件の調査では、ゲイの男性と同じ特性を持つストレートの男性同僚とを比べると、稼ぐ給料はゲイの男性のほうが一〇%から三二%低いことがわかっている。[19] オーストラリア、カナダ、ヨーロッパで実施された調査によると、ゲイの男性が稼ぐ額はストレートの男性より七%から一五%低いそうだ。ほとんどの場合、レズビアンについては差別はなかった。[20]

経済学者は、この給料の差がゲイの男性に対する不利益以上のものかもしれないと言う。異性愛者の独身男性よりも常に多く稼いでいる既婚男性に対するプラス要素も反映しているかもしれないと言うのだ。[21] 明らかな上乗せの理由を解明しようと、より生産的な男性は結婚する傾向にあるのではという者もいれば、[22] 結婚が男性をより生産的にするのだという者もいる。[23] そして、そのために会社は既婚男性を優遇するのだという。[24] 結婚に伴う給料の上乗せは、少なくとも部分的には、異性愛者の従業員を好む傾向の結果である可能性が高い。[25] 発端がどうであれ、この上乗せは現実のものであり、昇進のツールとして使われている。ストレートの男性は、職場の自己紹介欄に既婚で子持ちであることを記載する場合が非常に多い。

こうした格差に対処するのは、簡単ではない。「ゲイの人々は裕福で学歴が高いという、非常に強い固定観念があります」と経済学者リー・バジェットは言う。「それが、経営陣が職場で従業員の扱いに差をつけるかもしれないという恐怖や考えに対抗する要素となるかもしれません」[26]。企業が従業員の性的指向を気にし始めたのはつい最近のことなので、給料の格差の可能性を特定できている企業はまだ少ない。

一方、レズビアンは、異性愛者の同僚女性たちと比べるとより多く稼ぐ傾向にある。これには、いくつかの理由が考えられる。レズビアンの女性は子どもを持つ可能性が低いため、異性愛者の女性ほど頻繁に昇進の遅れを経験しない[27]。また、調査によれば、ストレートの女性と比べると、レズビアンの女性のほうが長時間働き、平均的により高い学歴を保有しているとのことだ[28]。その行動は生き延びるための戦略のひとつかもしれない。レズビアンは自分より高い給料をもらう可能性が高い男性と結婚することはない。そのため、経済的な安定を求めてがむしゃらに働くのだ。給料の差は、ひょっとすると、彼女たちが見せる「男らしさ」にも起因するのかもしれない[29]。いずれにせよ、ストレートの女性よりも多く稼ぐからと言って、レズビアンが男性と対等な立場に立てるわけではない。ゲイであれストレートであれ、女性はゲイやストレートの男性より給料が低いのだ[30]。

明らかな偏見

職場においてゲイであることの影響は、経済的なものにとどまらない。同性愛嫌悪を持つ上司は、自分の下にいるゲイの従業員全員にとって居心地の悪い職場環境を作り出すことがある。そうするとやる気や士気を損なうし、ゲイの従業員が仕事で成功できる可能性も狭められてしまう。

ロンドンの大手国際コンサルティング会社でコンサルタントを務めるヒラリーは、二〇一二年に準社員として入社した際には怖くてカミングアウトできなかった。仕事ができる若い女性としてではなく、「あのレズの子」として見られるのが嫌だったのだ。あるとき、彼女は男性の上司の前で自分のパートナーについて話しているとき、うっかり「彼女」という代名詞を使ってしまった。

「私は自分がレズビアンでガールフレンドがいるのだということを説明して、それで何も問題はないように思えたんですが、翌日出社したら、上司が私にはドウェインという名のマッチョな彼氏がいるとチームのみんなに説明していたんです」とヒラリー。「一回限りの冗談ですむかと思ったんですが、言うまでもなく、その冗談はずっと続いて、どうにも耐えられないほどになりました。やめてくださいとお願いしたのに、やめてくれなかった。私が屈辱を感じているのを見て、彼は気分が良くなるみたいでした。特に、プロジェクトのほかのメンバーが『ドウェインは元気かい？』なんて私に訊くときには[31]」

この嫌がらせは、同性愛嫌悪者らしかったその上司がプロジェクトを離れるまで続いた。ヒラリーがカミングアウトに前向きになれたのは、そのあとになってようやくだ。「大多数の人々は、性的指向を識別要素としては見ていません」と彼女は言う。「でも、世の中はなんでもそうですが、ルールには必ず例外があるものですよね」。カミングアウトしたにもかかわらず、ヒラリーは本書では匿名を希望した。自分の会社が同性愛嫌悪だと思われたくないからだそうだ。自分の性的指向が会社にとってマイナスの影響になると思うから匿名を選んだのではない。

上司は、チーム全体の雰囲気を決定づける力を持っている。リーダーが同性愛嫌悪的な冗談を言うことが面白いと思えば、グループ全体が上司に合わせて笑い、その態度を模倣する。そうするとゲイの従業員は疎外感を覚え、発言力も失ってしまう。これが、ブリュッセルの大手国際広告代理店でプロジェクトマネージャーとして働いていたエイダン・デニス・ギリギャンがまさに体験したことだ。複数回にわたり、上司の管理職がゲイの同僚のパソコンから部下に性的なメールを送り、その際にそのいたずらを知っているほかのスタッフにもBCCでこっそりメールを同時送信していたのだ。「半年の試用期間で働いている若い研修社員はゲイの社員が自分に迫っていると勘違いして、それでパニックを起こすんです」とギリギャン[32]。会社のクリスマスパーティのとき、その同性愛嫌悪の上司は一人の従業員にプレゼントを渡し、全員の前で開けるよう強要した。中身はゴム手袋とワセリンだった。ギリギャンが用を足そうとその上司の机の前を通ると、必ずこう訊かれたそうだ。「おっ、女子トイレに行くのか？」

ギリギャンは、同性愛嫌悪的冗談や中傷のせいで会社の交流イベントにゲイの従業員が参加しにくくなり、そのせいで彼らはますます昇進から遠ざかったと言う。ギリギャンが我慢の限界に達したのは、彼が出席した二度目のクリスマスパーティでだった。ギリギャンと同じテーブルについていたイギリス人の男性が、スコットランドの伝統衣装であるキルトのスカートを穿いていた。所長がテーブルの近くを通ったとき、その男性に、ギリギャンにテーブルの下で触られなかったかと尋ねたのだ。「社会人として、これ以上ないというくらいの屈辱でした。上司は社内の全員に、私を馬鹿にしてもいいという許可を与えたようなものです」とギリギャンは言う。「あのまま会社に残っていても、彼らの型には決してはまらないのですから、トップに昇りつめることなど不可能なのは明白でした」

マーガレット・リーガンは、世界的な大企業のために多様性やその容認についての研修を提供する国際組織を運営している。彼女いわく、世界は圧倒的に容認に向けて動いているとのことで、ますます多くの企業がLGBT社員を支援する環境をはぐくもうと努力しているそうだ。事態は、大きく進展している。一九九〇年代には、あるクライアント会社の上級管理職が、組織評価の際にオフィスにゲイのコンサルタントは連れてこないようにと言った。リーガンが拒否すると、それなら夜はホテルの部屋から出てこないようにしてほしいと言われたそうだ。今では、そのような要請は考えられないと言う。

宗教が、一部の職場で蔓延している反ゲイ的な態度に影響を与えている場合がある。二〇一一年、リーガンはLGBT問題について議論することすら難しいクライアントを相手にしたことがある。「副社長が、ゲイについて聖書に書いてあることを私たちに説教しだしたんです」とリーガンは思い返す。「私たちは顔を見合わせて、それ以上何を話したらいいかわからなくなりました。副社長はこう言いました。『罪は憎むべきですが、罪びとは愛さなければなりません』」[33]。また、リーガンのチームは、さまざまなグループが職場環境についてどう感じているかを評価するよう、管理職に要請した。「その中に、ゲイやレズビアンの社員がこの会社で働いていてどう感じているかという質問がありました」とリーガン。「すると一人の幹部が言ったんです。『これには答えられない。そのような話はしないから』」

リーガンは、アメリカでは地域差がまだ存在すると考えていて、一部の経営陣はまだLGBT問題をダイバーシティとインクルージョンの戦略全体に組み入れる覚悟ができていないと言う。とは言え、社会の考え方が変わるにつれ、そうした経営陣の考え方も少しずつ変わっていくはずだ。今では、彼らのほうが普通ではなく、変わり者になりつつあるのだから[34]。

カミングアウトは、ゲイの従業員と信心深い上司との関係にひびを入れるかもしれない。ジャスティン・ドナヒューは、世界最大規模の航空宇宙会社で八年間働いていた。フロリダ支社で働いていたころ、彼が所属するゲイのコーラスグループ主催のコンサートに、女性上司を招待したそうだ。コンサートの間中、女性上司は目に見えて居心地が悪そうだった。『リトル・マーメイド』の挿入歌『キス・ザ・ガール』を歌うとき、レズビアンのカップルが舞台上でお互いの唇にキスをするという演出があった。すると、上司が席を立って出て行ってしまった。週明けの月曜、上司はドナヒューをオフィスに呼び出した。「彼女は明らかに動揺していて、本当に居心地が悪そうでした。もう泣きそうになっていて、ひどく気分を害していました」とドナヒューは回想する。[35]彼女は会話の間中ずっと声を荒らげ、彼のために祈っていること、彼の母親に電話して、ゲイであってもあなたの息子はいい社員ですと伝えたいことを訴えた。「私はただ黙って座っていて、取り乱さないようにしていました」と彼は言った。その日の出来事は、二人の関係に負担となった。やがて、ドナヒューはカリフォルニアの別の支社に異動した。

ゲイの従業員がカミングアウトした際に直面するリスクは、反ゲイ的な態度だけではない。ポップカルチャーの中で、ゲイの男性はしばしば不真面目で無責任に描かれる。このため、たとえ心の広い上司であっても、ゲイを軽く見る可能性が生じるのだ。決して、過剰に攻撃的な態度ではない。だが、ストレートの部下と同じような敬意をゲイの部下にも払うかどうかに影響する可能性はある。

ジェイコブは、ロンドンの大手メディア企業で五年以上働いていた。彼は、自分の性的指向が上司の彼に対する見方に影響することが頻繁にあったと言う。一度、彼が少数派に対する迫害についての記事の話をしていると、上司の一人がこう言った。「ああ、それはすばらしい話ね！」そして手首をぐにゃぐにゃと振ったのだそうだ（「弱々しい手首」は同性愛の男性に対する差別語）。また別のときには、かなり位が上のほうの男性上司がジェイコブに「奇抜さに余計な労力を消費するべきではない」と忠告し、彼が書く記事が「軽すぎる」と言ったそうだ。ジェイコブは混乱した。最近、暴動や売春、ドラッグについての記事を書いたばかりだったからだ。「彼らは、ゲイが浮ついているという先入観を持っていて、その偏見を裏付けるための証拠を、無意識かもしれないにせよ、探しているんです」と彼は言う。「ちゃんと仕事の内容を見て評価してもらえないのに、昇進なんかできるわけがないでしょう？」(36)

彼は、二〇一二年に会社を辞めた。あとになって元同僚たちが、会議中に編集長が彼の性的指向のことをばかにしていたと教えてくれた。「編集長はツイッターの利用マナーについて説明していて、社員は会社を代表しているのだから、発言内容には気をつけるべきだと言ったそうです。そして、私にたびたび『ゲイクラブに行っていることをツイートしないよう』注意していたと話したそうです。でも、私はそんなこと、一度もしたことがありませんでした。私が異性愛者だったら、編集長もそんな例は出さなかったんじゃないかと思います。でもゲイはしょっちゅう冗談の種にされるんです。たとえ、比較的リベラルな人たちの間でもね」。ジェイコブもやはり根の深い恐怖を持っている一人で、ゲイであることをオープンにしているにもかかわらず、将来のキャリアを守るために本書では匿名を希望した。「上司は通常、こっちがゲイかどうかは気にしていません」と彼は言う。「でも、処遇の悪さについて懸念の声を上げれば、突然重荷に思われてしまうんです」
トランスジェンダーの従業員は、カミングアウトによる影響がもっともひどいようだ。アメリカでおこなわれたある調査によると、回答者の九〇%が職場で嫌がらせや差別を受けた経験があると答え、半数は自らのアイデンティティが理由で解雇された、採用されなかった、あるいは昇進できなかったと感じている。[37] 回答したトランスジェンダーの失業率は、全国平均の倍だった。二〇〇七年、ヴァンディ・ベス・グレンはアトランタ州のジョージア州議会で法案の編集と校正を担当していた。その年の九月、彼女は翌月には男性から女性へと性転換することを公表した。すると議会の主任法律顧問シーウェル・ブランビーがその意図を確認するため、彼女を呼び出した。「その面会が終わるや否や、私は自分の席まで連れて行かれ、私物を詰めるための箱をいくつか渡されて、そのままドアから放り出されました」とグレン。[38]
グレンは、性差別による不当解雇で議会を訴えた。法廷での供述では、ブランビーはグレンの業績については問題にしなかった。代わりに、彼は「性転換しようとするグレンの意図は不適切であり、規律を乱す行為であり、一部の人々は道徳的な問題があると考え、グレンの同僚たちを不快にさせる」と答えている。また、ブランビーは「男性の性器を持つ人間が女性の服装に身を包んでいると考えるだけで不快になる[39]」とも言った。
グレンが職場に復帰する権利を勝ち取ったのは、解雇から四年も経った二〇一一年だった。未払いの給料は一切受け取っていない。「LGBT運動の中でトランスジェンダーの意味を理解しない人たちは多いですが、私はすごく簡単なことだと思っています」とグレン。「私たちはみんな、同じ人たちに同じ理由で嫌われているんです。私たちがジェンダーの規範に反しているから」

自営業のゲイも、偏見からは逃れられない。ノースカロライナで事業を展開しているボブ・ペイジは、リプレイスメンツ・リミテッド社を磁器やクリスタル、銀器、収集品を扱う世界最大の小売店にまで育て上げた。年商は八〇〇〇万ドルを超える。ペイジは一九九〇年にニュース記事でカミングアウトし、以来、事業に対する断続的な攻撃に対処してこなければならなかった。教会は信者やほかの教会にリプレイスメンツと取引をしないよう要請した。店舗のトイレや屋外施設に、ゲイに対する悪口雑言を落書きされたこともある。数年前には、リプレイスメンツにつながる二車線の道路をふさぐようにして女性が車を停めたことがある。女性は「主の来臨」や同性愛の邪悪さについて叫びたてた。四五分後、警察がやってきて彼女をどかした。「私はかなり目立っていました」とペイジ。「私たちのこと、とりわけ私個人のことを死ぬほど嫌っている人たちが世の中にいないなどと考えるほど、私たちは純真じゃありません」(40)

ノースカロライナで二〇一二年五月におこなわれた同性婚を禁じる住民投票を前に、反対運動が加速した。それに先立つ数カ月、ペイジは議員に働きかけたり、同性婚を応援する両面表示の電子掲示板を二つレンタルしたりした。会社には怒れる顧客からの無数のメールや手紙、電話が殺到した。「性的倒錯を公然と支援する会社とは仕事をしたくありません」とメールしてきたのは、近隣のローリーに住む顧客だ。「メーリングリストから外してください」。別の顧客は、ペイジの行動が子どもたちの幸福を脅かしていると匂わせた。「私には二六年連れ添った妻と四人の娘がいます」と手紙にはあった。「ゲイやレズビアンの存在が目に見えるようになり、容認されるようになると、普通であれば成長して幸福な結婚をしているはずの娘がレズビアンの生活に憧れるのではないかと非常に心配しています[41]」

ペイジは、カミングアウトして同性婚を公に応援したことで地元での仕事を失った。だが、インターネットの普及のおかげで、店舗での売り上げはさほど重要ではなくなった。売り上げのうち、店舗分は五％しか占めていないのだ。また、彼は企業リーダーに制約を課す鎖からも解放されている。「ある手紙には、私が株主に害を成していると書いてありました」とペイジは言う。「でも実情は、私が株主なんです。私は、自分自身に応えさえすればいい」

減っていく恐怖

法案が通過し、さらに重要なのは時間が経過することで、ゲイの従業員は直接的な差別やその影響を恐れる必要がどんどん減ってきている。本章で紹介した実例を含め、私が見聞きした職場における同性愛嫌悪は、差別的な企業文化というよりは個人的な偏見の問題であることが多い。一貫した組織的な嫌がらせは、一個人による不適切な行動へと変わってきている。それは、嫌がらせの被害者よりはむしろ加害者にとって恥ずかしい行為だ。だが、それでもカミングアウトはＬＧＢＴ社員の職業人生をややこしくする。同僚を欺いていたこと、自分に正直でいなかったことを認めなければならないからだ。カミングアウトによって同僚に自分を信頼しない理由を与えてしまうだろうかと聞かれたことがある。答えは間違いなく、状況によって異なる。子どものころに私と同じような同性愛嫌悪的な環境で育った人なら、ずっとあとになってからカミングアウトしても許されるだろう。だが社会が変わってきた今は、なんとも言えない。

ビジネスにおいてカミングアウトすること――とりわけ、早期にカミングアウトすること――の利点は、リスクを上回りつつある。これは、同性愛嫌悪的なものの見方や異性愛者びいきがなくなったという意味ではない。状況によっては、同性愛嫌悪が高まりつつあるように見えることもある。たとえばアメリカでは、ゲイに対するヘイトクライムの報告件数は、一九九〇年代半ば以来実際に増加傾向にある。[42] フランスでは、同性愛が人の生き方として認められるべきだと思う人は二〇〇七年よりも少なくなっている。[43] フランスの議会が二〇一三年に同性婚を合法化すると、ゲイの男性に対するヘイトクライムの報告件数が激増した。[44] 企業上層部におけるＬＧＢＴの少なさは、いまだにＬＧＢＴ社員の昇進を妨げる要素があることを示している。

私は、近年世界中で起こっている目覚ましい法的・社会的変化のおかげで、企業環境がより寛容に変わる様子を間近に見てきた。だが本章で明らかになったように、道のりはまだまだ長い。良い変化の波が途切れることなく続くと思いこんではいけない。歴史を振り返れば、成功し、繁栄した社会は少数派に対してより寛容であることがわかるが、社会が困難に直面すると、その少数派が生贄にされてきたこともまた事実だ。どのような少数派であれ、その権利を保護し、促進していくためには絶えず警戒していなければならない。社会は、必ずしも常に歴史的厄災から学ぶとは限らないからだ。かつてイギリスでユダヤ教の宗教指導者を務めていたヨナタン・サックスは、反ユダヤ感情が再び広まり始めたときに自ら感じた恐怖についてこう語った。「ホロコーストがそのような考え方をなくしてくれたのだと思っていました。アウシュヴィッツの亡霊たちが叫ぶ『二度と起こしてはならない』という叫びを聞かずにはいられないはずだと。でも、今はその確信が持てません。我々が旧約聖書のヤコブ〔「創世記」。ヘブライ人の長で、天使と格闘して勝利したことで「神の勝者」を意味する「イスラエル」の名を与えられた〕のように我々自身の本質や信念に潜む暗黒の天使と闘わなければ、悲劇はまた起こると私は思うようになりました[45]」

現在、世界中で反ユダヤ的な事件は劇的に増加しつつある[46]。こうした傾向と同性愛嫌悪の間には、何も関連がないかもしれない。だが、アメリカからフランス、ロシアまでの国々で同性愛嫌悪的な暴力の急激な高まりを目にすると、はっとさせられる。

二〇一三年末時点で、同性愛行為が犯罪とみなされていた国は驚くべきことに七七カ国もあった。多くの国がどれほど進歩してきたか、この先にまだどれほど長い道のりが待っているか、そして容認を促進し続けていかなければどれほど再び後退してしまうかをはっきりと思い知らされる数だ。この先も私たちが前進を続けるという前提で――実際前進し続けているものと私は信じるが――カミングアウトのリスクはどんどん小さくなっていく。変化におけるもっとも重要な触媒のひとつは、カミングアウトがビジネスにとっていいことだという認識が高まることだ。これが次章のテーマとなる。

5 カミングアウトはビジネスのためになる

二〇一三年六月二日、私は『フィナンシャル・タイムズ』紙に同性婚を支持する論説記事を書いた。その翌日、貴族院が同性婚を合法化する法案について投票をおこなうことになっていたのだ。私は実利的な立法者として、ゲイの男性として、そして一人の人間として、法案を支持した。だが同時に、私はビジネスマンとしても法案を支持していた。[1]

企業は通常、結婚制度について立場を表明することはない。だがCEOとして過ごす間、私はすべての人を受け入れる環境をはぐくむ政策ならどのようなものであれ、ビジネスにとってはプラスに働くことを学んだ。BPでのかつての同僚で今は上級役員を務めているポール・リードが、とてもうまいことを言っている。「社員には、本当の自分を隠すために脳味噌の四分の一を費やしてほしくない。頭脳全体を仕事に生かしてほしいんだ」[2]

LGBTを受容することによってハンデはなくなり、最高の人材がトップに立てるようになる。

性的指向やジェンダー・アイデンティティの多様性を尊重することは、したがって、人材を求めて世界市場で競合しているすべての企業にとって戦略的に重要な要素として認識されるべきだ。公平に扱われていない少数派、容認されていないと感じる人々は、よそで働くことを選択するかもしれない。今では、ますます多くの企業がその事実を理解するようになっていて、そうした企業はLGBT社員の権利により多くの支援を提供するようにもなってきた。

二〇〇八年一一月、カリフォルニアの有権者には住民投票事項八に賛成か反対か投票する機会が与えられた。州内で同性のカップルが結婚する権利を覆す内容だ。投票以前、同性婚の支援を公的に表明していた大手企業や組織は四社のみだった。[3] 二〇一三年三月に連邦最高裁判所が結婚防衛法（DOMA）と住民投票事項八を審理したときには、二〇〇以上の会社の合計二七八の雇用主が、法廷助言書で「平等な結婚」への支援を表明した。[4]

その助言書では、アップル、シティグループ、マイクロソフト、モルガン・スタンレーやスターバックスを含む企業が「DOMAは均一性を生み出すどころか、雇用主に対し、同性の相手と結婚している従業員と異性の相手と結婚している従業員に対する扱いを不平等にすることを義務付けるものだ」と訴えた。企業の実績は「職場の人材、士気、モチベーション」にかかっていることも付け加えられた。[5]

ここ最近の企業の動きは、LGBTの平等に反対する人々の支持を失うリスクよりも、容認による利益のほうが大きくなっていることを示唆している。二〇一二年一月、スターバックスは同性婚の支持が「私たちの在り方と、会社として私たちが尊重するものの中核にある」と宣言した(6)。その年の三月には「全米結婚団体（NOM）」という、住民投票事項八を支持するためだけに早い時期に立ち上げられていた団体が、「スターバックスと縁を切ろう」キャンペーンを開始した。団体のメンバーに、このコーヒー大手の製品をボイコットするように呼びかけたのだ。スターバックスは「信仰深いすべての人々に対する文化的戦争を宣言した」のだと団体は訴えた。そして、その利用客は「結婚に対する組織的な攻撃(7)」に出資していることになる、と。一週間もしないうちに一万人がNOMのフェイスブックに参加し、二万三〇〇〇人以上がオンラインの嘆願書に署名していた(8)。一年後、シアトルで開催されたスターバックスの年次株主総会では、怒れる株主が立ちあがって苦情を申し立てた。同社による同性婚の支持がボイコットを招き、第一四半期の収益が「残念な」ものになったと言ったのだ。スターバックスの会長兼CEOハワード・シュルツは、こう答えた。「すべての決定が経済的意思決定ではありません……弊社では二〇万人以上を雇用していて、多様性を容認したいと考えています。ありとあらゆる多様性です」。聴衆が喝采する中、シュルツは怒れる株主に最後の言葉を述べた。「もしもお客様が昨年お受け取りになった三八％よりも高い利益を得られるとお考えでしたら、アメリカは自由の国ですので。どうぞ株をお売りください(9)」

ウォールストリートの社長たちも、やはり積極的に発言している。二〇一二年、ゴールドマン・サックスの会長兼CEOロイド・ブランクファインが同性婚を支持する動画に登場した。

この動画は、アメリカで最大のＬＧＢＴ支援団体「ヒューマンライツ・キャンペーン」が制作したものだ。動画でブランクファインは視聴者に対し、「私や、結婚の平等を応援する多くのアメリカ人に加わってください」と訴えかけた。のちに、彼はその発言のせいで少なくとも一社は大口顧客を失ったことを明らかにしている。経営者が、宗教的理由からブランクファインの立場に嫌悪感を示したのだった[10]。

ブランクファインはメディアに露出するたびに自らの経営理念を明言し、顧客を失うことよりも最高の人材を集められるほうが大事だと示唆した。「私は、すべての人たちにとって魅力的な、中立的な職場環境を作ろうとしているんです」と彼は『ＣＢＳニュース』で語っている。「才能ある人々に対して非友好的、忌避的な企業や業界があるという点については……こっちに競争上の優位性を与えてくれているというだけのことです[11]」

ダイバーシティとインクルージョンは、同じことではない。多様な背景を持つ従業員が一定数いても、その従業員たちが温かく受け入れられ、尊重されていると感じられなければ、ビジネスにとってはほとんど意味がない。ＬＧＢＴに関して言えば、容認は間違いなくはるかに困難だ。企業は、従業員や就職希望者が男性か女性か、アジア系かヒスパニック系かは見ればわかる。だが誰がＬＧＢＴで誰がそうでないかは、いつもはっきりわかるわけではない。そのため、平等と容認に向けた企業の支持が明確であることが重要だ。アメリカでは、ある調査に回答したＬＧＢＴの約八〇％が、求人に応募するときに将来の雇用主がＬＧＢＴに対する平等と多様性の方針をすでに実施していることが「非常に重要」あるいは「まあまあ重要」だと答えている。イギリスでは、七二%が同様に答えた。[12]

バンクオブアメリカ・メリルリンチのロンドン支店で常務取締役を務めるジュリア・ホゲットは、カミングアウトする前の一九九〇年代半ばから終盤にかけて、LGBT容認の空気が広まることがどれほど重要だったかを覚えている。二つの別々の銀行から仕事のオファーを受けた彼女は給料や研修プログラム、勤務地などを比較した。また、性的指向をオープンにした場合にリスクがあるかどうかも評価した。「契約書のある特定の条項に、一方の銀行は事実上『性的指向を根拠にクビにすることはありません』と書いていて、もう一方は何も触れていませんでした」と彼女は言う。「そっちの銀行はただ法律で義務付けられていることだけ、つまりはジェンダーや人種を根拠とする差別は許されていないとだけ書かれていたんです。私は、LGBTの権利を守る銀行のほうで働くことにしました。そっちのほうがより寛容な職場環境だと感じたからです。法律で義務付けられていたわけではないころに、その銀行がイギリスでLGBT社員の保護を含めることについて考えていたのも判断材料のひとつになりました」[13]

ますます多くのフォーチュン五〇〇企業がLGBTの容認を選択肢のひとつではなく必要不可欠な要素とみなすようになった大きな理由は、人材争奪戦だ。二〇〇二年、これら五〇〇社のうち、企業方針に性的指向への寛容を含めていたのは六一%にすぎなかった。ジェンダー・アイデンティティについて明記していたのはたったの三%だ。[14] だが二〇一四年までに、九一%

が性的指向に基づく差別を禁じており、六一%がジェンダー・アイデンティティに基づく差別から従業員を守るとしている。[15] また、同性パートナーにも医療給付を支給する企業の数が、同じ二〇〇二年から二〇一四年の間に三四%から六七%へと劇的に増えている。[16]

企業方針は、正しい雰囲気を作る重要なポイントだ。企業方針の適用は測定可能で追跡可能なものであり、それがゲイの従業員に対する企業の献身度合いを評価する、明確な指標となる。すぐれた企業は事業を運営するうえでさまざまな法的枠組みを超え、法によって義務付けられていない場合でも企業方針を機能させられる。それは、ありとあらゆるバックグラウンドを持つ優秀な人材を集めたい企業にとっては欠かせない要素だ。

ヒューマンライツ・キャンペーンは二〇〇二年、そのことを十分理解したうえで企業平等指数(CEI)を立ち上げた。アメリカの企業がLGBTの従業員や顧客をどう扱うべきかという期待値を明記したものだ。さらに、この期待値について毎年雇用主を評価している。[17] CEI実施初年度、対象とした企業のうち満点を取ったのはたったの四%だった。[18] その中にはインテル、JPモルガン・チェース、ゼロックスが含まれている。二〇一一年までには五五%(数では三三七社)が企業方針や福利厚生制度を改善し、満点を獲得した。[19] 高得点を獲得した企業には、伝統的に保守的な分野の企業も含まれていた。たとえば鉱業・金属大手アルコア、石油・ガス会社BP、シェブロン、シェルなどだ。一方、二〇一二年には石油・ガス大手エクソンが初めてマイナス点を記録し、その地位を二年間保持した。[20]

ＣＥＩのようなランキングは、変化に向けた重要なインセンティブとなる。二〇〇五年、軍需メーカーのレイセオンが同分野で初めて満点を獲得した。[21] 同社はその業績を高く評価されたが、それは従来ＬＧＢＴ社員にとって居心地のいい環境とは言えない男性優位、肉体労働者《ブルーカラー》中心の分野だったことも大きな理由だろう。一年後、レイセオンの競合他社ボーイング、ハネウェル・インターナショナル、そしてノースロップ・グラマンも、満点獲得に向けて変化を取り入れた。[22]

ＣＥＩの評価基準は、ＬＧＢＴの処遇に対する社会の期待値が高まるにつれ、より厳しくなってきた。このため、企業も競争力を維持するために方針を改善することを余儀なくされてきた。容認には継続的な強化と警戒が必要であることを考えると、これは勇気づけられる変化だ。

いくつかの企業では、目覚ましい変化が見られる。ケンタッキー州ルイビルは保守的な街で、ＬＧＢＴの容認を議論する場所として最初に思い浮かぶ街では決してない。そこに本社を構える、ジャック・ダニエルやフィンランディア・ウォッカといった酒類のブランドを所有する飲料会社ブラウン＝フォーマンも同様だ。だが二〇〇九年にＣＥＩで二〇点という低いスコアをつけられると、経営者たちが注意を向けた。会社は新たにＣＤＯ（最高ダイバーシティ責任者）としてラルフ・デ・シャーベルトを任命し、彼は会社の方針をひとつひとつ丹念に見直し、ほかの企業で変化を監督してきた同じ役職の人々からも助言を求めながらスコアを改善した。

デ・シャーベルトは、同性パートナーに福利厚生を提供したり性別適合手術の費用を負担したりすることが一部の人々の恐れるように高価なものだという迷信を払拭した。結局のところ、これだけ多くの企業が変化を起こしているのだから、要は「どうしてうちはやらないんだ?」という問題になるわけだ。

ブラウン＝フォーマンは、ケンタッキー州で初めてCEIで満点を獲得した企業になった。さらに重要なのが、デ・シャーベルトが現場で目にしている変化だ。ゲイの従業員が会社のイベントにパートナーを連れてくるようになった。血のつながった家族といるよりも会社でのほうが受け入れられていると感じる、と言われたこともあるそうだ。これは、同社のLGBT社員グループに所属しているメンバーのうち、LGBTであることを公開しているメンバーよりも異性愛者のサポーターのほうが多いという事実に反映されている。異性愛者の従業員は、ゲイの同僚たちが自分たちを必要としているのと同じくらい、自分たちもゲイの同僚たちを必要としていることに気づき始めたのだ。

「クローゼットに閉じこもっているほうがはるかに代償は大きいが、ただその影響が目に見えにくいだけだ」とデ・シャーベルトは言う。「その影響とは、クローゼットに閉じこもっていなければ得られたはずの創造性、生産性、革新が得られないというものだ[23]」

隠れた代償

失われた生産性を割合で、あるいは失われた創造性をドルで定量化することは事実上不可能だ。だが、従業員が職場でカミングアウトできるくらい居心地の良さを感じられなければ、企業が大きな代償を支払うことを示す証拠はふんだんにある。[24]

一九七〇年代初頭、ルイーズ・ヤングはオクラホマの単科大学で教鞭を執っていた。一九七五年、彼女がレズビアンバーを訪れていたことを知ると、大学事務局は契約を更新しないことを決定した。その経験が、ヤングを活動家へと変えた。彼女は間もなく、テキサス・インスツルメンツでソフトウェア・エンジニアとしての仕事を得る。一九九三年、彼女は同社でLGBTリソースグループを立ち上げ、一九九六年には経営陣を説得して性的指向も含む無差別政策を導入させた。だが翌年、ヤングが所属していた航空宇宙・防衛部門がレイセオンに売却される。こちらの会社には彼女が導入させたような方針はなかった。ヤングはまたしても、基本的保護のない職場に身を置くことになったのだ。

二〇〇一年、ヤングは会社の多様性会議でLGBTリソースグループを代表して発言することになった。彼女は生産性について話すことにした。レイセオンの全事業の代表が最前列を占める会場で、与えられた時間はわずか三分間。彼女は、性的指向を隠そうとクローゼットに引きこもっている従業員が経験する生産性の損失は一〇%になることを示す、彼女自身が作成した生産性指標について説明した。「この会議が終わったら、ご自身のオフィスに戻ってドアを閉めてください。それから、家族の痕跡をすべて取り除いてみてください。とりわけ、伴侶のものを。写真は引き出しにしまって、結婚指輪は外してください。家族のことも、休暇でどこに行ったかも話すことはできません。あなたの伴侶やパートナーが重い病気にかかっていても、仕事を失うのが怖いので二人の関係を認めることができません。そうしたことをすべてやってみて、ご自身の生産性がどれだけ上がるか見てみてください」[25]。レイセオンはその後性的指向やジェンダー・アイデンティティ、ジェンダーの表明を含む無差別政策を導入し、夫婦を対象とした福利厚生やあらゆる給付を、LGBTの従業員にも付与することとした。

クローゼット状態の社員たちは、いまだにこうした恐怖と闘っている。だが、それに伴うストレスを軽減するため、企業も多くのことを成し遂げてきた。現在、家庭用消費財メーカーのクロロックス社はアメリカでもっともLGBTにやさしい会社のひとつとして見られており、二〇〇六年以来ずっと企業平等指数（CEI）で満点を獲得している。クロロックスは、現在同社で最高会計責任者を務めるトム・ジョンソンが一九八八年に入社して以来、長い道のりを経てきた。当時、性的指向は会社の無差別政策に含まれていなかった。LGBT社員のための社内ネットワークは存在せず、夫婦を対象とした福利厚生は同性カップルには与えられていなかった。同社で働き始めて間もないころ、ジョンソンはゲイであることをオープンにしている上級管理職を一人も見つけられなかった。彼は自身の性的指向と折り合いをつけようとセラピーを受けたこともあったが、プライベートについて同僚に話すことはどうしてもできなかった。「当時のクロロックスの経営陣は、今よりずっと保守的だった」と彼は回想する。「カミングアウトが私のキャリアにとってどういった形であれプラスに働くことを示唆する要素は、一切なかった[26]」

財務部の副社長に昇進するまでの九年間、ジョンソンはずっとクローゼットの中で過ごしていた。その間、自分自身の殻の中に閉じこめられているような気分だったという。クローゼット状態の社員がみんなやるように、彼も週末の過ごし方について嘘をつき、長く付き合っているパートナーがいることを隠していた。誰かにプライベートな質問をすれば同じようなことを聞かれるので、質問もしないようにした。特に大嫌いだったのは企業プレゼンだった。自分がさらし者になっているような感じがして、立ち居振る舞いが気になって仕方がなかったのだそうだ。「自分が他人からどう見られるかが不確かだったので、とにかく台本どおりに動くようにした。壇上ではがちがちだったよ」と彼は語る。「私は合併や買収を担当していて、自分の熱意を伝えたかったが、できなかった。それが、誠意を見せるという私の能力に影響した」

クロロックスは、数十億ドル規模の消費財メーカーだ。従業員は、市場に売り出せる新製品を考案する際、自らの経験をヒントにすることが奨励されている。ジョンソンは、拘束衣を着せられているような気分だった。「いつも自分の思いつきをフィルターにかけて、こんなふうに思っていた。『これを言ったら、私がみんなと違うことがばれてしまうだろうか?』」それは精神的にかなり消耗する行為で、いいアイデアも抑えこむことになってしまった。

ジョンソンのような人物の体験が、ゲイにやさしい政策を採用することが企業の収益性に直接貢献できるとビジネス界に気づかせてきた。[27] 企業がこうした政策を実施すれば、従業員は性的指向をオープンにできる。人材改革センターによれば、同性パートナーにも医療保険を給付している会社ではカミングアウトしているLGBT社員は全体の三分の二にのぼる一方、していない会社では半数にとどまっているとのことだ。[28] 職場でカミングアウトしていない理由を尋ねた二〇〇九年の調査で、クローゼット状態の社員の五分の一近くが、自分たちを守ってくれる政策がないことを具体的に挙げた。そしてほぼ同数が、性的指向やジェンダー・アイデンティティを根拠に解雇されることへの恐怖を挙げていた。[29]

この調査では、カミングアウトが心理的ストレスを軽減し、従業員の幸福度を改善させることも示されている。たとえば、クローゼット状態のLGBT社員の四四％が過去一二カ月の間に気分の落ち込みを感じた一方、職場でカミングアウトしている社員ではその割合が二五％にとどまっていた。[30] これを見れば、クローゼット状態の社員のほうが仕事に満足できていないのも不思議ではない。クローゼット状態のゲイの男性のうち、自分の昇進の度合いに満足していると答えたのはわずか三四％だった一方、カミングアウトしているゲイの男性は六一％が満足していた。[31]

世界的な銀行グループのスタンダード・チャータードで最高経営責任者を務めるピーター・サンズが、この状態をうまく言い表している。彼は、クローゼットに閉じこめられている状態が「個人にとってはみじめなことだし、会社にとっては商売上良くないことだ。ビジネスの成功がすなわち人々の創造力と想像力を発揮させることに尽きるこの世界で、これだけの人材の能力を損なうことには意味がない[32]」。調査結果が示す結論はただひとつ。職場で本当の自分をオープンにできたほうが、社員の満足度と生産性は上がるのだ。

カミングアウトは、その当人にとって利益があるだけではない。同僚たちの生産性も押し上げる可能性がある。ジョンソンは、クローゼット状態でいることによって自分とクロロックスの部下たちとの間に壁ができていたと言う。「自分が何かを隠している気分はずっと拭えなかったし、周りもそれを感じていた」と、当時本当の自分を周りに見せられなかった苦悩について彼は語る。「曖昧な態度しか取れないこと、誠意を示せないことで、私のリーダーシップを損なうほどの不信感が生まれてしまった」

この事例が示す証拠は、いくつかの制御実験の結果によっても裏付けられている。カリフォルニア大学ロサンゼルス校の心理学者たちが、同じ作業をこなすなら、ゲイであることをオープンにしている相手と組んだ人物のほうが、ゲイかどうか曖昧な相手と組まされた人物よりも能率が良いという仮説を裏付ける結果を示しているのだ。[33]彼らの結論はこうだ。「交流するパートナーのアイデンティティがわからないことは、アイデンティティを知ることよりも業績にとっては有害になり得る。たとえ、そのアイデンティティが不名誉とされるものであってもだ[34]」

ＬＧＢＴの平等を支持する政策は、会社の方針について社員に幅広い合図を送るものだ。ＩＢＭの「ＬＧＢＴダイバーシティに向けた実施作業部会」の共同議長クローディア・ブラインド＝ウッディは、人材採用担当者の一人から聞いた話を教えてくれた。その担当者は、いくつかの有名なビジネススクールのＬＧＢＴ学生を対象とした就職説明会に参加していた。その日は朝からずっと、アジア人女性が何人も足を止めては会社のパンフレットを持って行った。ずいぶんアジア人女性の比率が多いな、と気づいた彼は、立ち寄った一人をつかまえて聞いてみたそうだ。「君たちみんなレズビアンなはずはないよね。どういうこと？」すると、女性は彼の疑問に答えてくれた。「ええ、私はレズビアンじゃありません。でもＬＧＢＴっていうのは、突破するのが一番難しい壁です。御社がＬＧＢＴの従業員を尊重して容認しているのなら、アジア人も女性も容認してくれるはずだと思って[35]」

ブラインド＝ウッディの話は、多くの異性愛者の社会人が就職先候補を評価する際、ＬＧＢＴ社員の扱いを判断材料のひとつとするようになったという事実を裏付ける、数ある証拠のひとつだ[36]。企業が多様性、寛容さ、創造力をどのくらい真摯に尊重しているかを示す指標なのだ[37]。

企業と同様、都市もやはり、ゲイを受容する空気が作れれば繁栄する可能性が高い。社会学者リチャード・フロリダは、不寛容には経済コストが伴い、それは都市がいわゆる「クリエイティブ・クラス」を惹きつけられるかどうかという形で現れると主張する[38]。経済的繁栄は、新しいアイデアや新しい人々に対する寛容さにかかっている。革新を起こす可能性がもっとも高い優秀な人材は、多様な考え方と寛容で知られる場所に引き寄せられる。フロリダによると、ハイテク分野で特定の地域が成功するかどうかをもっとも正確に予測できる唯一の指標はその地域におけるゲイの人口比率であって、それは外国生まれの住民の比率で見るよりもずっと正確なのだそうだ。[39] ゲイのカップルの比率がもっとも高いアメリカの五都市は、いずれももっとも繁栄している地域でもあった。[40] フロリダはまた、成長がほとんど、あるいはまったく見られない地域（たとえばバッファローとルイビル）は同性カップルの比率が低かったとも述べている。「単刀直入に言えば、男同士で手をつないで道を歩ける場所なら、おそらくインド人技術者やタトゥーだらけのソフトウェアオタク、外国生まれの起業家も居心地良く感じられるということだ」とフロリダはのちに書き記した。「多種多様な背景の人々が集まれば、考え方がぶつかり、経済的なホームランが生まれる可能性が高い[41]」

多くの経済学者が、世界各地における同性愛に対する寛容性と経済発展との関係性についても研究している。ピーターソン国際経済研究所の執行副社長兼所長マーカス・ノーランドは、ある国のゲイに対する姿勢と、その国の海外投資を誘致する能力とソブリン債の格付けとが、非常に高い相関関係にあることを発見した。[42] ノーランドいわく、同性愛者に対する姿勢は「相違や変化に対する社会的姿勢、とりわけ伝統的ではないところから生まれた変化に対する社会的姿勢という、より幅広い意味を持つパッケージの一部」かもしれないとのことだ。[43] 外国投資家も、不寛容な姿勢を見れば「役人が不親切かもしれないと連想し、極端な場合は外交関連施設や職員に対する攻撃もあり得るかもしれないと考える」そうだ。ほかにも、政治科学者ロナルド・イングルハートは、ゲイやレズビアンに対する寛容さが先進的な社会福祉を知るもっとも敏感な指標だと主張している。同性愛者は通常、「社会でもっとも好かれていないグループだから」というのがその理由だ。(44) イングルハートは事実上、同性愛者を多様性の最後の砦と呼んだことになる。

隠れた能力

BP時代、私はクローゼットに閉じこもっていることで非常に複雑な問題解決ができるように自分を鍛えていると思っていた。ものすごくたくさんのボールでジャグリングし、それがひとつもぶつからないように操作できていたのだ。私が生きていた二つの人生は完全に独立していて、まれに近づくことがあっても、それぞれを元の軌道に戻せるよう最善を尽くした。そうするために、私は発言をすべてフィルターにかけて一貫性を保ち、他人が自分をどう見ているか常に注意していた。

自分をおびやかすかもしれない秘密を抱えて成長した人間なら誰でも、似たような技術を身につけているだろう。ある心理学者によると、ゲイやレイプ被害者、摂食障害者や貧困者など、隠すことが可能な秘密を抱えて生きる人々は皆、自らの社会的環境を慎重に監視し、常に変化する予測不能な社会的状況に合わせて自分の外面を操作することを覚えるのだそうだ。[45] これはつまり、会社に入るゲイの人々が、会社の利益のためだけではなく、自身の発展にとっても役立てられる特有の能力を会社に持ちこめることを示唆している。

カーク・スナイダーが著書『G指数』（*The G Quotient*／未邦訳）で指摘しているように、よそものとして育つという経験は適応能力、創造力、直感など、さまざまな能力を育てる可能性がある。[46] 心理学者たちによれば、社会の期待に反して自らの性的指向を受け入れるとき、ゲイコミュニティの一員は高い認知力を身につけるのだそうだ。この経験により、彼らは若いうちから否応なく自分の感情について深く考えるようになり、親兄弟から赤の他人まで、周りの反応を常に気にするようになる。その中の誰かが、自分を拒絶するかもしれないからだ。このような状況を乗り切り、結果について熟考することで、高い自己認識力が身につく。[47]

同時に、彼らは人や状況を読み解く能力に長けるようになる。情報を処理するこの能力は、ゲイに対する暴力という風潮、あるいは風潮と言われていないものに対処するための適応機構だ。[48] 脅威をピンポイントで特定できる能力は、生存に大きくかかわってくる。また、他人を推し量る能力も、一部には恋愛対象を探す必要性から生じているかもしれない。誰がゲイで誰がそうでないかは、いつでもすぐにわかるわけではないからだ。

ゲイの人々は、逆境の中を潜り抜けてきたことで状況に対する感度を磨いてきた。ゲイの上司のほうが部下にやる気を出させるのがうまいように思えるのは、このためかもしれない。五年以上にわたって三〇〇〇人以上の会社員を対象におこなった調査で、スナイダーはゲイの男性上司の下で働く部下がアメリカの一般的な会社員と比べてはるかに高い満足度を示していることを突き止めた。仕事に対する満足度が全国的に下がっている時代、ゲイの上司の下で働く会社員が成功しているように見えることに、スナイダーは驚きを覚えた。その後の調査や取材により、この部下たちは上司の性的指向に反応しているわけではなく、特定のリーダーシップに反応していることが判明した。(49)

「ゲイの人々は自らの経験があるため、シングルマザーや有色人種、ありとあらゆる多様性を尊重する可能性がかなり高い」とスナイダー。「我々の調査では、ゲイの上司は、よりやる気があり、部下一人ひとりにも注目していることが証明された(50)」

市場

二〇〇八年、キャンベル・スープ社はアメリカでもっとも発行部数が多いゲイ雑誌『アドボケート』に広告を出してＬＧＢＴ層を取りこもうとした。その年の一二月に初めて掲載された広告では、レズビアンのカップルとその息子が夕食にキャンベルのスワンソン・チキンブロスを温めている様子が描写されている。この広告に、「全米家族協会（ＡＦＡ）」という、キリスト教原理主義的価値観を促進する右翼団体が強く抗議した。協会は三〇〇万人を超えるメーリングリスト登録者に対し、キャンベルの社長に怒りのメッセージを伝えるよう訴えた。「キャンベル・スープ社は公然と、同性愛活動家が信念を押し通す手助けを始めた」とメールには書かれていた。「これらの広告はキャンベル社に多額の出費を強いただけではなく、同性愛者の親が家族を構成することができ、支援に値するというメッセージも打ち出している。また、同性愛者の行動全般に対しても承認を与えたことになる[51]」

全米家族協会の活動家たちは、キャンベル社のウェブサイトに批判コメントを大量に投稿し始めた。もうキャンベルのスープは買わない、買ってしまった分も近くの店に返品すると宣言した。当時キャンベル社のCEOを務めていたダグラス・コナンは、最高多様性責任者ロザリン・テイラー・オニールの意見を求めた。彼女は、CEOに二点助言したことを覚えている。「まずひとつは、『これもいずれは過ぎ去ると思ってください』でした」とオニール。「せいぜい二週間か四週間。それが過ぎ去れば、彼らはほかの誰かを構いに行くはずです。それまで乗り切れば大丈夫だと」。もうひとつの助言は、そもそも広告を出した経営判断を強調するものだった。「私たちが『アドボケート』に広告を出したのは、ゲイの人たちにスープを売りたいからから、LGBTの人たちにスープやクラッカー、その他の弊社製品を購入してもらいたいからです。ヒスパニックやラテン系の出版物にも広告を出しているし、アフリカ系アメリカ人や女性向けの出版物にも広告を出していると説明してください。ターゲットとする消費者が目にする出版物に広告を出しているというだけのことです[52]」。キャンベル社がその姿勢を固守すると、何千人もの消費者が感謝の手紙を書き、抗議の声はやがて消えていった。

多様な人々を対象とするマーケティング戦略は、どのようなビジネスにとっても必要不可欠だ。成長するためには、可能な限り多くの消費者に製品を届けなければならないからだ。LGBTはマーケティング担当者がこれまでほとんど目を向けてこなかった顧客層だが、有意義なうえにしばしば相当な規模となるビジネスチャンスをもたらしてくれる。現在、ゲイとレズビアンの裁量的支出は、成長傾向にある。アメリカにおけるLGBT市場全体の購買力は二〇一三年にはざっと八三〇〇億ドルに到達したと推計されていて[53]、二〇一〇年の七四三〇億ドルからかなり増えている[54]。イギリスでは、ゲイ市場には少なくとも七〇〇億ポンドぶんの価値があると見られている[55]。フォード・モーターの元最高財務責任者アラン・ギルモアが、ゲイを応援しようという同社のマーケティング戦略についてこう説明したのは有名な話だ。「たくさんのレズビアンやゲイが車を買うことはわかっている。私はただ、他社が手を出していないぶんの分け前を手に入れたいだけだ[56]」

それは、みんな同じだ。企業の観測によれば、成人のLGBTのうち五八%が、自分たちを直接ターゲットにしている会社からのほうが日用品やサービスを購入する可能性は高いと答えている[57]。近年、こうしたマーケティング手法はゲイ専門の出版物から主流雑誌へ、ゲイ専用テレビネットワークから一般のテレビ番組へと場所を移してきている。

二〇一二年、小売大手のJCペニーは、全国代表の広報担当者としてエレン・デジェネレスを任命した。投資家向け発表会でCEOはこの決断について、一九〇二年創立の同社を若者に合うように維持するための幅広い変化の一部として説明した。「古い会社になることは問題ありません」とCEOは言った。「でも、古臭い会社になるのはよくありません」。のちに、同社は父の日に、ゲイの男性カップルが子どもたちと遊んでいる広告を出した。

アメリカで二番目に大きな醸造会社ミラー・クアーズは、同性の若いカップルが踊ったり互いに触れ合ったりしている「クアーズ・ライトビール」のシリーズ広告を印刷でもオンラインでも発表した。キャッチコピーは、「外にいるって、気持ちいい（Out is Refreshing)」。衣料品チェーンのギャップも、二人の男性が一枚のTシャツを一緒に着ている画像の横に、「ひとつになろう（Be One)」というコピーをつけた広告掲示板を出した。

ワシントンD・Cに拠点を置くウィテック・コミュニケーションズの設立者であり社長のボブ・ウィテックは、二〇年以上にわたってLGBTマーケティングに携わってきた。彼はアメリカン航空やマリオット・インターナショナルをはじめとする数々の企業がゲイ世帯向けのマーケティング戦略を策定する手助けをしている。彼いわく、ゲイの消費者にとって魅力的な広告は、その会社が現代的かつ進歩的、顧客に寄り添っているという印象をより幅広い市場にも与えるのだそうだ。これは、若い消費者の注意を惹きつけたい企業にとっては欠かせない要素だ。もっとも保守的な地域でも、若者は親世代よりLGBTに対して寛容だ。「彼らは、ゲイを理解したがっている」。今の一〇代や二〇代について、ウィテックはこう言う。「LGBT

マーケティングは五〜八％しかいないLGBTだけを対象としているのではなく、自分たちが暮らす世界でゲイの教師や親友、いとこが受け入れられるのを見たい五〇〜七五％を対象にしているのだ[58]」

広告掲示板を購入して明らかにゲイの男性の姿を貼りつけるだけでは、長続きするインパクトは残せない。ゲイの消費者は小細工にはますます警戒するようになってきていて、むしろLGBT問題に対する持続的な、誠意のある態度を求めている。ヒューマンライツ・キャンペーンが二〇〇六年に有名な「職場の平等のための購入手引き」を立ち上げたのは、これが理由のひとつだ。この手引きは、CEIの点数に応じて企業を三つに区分する。この区分は消費者の購買決定の判断材料となることを目指していて、何百万人もの消費者がこの手引きを参照している。「購入を判断する際に手引きをどう活用しているかを教えてくれる手紙が毎日のように届きます」と言うのは、ヒューマンライツ・キャンペーンの職場平等プログラムの責任者ディーナ・フィダスだ。「たとえばこんな感じです。『私とパートナーはトヨタを買おうか別の車にしようかと悩んでいたとき、手引きでトヨタのほうが点数が高かったのでトヨタに決めました』とかね[59]」

ビル・モランは、メリル・リンチの全国LGBT金融サービスチームの責任者だ。このチームは、ゲイの人々のさまざまな退職計画や税金対策の需要に応えるために立ち上げられた。「チャンスは相当なものです」とモランは言う。「世界中のニッチ市場に目を向けると、ほかの市場にはない特殊な法律上・税務上の考慮が必要なのはここだけなんです[60]」

異性愛者の顧問も、このニッチ市場に食いこむ方法を知るため、定期的にモランのもとへとやってくる。「彼らはこう言うんです。『ストレートの男でも、このコミュニティに進出できるだろうか？』って」とモラン。「それで、私はこう答えます。『もちろん、あなたに誠意があるなら』。単に儲けの種があるからというだけの理由でここに食いこもうとしているなら、成功はできません」

本章で示したとおり、企業はますますLGBTのインクルージョンに注意を払うようになってきている。役員会議室には、LGBT社員を惹きつけ、支援する必要性を理解し、尊重する上級幹部が大勢いる。だが、企業が常に誠意を持っていたり、善意だけを動機にしていたりすると思いこむのは甘すぎる。企業とはそういうふうには機能しないもので、私たちはそこに人間の特性をあてはめるべきではない。むしろ、変化をもたらす要素に注力するべきだ。

アメリカで結婚防衛法を無効にした決定のような例が増えていけば、機運は高まる。経営者や従業員個人が成功談を共有し、それを支援的な環境に明確に結びつける中で起こる世代交代も同様だ。だが、成功談や励まされる実例だけでは十分ではない。変化を求める者はすべて、多様性に関するビジネスの実例を重視しなければならない。LGBTのダイバーシティとインクルージョンを経済的利益と関連づけることが、最終的には変化の最大の原動力となる。

私は多国籍広告・広報会社WPPのCEOマーティン・ソレルを二〇年以上知っている。彼が、個人レベルではＬＧＢＴの平等を支援していることも私は知っている。だがやり手のビジネスマンとして、ソレルは彼がアドバイスを与えている数々の企業に対してＬＧＢＴの受容を推奨することの実用性もよく理解している。「ゲイコミュニティの商業力は、人々に口を開くとき慎重にさせるに十分なほど大きい。そして口を開くときは、正しいことをしなければならないと思わせる」とソレルは言う。「昔よりずっといい場所にいると思えるよ」[61]

6 カミングアウトで得られるもの

私にとって、カミングアウトのプロセスは逆順で起こった。理想を言えば、まずは友人や同僚たちに、自分の性的指向について打ち明けるだけの自信をつけてから告白したかった。本来なら、それはカメラの前ではない場所で、私自身の言葉で伝えるべきものだった。そして、BPの広報のアドバイスのもと、自ら公的に発表をおこなうはずだった。

だが実際には、私は新聞によって暴露された。そのつらい試練のあとになってようやく、私は友人や多くの人たちの助けを受けて内面的な強さを身につけることができたのだった。状況は理想的とは言えなかったものの、見方を変えれば結果的にはありがたいものだった。長年別々にしてきた人生の側面がついにひとつになり、パートナーと一緒に堂々と暮らすことができるようになったのだから。心理学者なら、私の解離していた内面がひとつの、完全な人格に統合されたのだと言うだろう。だが私は、もっと単純に考えている。私の人生は、ずっとシンプルになったのだ。

何年も経った今もまだ、私がもっと早い段階でカミングアウトしていたらCEOの地位にまで昇りつめられたかと聞く人がいる。答えは、私にはわからない。私はいつでも、真実を明らかにしないための言い訳を探していた。カミングアウトするのは社会的にも職業的にも容認されないと思っていたからだ。それが実際そうだったのか、今となっては知る術はない。

クローゼット人生による妄想症は、そこに閉じこもっている人を不安にさせ、判断力を鈍らせる。同性愛嫌悪から来るからかいや偏見を、不合理なほどに誇張させる。仕事上でカミングアウトする完璧なタイミングに備えて過剰に複雑な分析をするようにもなる。そのタイミングとは次に昇進するとき、マスコミがほかの事件に気を取られているとき、ちょうどいい公式イベントがあるとき、パートナーとの同棲関係が長く続いてきたためにストレートの同僚たちにゲイの暮らしもたいして変わらないと言えるようになったとき、などだ。

これは、短絡的な考えだ。個人的な状況は変わるかもしれないが、カミングアウトするのに都合がいい時期など決して訪れない。ロンドンの臨床心理学者シリ・ハリソン博士は、金融サービス業界で働くクローゼット状態の男女を診ている。そして職場でカミングアウトする準備ができているがしたくない患者に共通のパターンを見出した。「まるで、絶対に不安や心配がなく、居心地悪くないタイミングを待っているかのようです」と博士は言う。「ですが、そんなときはおそらくやってきません」[1]。ゲイの人々は従来周縁に追いやられてきたグループのひとつなので、「カミングアウトというプロセスは当然、不安と恐怖を引き起こします」。そうした感情は、変化と不透明感に対する不安の副産物として生まれる。

カミングアウトを検討しているゲイの男女は自分のタイミングですべきだし、その決断が安全で心地良いと感じられなければならない。だが同時に、現実的でいることも必要だ。不快な感情は、どうしても避けられない。だがカミングアウトすることで、その不快な感情を乗り切ることは可能になる。

「とってもかわいそうじゃない？」

一九七〇年代と一九八〇年代にニューヨーク郊外で育ったマイク・フェルドマンには、手本となるゲイの人物がいなかった。「あの頃は『ふたりは友達？　ウィル＆グレイス』や『エレン』みたいなゲイが出てくるシットコムもなかったし、ゲイとＨＩＶに対しては誰もがネガティブな発言ばかりしていた」と彼は言う。一度、彼が一一歳だったとき、ゲイの男性カップルがレストランで食事をしていたフェルドマン一家の近くに座ったことがあったそうだ。「母がこう言った。『とってもかわいそうじゃない？』母はとても純真で、同性愛のことなんか何も知らなかったんだ。あの一言が、長いこと私の中に残っていたよ(2)」

フェルドマンが二〇代になってメリーランドのヒューレット・パッカードで働き始めた

一九九〇年代初頭までに、同僚たちはもっと直接的なことを言うようになっていた。ある同僚が、カリフォルニアを訪れたときの話をしたことをフェルドマンは覚えている。「すごかったぜ」とその同僚は戻ってきてから言ったそうだ。「あそこじゃみんなゲイで、職場に短パンで出勤するんだよ」

こうした発言は無神経ではあったが、攻撃的ではなかった。それでもフェルドマンはそれを記憶に留め、ヒューレット・パッカードでの最初の一五年をクローゼットの中で過ごした。当時、彼はプライベートと仕事の進め方には何も関係がないと自分に言い聞かせることで自らの秘密主義を正当化していた。振り返ってみれば、その決断の根底には拒絶されることへの恐怖があり、それが彼の日常生活に多大な影響を与えていたと彼は考えている。同僚とは私生活について話すことを拒否し、質問されたときも曖昧な受け答えしかしなかった。出張が多かったので、飼っているゴールデンレトリバーの世話は誰がしているんだと同僚に聞かれることもあったが、長く付き合っているパートナーが家にいると言う代わりに、彼は友人が面倒を見てくれるから、と答えていた。自分の生活から注意をそらすため、他人にも私生活について尋ねることはしなかった。

同僚たちの彼に対する見方は、二つに分かれた。ある人々は、彼を一次元的で退屈な、「昇進にしか興味がないキャリアオタク」と見た。また別の人々は彼をゲイではないかと疑い、ありのままでいられない彼を哀れんだ。それが、不信感につながった。「みんながこう思っていた。『このことを隠しているなら、ほかにも隠し事があるかもしれない』」とフェルドマン。「あらゆる面で良くない状況だったし、僕は個人的な人間関係を築けなかった」

二〇〇一年になって、彼はまず家族に打ち明けた。家族はすぐさま受け入れてくれた。二〇〇四年になってヒューレット・パッカードが移転すると、彼の女性秘書はどうやったのか、角部屋のオフィスを確保してくれた。普通、角部屋はもっと上の役職に割り当てられるもので、フェルドマンはディレクターにすぎなかったのだが。お礼も兼ねて、フェルドマンは秘書に自宅アパートで夕食をごちそうした。すると数日後、秘書はアパートからさっさと帰らせられたと言って彼を責めた。「『私があなたに気があるのを知っていて思わせぶりな態度を取ったじゃないですか』と彼女が言ったんだ。彼女を傷つけたくなかったから、僕は『ペイジさん、僕はゲイなんだよ！』と言った。そうしたら彼女は言ったよ。『なんだ、よかった！』って」。個人的に侮辱されたわけではないと知って安心したのだろう。

秘書と率直な関係になれたのは、いいきっかけだった。次の転換点は、フェルドマンが所属していた部署の部長が、従業員向けに四半期報告の発表をおこなったときに訪れた。財務成績のほかに企業のさまざまな活動が紹介され、その中に、「カミングアウトと平等な職場の擁護者」という職場におけるＬＧＢＴの平等を目標に活動する組織の、大口の企業スポンサーとなることが含まれていた。「パワーポイントのスライドで『ゲイ』という単語を見たのは初めてだったよ」と彼は思い返す。「この上司はＣＥＯの直下にいて、インド系だったが、ＬＧＢＴ

コミュニティのために目に見えることをたくさんしてくれた。僕はそこに座って話を聞きながら、自分が恥ずかしくなったよ」

フェルドマンは二〇年以上にわたって直属の上司と良好な職場関係を築いていた。だが、上司の保守主義が、彼を緊張させた。フェルドマンは面と向かって上司に告白したかったが、その勇気が出せなかったのだ。そこで、代わりにメールを送った。「ただこう書いた。『そろそろ、自分がクローゼットから出る時期だと思います。私が、誰かの手本になる時期が来たのです』」

上司からの返信が来たのは、四時間後だった。フェルドマンの告白が会社における彼の立ち位置に影響することは一切なく、チームに対するフェルドマンの貢献は変わらず貴重なものだということが明確に書かれていた。同時に、いくつかの質問も記されていた。フェルドマンがゲイでパートナーがいることを打ち明けるまでにどうしてこんなに時間がかかったのか、自分が何かフェルドマンを不快にさせるような言動をしてしまったのだろうかと。「これで、君を出張に行かせるときにあまり申し訳なく思う必要がなくなるよ」と上司は書いた。「君の犬の面倒を見てくれる人がちゃんといるということがわかったからね」

メールまたは手紙でのカミングアウトは、それ自体が貴重な緩衝剤となってくれる。まず、カミングアウトする当人にとっては、好ましくない反応に直接対処せずして自らの行為の重要性に順応することが可能になる。また、告白を受ける側、特にそれを聞いて動揺するかもしれない人物にとっても、相手と対面していない場所で衝撃を受け止めることができる。

面と向かってカミングアウトする場合、とりわけ不安感を引き起こしそうな状況の場合は、論点を二つか三つ準備しておくことをハリソン博士は勧めている。その論点は、たとえば「私はゲイなんです」や「これは変えようがないことなんだ」といったシンプルなものでもいい。ハリソン博士は、こうすることで患者が他者からもたらされる可能性のある否定的な反応の犠牲となることなく冷静でいられると考えている。カミングアウトする側は、話している相手の反応を受け止めなければならず、それはときには好ましくない反応のこともある。一方がその場を離れたいと感じたなら、そうするべきだ。二人の新しい関係は、すぐさま築かれる必要はない。「難しい会話は混乱をもたらすもので、あまりにもややこしくなるのでカミングアウトする側がまともに考えられないほどです」とハリソン博士。「口ごもったり、必要以上の情報を明かしていると思ったり、逆にちゃんと打ち明けきれていないと感じたりします。初めてカミングアウトするときは、その状況で自分を制御できるよう、話を簡潔にしておいたほうがいいでしょう」

フェルドマンは、悪意のある会話を経験することはなかった。部下に直接カミングアウトする代わりに、彼は普段の会話の中でときどきパートナーについて触れるようにした。「みんな、僕がようやく言ったことにほっとしていたよ」とフェルドマン。その壁を打ち破ったことで、彼はより有意義な人間関係を築けるようになった。ヒューレット・パッカードではその後三回昇進することもできた。脆弱さと不安感は、自己制御できている感覚と自信に取って代わられ、人生のあらゆる側面でカミングアウトしたいという欲求が生まれた。

二〇一三年、彼はゼロックスのCEOと経営陣五人相手の面接に挑むことになった。面接ごとに、彼はパートナーの話をした。「相手の反応を見たかったんだ」とフェルドマンは言う。「そこが多様性を尊重する会社なのかどうか、自分が加わりたい会社かどうかを知りたかった。みんな、僕にパートナーがいることを快く、気楽な感じで受け入れてくれたよ」。数週間後、彼はゼロックスのグローバル・ドキュメント・アウトソーシング・サービス事業グループ上席副社長の任を受けた。そして半年後には、ゼロックス全体の副社長に昇格していた。

「みんなそれぞれに苦しんでいる」

二〇一一年六月にはすでに、世界中のメディアは世界でもっとも成功している女性実業家としてベス・ブルックを称賛していた。彼女は一九八一年にアメリカの大手会計事務所アーンスト・アンド・ヤング（EY）で働き始め、ビル・クリントン大統領時代に財務省で働くために短期間会社を離れたあと復帰し、最終的には公共政策部門の副会長となって同社の一四〇カ国におよぶ支社の運営方針を統括するようになった。その過程で彼女は世界経済フォーラムと国連を通じて女性問題に取り組み、『フォーブス』誌は六度にわたって彼女を世界でもっとも影響力のある女性一〇〇人の一人に選んだ。こうした栄誉や称賛にもかかわらず、彼女は「〈すばらしいプロフェッショナル〉や〈優れたリーダー〉以外の存在として定義されること[3]」をずっと恐れていた。当時五二歳の彼女は、レズビアンとしては見られたくなかったのだ。

働き始めた当初、ブルックは男性と一三年間の結婚生活を送っていた。離婚経験者であることが、自然と隠れ蓑になってくれた。「『私は本当はゲイの生活を送っているのに、それを隠している』と思わざるを得なくなったのは、キャリアをだいぶ重ねてからでした」と彼女は言う。[4]それでもプライベートはプライベートとして切り離し、隠しているという行為が自分の仕事ぶりに影響を与えるとは考えもしなかった。

二〇一一年二月、EYのLGBT社員リソースグループ「ビヨンド」のリーダーが、自らをレズビアンかゲイ、バイセクシャル、またはトランスジェンダーと認識している若者の自殺を食い止めようという活動をしている組織「トレバー・プロジェクト」のキャンペーン動画に出てくれないかと依頼してきた。その動画にはEYのLGBT社員が出演し、カミングアウトして以来どれほど生活が改善したかを語ることになっていた。ブルックは、飛行機の中で自分の担当する台本を読んでいたときのことを覚えている。彼女の役割は、ストレートの支援者としてのものだった。「『不誠実でいられるわけがないでしょう?』と思いました。自殺することを考えながら家にいる子どもたちに語りかけるのに、本当じゃないことを言うなんて。そんなこと、できませんでした」。彼女は台本を書き直し、翌日、それをテレプロンプターを扱う技術者に渡した。そこにはこう書かれていた。「私も、あなたたちと同じ経験をしてきました。私はゲイで、長年そのことに苦しんできました。私たちはみんなそれぞれに苦しんでいます。でも、みんな苦しんでいるのは同じです」

動画が公開されたのは一カ月後、ブルックがEYを代表してトレバー・プロジェクトから賞を受け取ることになっていた日の翌日だった。社内での自分の地位を考慮し、彼女はごく数名の同僚に、カミングアウトすることを伝えた。受賞のスピーチで、彼女は動画における自分の役割について話した。途中、彼女が「ゲイであるリーダーとして」と言うと、聴衆が立ちあがって五分間にわたるスタンディングオベーションを送ってくれた。ブルックは言葉に詰まり、涙をこぼした。「自分の中では、私は人生で五二年間、社会人として三一年間もクローゼットに閉じこもっていた弱虫で偽善者だと思っていました」と今の彼女は言う。「聴衆のほとんどは自らがゲイか、そうでなくてもゲイを応援している人たちだったので、ひょっとすると『それじゃ、今まで何をしていたんだよ？　どうして今ごろこんなことを言ってるんだ？』という反応が返ってくるのではと思っていました。でも、私の経験は私だけの個人的なものだということに、ゲイコミュニティ全体がものすごく敬意を払ってくれるのだということを、そのとき初めて知りました。誰もが自分のタイミングで、自分なりの方法で、カミングアウトするものなんです」

多様性のイメージキャラクター

カミングアウトという行為の複雑かつ個人的な性質を考えると、誰にでも、どのような状況にでもあてはまる確固としたルールは存在し得ない。ロンドンでカミングアウトするということは恥ずかしい思いをしたり、同性愛嫌悪的な言葉を投げかけられたり、会社での人間関係にひびが入るリスクを意味するかもしれない。だがモスクワやカンパラでカミングアウトすれば、それは物理的な攻撃や公の場での辱めを受けるリスクを意味するかもしれない。

比較的ゲイにやさしい環境にいるクローゼット状態の社会人にとって、カミングアウトすることの影響は本人が思っているほどひどくないことがほとんどだ。「被害者意識から抜け出すべきだ」と言うのはHSBCの幹部銀行員アントニオ・シモエスだ。[5] 彼の意見では、「少なくともイギリスのような国にいる人たちのほとんどは、その問題が頭の中にしかなく、必ずしも実際に周りにあるものではないことに気づく必要がある[6]」

シモエスはロンドンのゴールドマン・サックスでアソシエイトとして働いていた二〇〇〇年の夏以来、ゲイであることをオープンにしている。アソシエイトから現在の地位まで昇りつめる間に、彼は自分の性的指向を財産とみなすようになった。彼は、その年の夏にロンドンで自分とパートナーが暮らす場所を探していたときに、ゴールドマンの人事部に対してカミングアウトした。同社の事務職にはゲイであることをオープンにしている社員が何人かいたが、シモエスが知る限り、インベストメント・バンカーでは誰もいなかった。「突如として私は銀行業界における多様性のイメージキャラクターになってしまった」と彼は言う。「ビジネススクールの多様性関連イベントに駆り出されるようになったよ。大学に出向く企業の考え方としては、『うちがどれほどイケてて多様な会社か見てごらん』という感じだった」。LGBT向けの就職説明会における大企業の参加は、カミングアウトすることが正しい選択であるという彼の信念を裏付けた。各社とも、ゲイの社員に対して寛容なだけではなかった。それどころか、積極的に勧誘していたのだ。

昇進していくにつれ、性的指向についてオープンでいようというシモエスの決断は少なくとも三つの点で彼にとって有利に働いた。まず、彼の個人的評価が大幅に高まった。カミングアウトはマイナスに見られることもあるので、「みんな、そういうマイナスの結果を気にしなくてもいいくらいに僕が賢くて優秀だと思ってくれたのさ」。次に、シモエスがコンサルティング会社のマッキンゼー・アンド・カンパニーでチームリーダーを務めるようになるころには、社員たちはカミングアウトした彼に「かっこいい」という要素を付け加えるようになった。ロンドンでカミングアウトしているパートナー社員は彼一人で、しかもリソースグループ「GLAM（マッキンゼーのゲイおよびレズビアン）」の幹部職スポンサーになったのだ。「どのイベントにも今の夫を連れて行っていたのだから、私はどこからどう見てもオープンなゲイだった」とシモエス。同僚たちにはざっくばらんで親しみやすい人物と見られるようになり、それが人間関係をさらに円滑にした。

そして最後に、シモエスは誠実さが同僚との間に立ちはだかる壁を崩してくれると信じている。「誰にでも簡単とは言えないことについて私が十分率直だったからこそ、人は私をより信頼してくれるようになった」とシモエスは語る。経営陣の中には、五歳の子どもや妻の話をする者もいる。シモエスは、夫と犬の話をする。「妻のことを聞かれたときにその質問を避けたら、どこか恥を感じるだろう」とシモエス。「自分自身に満足できなくなり、それが表に出るんだ」

カミングアウトすることでトップの地位に昇りつめることができなくなると信じるクローゼット社員が多いことは、わかっている。シモエスは、その迷信を打ち砕こうとしているようだ。何十年も前から、銀行業界は厳しい交渉をする積極的な男たちの世界として見られてきた。だが世界は変わり、銀行業界も変わった。「同性愛嫌悪は、いまやもう受け入れられない」。シモエスは若い世代についてこう言う。「むしろ、逆だ。私が知っているバンカーのほとんどは、私の性的指向がまったく問題ないことをわざわざ示そうとしてくれる」

私は、BPで昇進すればするほど、カミングアウトするうえでの危険性が高まると思っていた。それは、昇進に伴って私に集まる注目も急速に高まっていたからだ。今なら、事実はその逆だということがわかる。「プライベートの特定の要素について誠実でない場合、いずれそれが大きな重荷になるときがくる」とシモエス。「『プライベートはプライベートで仕事は仕事』などということはない。みんな私を信頼してくれなくなるし、それを逆手に攻撃してくる可能性もある」

レズビアンも、同様の経験を訴えている。キャロル・キャメロンは、カリフォルニア州サニーヴェールにある航空宇宙大手ロッキード・マーティンで機械工学部門の経営幹部として、一七〇〇人以上の従業員を部下に持つ。彼女が一九九〇年代初頭に入社したとき、攻撃される恐れがあるからトラックに貼っている虹のステッカーを剥がして身を潜めるよう、社内の友人が助言した。だが、クローゼットに引きこもるだけのエネルギーがなかったとキャメロンは言う。代わりに、彼女は自分の外見を一切変えず、男性の恰好で出勤した。それでも六回昇進している。「ひょっとすると、ゲイであることをオープンにしていたら、もっと優秀でいなければというプレッシャーが働くのかもしれません」と彼女は言う。「私が並の業績しか上げられなかったら、差別を受けていたかもしれませんね」(7)

心理学的研究によれば、同性愛と聞くとレズビアンの女性を思い浮かべるよりは、ゲイの男性を思い浮かべる人のほうが多いらしい(8)。同様に、同性愛者に付随する偏見や汚名もゲイの男性に対するものの場合が多いかもしれない。異性愛者の男性は、ゲイの男性よりもレズビアンの女性とのほうが気安く交流できるようだ(9)。すべてのレズビアンにあてはまるわけではないかもしれないが、男性優位の業界でカミングアウトすることが、実際に職場で異性愛者の男性との人間関係を構築するうえで役に立ったとキャメロンは考えている。「ストレートの男性たちはいつでも、私を信頼して秘密を打ち明けてくれます」と彼女は言う。「すごく安心できるみたいです。ほかの男性相手だと、ライバル心やプレッシャーがあるから自分の考え方や感じ方を打ち明けることはないんです。それに、もしかしたら恋愛関係に発展するかもという思いから、ストレートの女性にも打ち明けることはしません」

カミングアウトすることによって、不要な口説きを回避することもできるようになる。バンクオブアメリカ・メリルリンチのジュリア・ホゲットはこういう言い方をしている。「全員とはもちろん言いませんが、一部の男性は職場で女性とやり取りする際、相手が秘書なのか、同僚なのか、それとも彼女になる可能性があるのかを探ろうとしている場合があります。どのような環境であっても、何人かの人たちが一緒に働いていればそれは必ず起こることで、この仕事みたいに長時間働いている場合は特にそうです。ゲイであることをオープンにしていて一番楽なのは、その問題が生じないところです。だから、男性の同僚との関係は最初からビジネスライクなんです。私と男性の同僚たちとの関係はたいていがすごく楽で、ずっと簡単で、純粋に友情に基づいています。そこに何も発生しようがないからです。ちょっと奇妙には思えますが、私はゲイであることをオープンにしたために人生がつらくなるよりはむしろ楽になったと感じています[10]」

カミングアウトによって、チャンスをつかみやすくなる場合もある。噂によれば、ビジネススクールでは採用担当者向けにＬＧＢＴのふりをするストレートの学生が、わずかながら増えているそうだ。ゲイであることが有利に働くと考え、それを利用しようとしているのだろう。

イギリスの金融業界におけるＬＧＢＴ市場開発の最前線で活躍してきた起業家のイヴァン・マッソーは、こうした現象が起き得る理由がわかると言う。「ゲイの学生や就職希望者向けの説明会が増えているんです」とマッソー。「ゴールドマン・サックスのＬＧＢＴデーへの招待が来て、そこで同社のパートナーと会うことができる。行けば、おそらくゲイであろうすてきな男性と親しくして、ずっと早く親密になることができる。そこで人脈ができて、顔も覚えてもらえて、あとから電話をかけたりメールを送ったりすることもできるようになる。そうしたことはすべて、平凡なグループに属してほかの大勢の男女と競争していては実現が非常に難しいことばかりです。道々、利点にはなるでしょうね[11]」

トランスジェンダーというタブー

二〇〇二年、マーク・スタンプはニュージャージー州ニューアークに拠点を置く金融サービス会社プルデンシャル・ファイナンシャルの子会社であるクオンティティティブ・マネジメント・アソシエイツで最高投資責任者を務めていた。配下には三五人の部下と、三二〇億ドルぶんの顧客の年金基金と投資家たちがいた。ある日、会社の共同設立者とリサーチについて話し合っている最中に、当時四九歳だったスタンプは近々女性になって「マギー」と名乗るための手術を受ける予定だと打ち明けた。上司は笑みを浮かべたが、明らかに衝撃を受けていた。

「彼はこう言ったの。『マギー、私たちは君が大好きだし、何をしても大丈夫だよ』って」とスタンプ。「それから『ロード・ランナー』ってアニメの鳥みたいな勢いでオフィスを飛び出して、バーに直行した。その日はもう彼に会うことはなかったわ(12)」

この気まずい会話こそ、それまでの人生でずっと抱いてきた不安が絶頂に達した瞬間だった。子どものころから、スタンプは女の子になりたかった。カトリックの学校に通っていたスタンプが女の子の恰好をしているところを親が見つけたのは、彼女が三年生のときだ。両親は、そのことに触れなかった。成熟する過程で、スタンプは図書館に行っては自分の状態について調べるために文献を漁ったが、何も見つけられなかった。一九八〇年代初頭、セラピストがスタンプに彼女はトランスジェンダーなわけではなく、現実を否定しているゲイの男性だと告げた。だが時が経つにつれ、彼女はテニスプレーヤーのルネ・リシャールや歴史家で旅行作家のジャン・モリスのように、自分がトランスジェンダーだと思うようになった。

自分の状況を受け入れることは、その状況に正面からぶつかることとはわけが違う。「この問題はあまりにもタブーだったので、その話を持ち出せば錯乱した狂人扱いされるだけだった」とスタンプは言う。仕事を始めてから転換したトランスジェンダーの社会人について彼女が耳にした話のほとんどは、転換後に解雇されるという結末だった。スタンプは、自分自身に心の中で誓った。できるだけ金を貯めて、プルデンシャルを退職してから性転換しようと。その間は、個人的な不満と苦悩に耐えるしかない。しかし、二〇〇一年九月一一日に世界貿易センタービルを襲ったテロが、彼女の考えを変えた。「あの日の朝、多くの人たちが目を覚まして仕事に行き、二度と戻ってこなかった」とスタンプは語る。「私は、軌道修正したの。退職してからしようと思っていたことは、できるだけ早くしなきゃならないことに変わったのよ」

スタンプは、自分の将来にあまり期待をしていなかった。上司が自分をいさせてくれるのはよくてもせいぜい五年で、それから人知れず追いやられるのだろうと考えたのだ。彼らは心の広い上司たちだったが、そうせざるを得ないだろう。投資運用業というのは、信頼に基づく商売だ。「安定性が疑われる相手に何億ドルもの投資資金を預けたりはしないでしょう」とスタンプ。「最高投資責任者がこのような個人的な変化を迎えていると知ったら、クライアントが会社全体をリスクの高い企業と見るかもしれない、と強い懸念を覚えたの」

それを念頭に、スタンプは自分の転換をビジネス上の問題として扱うことにした。共同設立者との会話の数日後、彼女は同僚にどう説明するかを考えた。顧客対応の仕事からは身を引き、代わりにもっとリサーチをすることを提案したのだ。この先どうしていくかをはっきりと説明したことで、先輩社員たちは気が楽になったようだ。スタンプが手術のために数週間不在にしている間に、共同設立者がスタンプの部下を全員集めて、彼女の転換について説明した。彼は、スタンプが病院で回復している間に、彼女の復帰の道筋を作ってくれたのだった。

スタンプの性転換が他に類を見ないのは、彼女の社内における立ち位置のためだけではない。

いとみなすのではないかと考えているのが二五％、そしてその三分の二が自分の性的指向は「そもそも他人には関係ない」(14)と答えている。友人や同僚が気を悪くするのではないかという恐怖は、多くのＬＧＢＴをあらゆる状況で誠実であることから遠ざけている。プライベートに関する質問をはぐらかしたり、自分についての重要な情報を曖昧にしたりするたびに、彼らは自分の心地良さも他人の心地良さも犠牲にしているのだ。

彼らがこんなふうに感じるというのは、不幸なことだ。私も、同じように感じていたからわかる。同性愛性についての会話は、いまだに異性愛性について語るときにはない形で人に眉をひそめさせる。異性愛者は、多くの人が思っている以上に頻繁に自らの性的指向を公言している。たとえば夫や妻について語ることによって、オフィスに結婚式のときの写真を飾ることによって、そして職場でのイベントに伴侶を連れてくることによって。ジェフが妻のアンの話をするとき、聞く側は性的指向のことなど考えはしない。だがマイクがパートナーのルークの話をすると、中にはマイクが不必要に性的指向について語っていると感じる人もいるかもしれない。

このような考え方は、誰もが無条件に異性愛者だという思いこみから来ている。カミングアウトは決して、一回限りの出来事ではない。注目を浴びる立場にいることの利点のひとつは、何度もカミングアウトする必要があまりないという点だ。だが、普通のゲイの社員は新しいクライアントや同僚に会うたび、あるいは転職するたびに、何度も何度もカミングアウトしなければならない。

クローゼットの中に引き返したいという欲求と闘うことはとても重要だ。ホゲットは、簡単なルールを守っている。同僚やクライアントが異性愛者であることを表明したら、自分はレズビアンであることを伝えようと。「たとえば、誰かが『うちのかみさんは今機嫌が悪いんだよ。昨日家に帰ったら子どもたちがサッカー帰りで泥だらけだったんでね』と言ったら、私も自分の状況を説明して、家族との同じような経験があったって話すんです」と彼女は語る。「ときどき、『どうして私にそんなことを言うんだ?』って聞く人がいますけど、私は『あなたが同じような話をしたからですよ』って答えることにしています。私が話をする相手はそういう考え方をしたことがない人がほとんどですが、ほとんどのゲイにとっては、そういう感覚なのだろうとわかります(15)」。

ホゲットは、信念と自信を持って行動している。彼女は誰かの承認を求めているわけではない。それは、ストレートの男性が妻の話をするときに誰かの承認を求めていないのと同じことだ。彼女は単に、情報を共有しているだけだ。ストレートの同僚たちがパソコンのスクリーンセーバーに子どもの写真を設定しているのと同じように、彼女もしている。それが、赤の他人と家族について話すきっかけになることもある。性的指向は、単なる性の問題ではない。人がどうやって、そして誰と暮らしを築いているかということなのだ。この手法でなら、ゲイの社員は自分のアイデンティティをコントロールできる。ばれることを恐れて萎縮する代わりに、彼らは自分なりのやり方でプライベートについて情報を共有することができる。

ロザリン・テイラー・オニールは、ニューヨークシティで働くダイバーシティ・コンサルタントだ。彼女は、自分がいる地域のあらゆる環境で働くLGBTに安心感を与えることが自分の責任だと感じている。彼女は新しいクライアントや同僚との最初の会話で、必ず妻の話をすることにしている。「妻がいる女性や夫がいる男性もいるのだという事実を消化する機会を与えるためです[16]」

オニールは、自分が過激な活動家だと見られても構わないと言う。カミングアウトすることへの彼女の熱意には、少なくとも二つの経験が根差している。最初は、まだ公衆トイレが人種別に分かれていた一九五〇年代のアメリカ南部で育った経験だ。おばの一人は、「白人と言っても通る」くらいの肌の色だった。そのおばは、日が暮れてからでないとオニールと母の訪問を許してくれなかった。黒人が家に来るところを隣人たちに見られたくなかったからだ。黒人として排除されることへの恐怖から、おばは自分の姉妹の葬式にも出席しなかった。「嘘をひとつついたら、それをごまかすためにまた嘘をつかなければならなくなります。そしてあまりにもたくさん嘘をつかなければならなくなるから、わけのわからないことになるんです」とオニール。「私は、本当の自分ではない何かとして『通用』したくなんかないということに気がつきました。人種についてもそんなことはできなかったし、性的指向についてもしたくはなかった」

二つ目の経験は一九八〇年代終盤、ダイバーシティ関連の業務を監督する仕事の面接を受けたときだった。オニールはスリーピースのパンツスーツに男物のネクタイを締め、短いアフロヘアで面接に臨んだ。「『私はレズビアンです』って書いてあるTシャツを着ているのと変わらないような恰好だったから、相手は理解したものだと思っていました」とオニールは言う。仕事を始めてすぐに同僚たちにカミングアウトすると、上司との間で問題が発生した。「彼女は私の業績に文句をつけ始め、それがやがて『あなたをクビにします』に発展しました」とオニール。その女性は、会社の差別是正措置《アファーマティブ・アクション》プログラムの責任者だった。「言いたいことははっきりわかりました。黒人として『違いを尊重する』のは問題ないけど、レズビアンとしてやるのは問題だってことです」。オニールはその後、仕事で成功を収めた。その女性上司は実は彼女自身がクローゼットに閉じこもっているレズビアンだったのだが、その後は成功しなかったそうだ。

ときにはリスクを感じることもあるが、オニールはほぼすべての状況でカミングアウトしている。あるとき、彼女はミラノの大手国際企業で無意識の偏見について講義していた。部屋に入ると、聴衆は彼女が黒人であることを見、彼女がアメリカ人であることを知り、彼女が女性であることを見て取った。誰かが彼女に、いつイタリアに到着したのか尋ねた。「カミングアウトするなら今しかない」と彼女は自分に言い聞かせた。数秒のうちに彼女は状況を把握し、影響を考慮し、自分の身に危険はないと判断した。「そこでこう答えました。『私と妻は、火曜日に到着しました』」。彼女は、新しいクライアントと会うときや飛行機で誰かと隣り合わせになったときにも同じような計算をしている。結果はどうあれ、誰かといるときにその人との距離感を知りたいのだ。「それでクライアントを失ったことがあるか？　ええ。それで平気かって？　もちろん」

クライアントとの関係の中でカミングアウトすることは、必ずしもリスクになるとは限らない。ビジネスチャンスになる場合もある。ＩＢＭの知的財産ライセンス部門の副社長兼業務執行取締役クローディア・ブラインド＝ウッディは、これを実際に経験した。「カミングアウトしたことによって信頼性が高まり、取引がずっと早くまとまったケースが複数あります」と彼女は言う。「どのような交渉においても、信頼は根本的な価値ですから」[17]

彼女によれば、現実世界にサービスを提供するためには、彼女の部下たちは現実世界を反映していなければならないとのことだ。ある企業がクライアントは全員ストレートだと思いこんでいたら、五～一〇％の確率で間違っていることになる。ブラインド＝ウッディは、ある得意客とゲイの同僚との話をしてくれた。ビジネス上の関係が築かれると、相手先の代表である男性が、子どもや趣味などのプライベートな話をするようになったそうだ。「うちの営業担当はゲイの男性で、自分がカミングアウトするべきかどうか、悩んでいました」とブラインド＝ウッディ。「そしてついに、打ち明ける勇気を奮い起こしました。クライアントにカミングアウトすると、相手がこう言ったんです。『本当に？　実は僕もなんだ。サッカー観戦はやめにして、一緒に芝居でも観に行かない?』」

日本でも

私が初めてミランダ・カーティスと仕事をしたのは、イギリスのデーヴィッド・キャメロン首相と事業経営者たちとの会合を共同で司会したときだった。彼女が経験豊富なビジネスパーソンであることは、一目見てわかった。それまでの二〇年にわたり、彼女は世界最大の広帯域ケーブルグループ会社リバティ・メディアの国際的パートナーシップを構築・管理してきた。彼女はロンドンの自宅から東京に少なくとも月一回は出張し、日本最大の広帯域ケーブル業者J:COMの設立とその後の売却までを監督していた。リバティは、同社が所有していたJ:COM株を二〇一〇年に四〇億ドルで売却した。

カーティスは、地元でも外国でも、自分の性的指向に関しては常に控えめに対応してきた。自ら進んで話すことはしないが、聞かれれば嘘はつかないという程度だ。日本では、同僚たちと数えきれないほど夕食を共にしたが、日本のビジネス文化の性質上、伴侶やパートナーの話はしづらかった。日本のビジネスマンは、子どもや趣味、ペットの話はよくするが、妻の話はめったにしない。その習慣に合わせて、カーティスはイギリスの片田舎でパートナーと一緒に育てているアルパカの群れについて話すことが多かった。「パートナーの話をすると、相手は

それがアルパカの面倒を見ている人物のことだと思っていました」とカーティス。(18)

やがて、ある問題が起きた。会社を上場させようとしていたころ、同僚たちが年次総会をとりわけ都合の悪い時期に設定してしまったのだ。年次総会の開催日は、カーティスの市民パートナーシップ成立の記念日で、記念旅行の時期に重なっていた。カーティスは初めて会議を欠席しなければならなくなったが、理由は説明しなかった。次の出張のとき、彼女は日本人の同僚たちと夕食を共にしたが、みんなが彼女の欠席のことを考えているのは明らかだった。「彼らは、私を見てこう言いました。『ミランダさん、あなたは指輪をしていますよね。それは重要な意味のあるものですか?』」カーティスは、そうだと答えた。「で、それはうれしい意味のこもった指輪ですか?」彼女は再び、そうだと答えた。相手は彼女に「結婚したのか」とは聞かなかったが、意図は明確に伝わった。そして、彼らの誠意も、次の言葉で伝わった。「それはよかった」

その静かな容認に勇気づけられ、カーティスは当時七〇代前半だった上司のシニアアドバイザーにカミングアウトすることにした。彼女は上司夫妻を、ちょうど東京を訪れていた自分のパートナーとの夕食に招待したのだ。上司は、やってきた女性がカーティスの生涯の伴侶なのかと尋ね、カーティスは「はい」と答えた。「彼は、それはとても光栄だし、喜ばしいことだと言ってくれました」。上司夫妻は、のちにイギリスの片田舎にあるカーティスたちの農場を訪れてくれた。

人が性的指向をオープンにするやり方はさまざまで、その多様性は、LGBTの世界における人の性質の幅広さを反映している。カーティスのように、比較的控えめな人もいる。もっと率直な人もいる。重要なのは、どのような取り組み方であってもそれに心地良さと安心を感じられなければならないということだ。かなり用心深い人でも、信頼を示すことはできる。「私は自分を否定したことは一度もありません。ですが性的指向は、仕事上の同僚たちに見せる一番の要素ではありません」とカーティス。「彼らは私を有能な同僚で、チームの優秀なメンバーだったと考えてくれています。そのことが伝わったあとなら、プライベートな話はそれほど大きな問題にはなりません」

固定観念

何十年間も、私はカミングアウトすることが社会的に許されないものだと思いこんでいた。ゲイに対するマイナスの固定観念が、本当の私に影を落とすと思っていたのだ。クローゼットに閉じこもっていることで、一部の人々が私についてうれしくない見解を持つことを防げたのは確実だ。だが、それが重要だとはもう思っていない。

ひとつの固定観念を避けることで、私は別の固定観念に自分を合わせた。つまり、クローゼット状態のゲイの男性としての固定観念だ。私には影響力の強い母親と、地位の高い仕事があった。かかわる相手はほぼ全員がストレートで、日常生活よりも仕事をしている時間のほうが長かった。毎日、朝目を覚ましてから夜寝るまでのすべての時間が計画されていて、それはときには数カ月も前から練られていることさえあった。観察力の鋭い人なら――BPには大勢いたのだが――私の本当の姿を見抜いていただろう。怖くてカミングアウトできないゲイの男性、プライベートでの鬱憤と寂しさを紛らわすために仕事に逃避している男だと。

今にして思えば、私にとって大事な人たちは、私がゲイであろうがなかろうが気にしていなかったことがわかる。だが、彼らはそのような重荷を背負っている私のことを思いやってくれていた。その重荷がなんなのか、正確にはわからなかったときでもだ。最近、サンフランシスコに出張した際、長年の友人ジニ・サヴェージと話をする機会があった。何十年も前に、私の内面の葛藤を感じ取っていた人物だ。「あなたはおそろしく控えめな人だったわよね」と彼女は言う。「あまりに打ち解けないから、みんなあなたとどう付き合えばいいかわからなかったのよ」[19]。彼女もほかの人たちも、私と慎重に付き合わなければならなかった。彼らは私の性的指向に直接触れることは決してなく、その話題を避けて通った。それは疲れる行為で、私にとってだけでなく周りにとってもそうだった。

BPの最高責任者として、やるべきことはあまりにも多かった。私はプライベートでの鬱憤を、自分を忙しくして事業を成長させることで解消することができた。だが、緊張と不安をごまかすのにも限度がある。任期の終盤になって、私はそうしたマイナスの感情が私に牙をむくのを感じていた。クローゼットに閉じこもったままでいたら、きっと私は不完全で満たされないままだったと思う。カミングアウトしてからは、古いものも新しいものも含め、私の友情はさらにはぐくまれた。私が尊敬し、称賛するパートナーとの関係もそうだ。これらが、今の私の人生で最大の喜びだ。彼らがいなければ、私の人生は不完全なままだっただろう。

カミングアウトは、人生の平穏と静けさを約束してくれるわけではない。こちらを不快にさせる人と出会うことはやはりあるだろう。難しい決断を迫られることもあるだろう。大なり小なり、有意義なり些末なり、困難に直面することもあるだろう。だが、カミングアウトしてから私が学んだことだが、そうした困難のすべてに、もっとうまく対処できるようになるのだ。

7 オピニオンリーダーと象徴

ロンドンのリトル・ブラウンという出版社に勤めるデーヴィッド・シェリーは、職場でクローゼット状態だったことが一度もない。自分の性的指向のために苦労した経験を思い出すのにも苦労するほどだ。彼の知る限り、ゲイであることを理由に昇進できなかったことは一度もない。職場で同性愛嫌悪的な冗談は一度も聞いたことがないし、同僚たちがプライベートについて彼に聞いて気まずい思いをしたこともない。彼は『ハリー・ポッター』の作者J・K・ローリングを含め、数々の世界的ベストセラー作家たちを担当するすばらしいキャリアを積んできた。「僕はこの業界に一五年いるけど、ネガティブな反応を受けた経験は何も思い出せないよ」と彼は言う。「というか、反応自体なかった。生活のごく普通な一部分として見られているから」[1]

出版業界は、性的指向に対する許容力が際立って大きいようだ。シェリーの経験は、特別なものではない。二〇一三年、イギリスでゲイであることをオープンにしている一握りの経営者のうち、二人は大手書籍販売業だった。[2]

ゲイであることをオープンにしている男性たちは、アメリカでも『GQ』や『ニューヨーク』、『ニューリパブリック』といった雑誌の編集長を務めてきた。新聞業界のほうは、もう少し保守的と見られている。それでも、ロンドンのテレグラフ・メディア・グループの業務執行取締役でゲイであることをオープンにしているガイ・ブラックによれば、「この国の新聞業界のほとんどでゲイの幹部社員を知ってるが、反ゲイ思想や敵意には触れたことがない。今ではもう、問題にもならないんだと思うね[3]」

デジタルメディア界でも、状況は同じようだ。トーマス・ゲンセマーがブルー・ステート・デジタルを共同設立したのは二〇〇四年のことだ。二〇〇八年の大統領選挙の前哨戦で、ブルー・ステートはバラク・オバマのデジタルメディア戦略の陣頭指揮を執った。その規模も範囲も、前例がないほど大きなものだった。ゲンセマーは、最初からオープンだった。彼によれば、デジタル業界の新興企業は若い世代ばかりなので、寛容な環境がはぐくまれるのだそうだ。「透明性のある、もっとカジュアルな職場につながるんですよ」と彼は言う。「昔はみんな、キャリアが狭まると思っていたからクローゼットに閉じこもっていました。今ではその逆です。クローゼットに閉じこもっていると、人格が疑問視されるんです[4]」

出版業界やメディア業界では、従業員の性的指向はもはや注目に値する要素でもないし、誰かの能力を測る指標でもない。ゲイやレズビアンがこれらの業界であたりまえに受け入れられるようになったことで、二つの影響が生まれた。まず、安心して業界に加われるため、ゲイの比率が増える。そして、ゲイが本当の自分を抑えこむことがなくなる。ほかのゲイの人々が成功しているのを見て、安心してカミングアウトできるからだ。ゲイであることをオープンにしている従業員の絶対数の多さが、好循環を生んでいる。

ことダイバーシティとインクルージョンに関する限り、マスコミは実業界の中では独特な世界だ。だがビジネスにおいても社会のほかの多くの分野においても、古臭い考えはいまだにはびこっている。ほかの業界におけるＬＧＢＴ社員の奮闘と成功が、ビジネス界におけるゲイの人々の手本となってくれるかもしれない。

スポーツ界、政界、司法界は、とりわけ参考になる。これらの業界は、世論に影響を与えたり公共政策を方向づけたりできる、ほかにはないプラットフォームを提供してくれるからだ。社会が寛容で受容的になるためには、これらの業界が前例となり、普通とはちょっと違う人々を受け入れていくことが重要だ。

プロスポーツと政治は、分布図の対角線上に位置している。スポーツは、ＬＧＢＴの比率でビジネス界に負けている数少ない業界のひとつだ。同性愛嫌悪は風土病のように残っていて、個人競技よりも団体競技のほうがその傾向は強い。会社の事業単位が共通の目標に向けて働くのと同じように、スポーツチームも機能する。一人のプレイヤーの同性愛性が、団結の妨げになるとみなされるかもしれない。一方、政治は、この三〇年で劇的な進歩を遂げてきた。本人が自分の性的指向について正直である限り、世間は以前よりもずっとゲイの政治家に対して寛容になってきている。進歩はあらゆる領域で見られ、ときには意外なところでも目にすることがある。

政治

二〇一二年にメイン州の下院選挙に立候補したとき、ジャスティン・シェネットは二一歳の大学生だった。国中のほかの選挙戦では、対立候補が性的指向を論点としていることは知っていた。また、ゲイの結婚を認めるかどうかが投票の対象になることも、それが同性愛嫌悪的なお定まりの反応を招くかもしれないこともわかっていた。それでも、彼はクローゼットに閉じこもろうと考えたことは一度もない。「私は、とにかく自分が正直でいさえすればいいと気づいたんです」と彼は言う。「言いたいことを自分でコントロールするほうが、言いたいことに振り回されるよりましですよね」(5)

投票日が近づくと、荒らし屋たちがシェネットの選挙ポスターを剥がし、街のもっと目立つ場所へ持って行って「ゲイ」という言葉をスプレーで書きなぐった。それに対して、シェネットは沈黙を守った。蓋を開けてみると彼は有効票数の六〇%を獲得し、アメリカで公選されたもっとも若い、ゲイであることをオープンにしている議員となった。カミングアウトすることで彼の道筋にはいくつかの障害が置かれたかもしれないが、オープンでいることは隠れていることよりもずっと有効な戦略だったと彼は信じている。「信頼は政治でもビジネスでも非常に重要です」とシェネット。「情報を隠しているせいで信頼を勝ち取れないとしたら、人々はそれを感じ取ります」

私が成人するころだったら、たとえ何歳であってもゲイであることをオープンにしている人物が当選するのは不可能だっただろうと確信を持って言える。だが今この時代にシェネットが当選したことは、進歩があらゆる側面から政治にも訪れているという新たな兆しだ。イギリスからポーランドまで、そしてアメリカからイタリアまで、ゲイの人々がどんどん公職に就いている。アメリカには、選挙で選ばれる役職が学校の理事から大統領まで五〇万以上ある。一九九一年LGBTが占めていたのは、そのうちたったの四九席だった。だが二〇一三年一〇月までに、その数字は一一倍に増えている。[6] 進歩は、もっとも上の層でも起こっている。二〇〇三年、アメリカ連邦議会でゲイであることをオープンにしている議員は三人しかいなかった。一〇年後には七人いて、ゲイであることをオープンにした初の上院議員であるウィスコンシン州のタミー・ボールドウィンや、バイセクシャルであることをオープンにした初の女性議員カーステン・シネマも含まれる。[7] アイスランドとベルギーは、ゲイの首相を任命した。ドイツはゲイの外相を、そしてもっと意外なことに、シチリアではロサリオ・クロチェッタがゲイであることをオープンにした初の知事となった。彼が勝利を勝ち取ったのは一部には、海沿いの小さな町の町長だったときにマフィアを厳しく取り締まった実績のためだ。『ワシントン・ポスト』のインタビューで、彼は自分が選ばれるとは思っていなかったと認めている。「私はホモセクシャルだ。私はそれを神からの贈り物と呼んでいるがね。そしてそれをこれっぽっちも隠したことはない!」とクロチェッタは言う。「私がここにいること自体、想像もできなかったよ」(8)。カナダ、アイルランド、ニュージーランドまで、各地の国会がかつてないほどの数のLGBTを受け入れている(9)。

一九九六年末時点で、イギリスの庶民院でゲイであることをオープンにしているのはたった一人だった。だが二〇一三年末までにはその数が二四人に増え(10)、議場の三・五%を占めるまでになっている(11)。これは驚くべき変化だ。

とはいえ、進歩がまんべんなく起こってきたわけではない。二〇一〇年、政府高官デヴィッド・ローズが辞任した。理由は、男性との関係を秘密にしておくために宿泊費にかかわる法の精神に反していたことが明らかになったためだ(12)。私と同様、クローゼットに隠れていたいというローズの欲求が、彼に職を失わせる結果となった(13)。

政治は、信頼に基づいている。有権者の信頼は、政治家が率直に自分自身をさらけだしていたほうが勝ち取りやすい。短期的に見れば、性的指向を隠すことは、公然とカミングアウトすることに不安を覚える人にはある程度の安心となるかもしれない。だが長期的に見れば、公人が性的指向を隠していたという事実の発覚のほうが、最初から認めていた場合よりも傷が深くなる場合がある。成功するためには、政治家は自分をゲイの候補者としてではなく、たまたまゲイである候補者として位置づける必要がある。有権者は、性的指向のことは気にしていないのだ。

二〇〇一年にベルリンの市長になったクラウス・ヴォーヴェライトは、自分が市の最高責任者に立候補するずっと前からそのことを理解していた。一九九五年に市議に当選して以来、彼は市政の階層を昇るごとに、少しずつカミングアウトしていった。その過程で、彼は徐々に同僚や有力なジャーナリストたちに打ち明けていった。つまり、劇的な暴露の瞬間を避けたわけだ。「『ゆっくりとしたカミングアウト』戦略は、いい方法だと思う」とヴォーヴェライトは言う。「何も隠しているわけではないが、大騒ぎをするわけでもない。最終的には噂が回りまわって、全員の知るところとなったよ[14]」

だが、その速度は周りの状況によって加速せざるを得なくなった。二〇〇一年六月、ドイツ社会民主党（SPD）の一員であるヴォーヴェライトがゲイであることを、一般大衆のほとんどはまだ知らなかった。彼は、市の連立政権が崩壊したあとで思いがけず市長代理に選ばれたのだ。一〇月の市長選挙が近づくと、世論調査は彼を最有力候補に挙げた。「自分の同性愛性をどう扱うか、決めなければならなかった」と彼は語る。「本心を言えば、それは他人には関係ない。だが一方で、ゴシップ紙に強制的に暴露されるのはあらゆる選択肢の中で最悪のものに思えた。プレッシャーをかけられたくなかったら、攻撃に転じるしかなかった」

ヴォーヴェライトは政党に自分がゲイであることを伝え、選挙のときにそれが問題にされるかもしれないと警告した。やがてマスコミがこの話し合いのことを嗅ぎつけ、彼につきまとうようになる。「私は自分に言い聞かせたよ。『これが私の人生だ。私は何も間違ったことをしていないし、自分を正当化する必要もない。連中は、そんな形で私を叩きにはこない』」。彼はベルリンの党大会で発言することにし、そこでこう宣言した。「Ich bin schwul, und das ist auch gut so」。直訳すると「私はゲイで、それは問題ない」というこのフレーズは、国中で大人気のスローガンになった。

ヴォーヴェライトの対立候補たちは彼の信頼性を損なおうと、実際に性的指向を攻撃しようとした。保守派のキリスト民主党の市長候補は、ヴォーヴェライトが「ゆがんだ人格」を体現しており、彼の性的指向がその権限、特に家族にかかわる問題についての権限を制限すると示唆した。[15] だがこの論法では、有権者を説得するには至らなかった。ヴォーヴェライトに勝利を与える際、有権者たちは彼の性的指向を受け入れたか、少なくとも考慮しなかった。ヴォーヴェライトはこう言う。「市民が見たいのは結果であって、私のプライベートにはそれほど関心がないんだよ」

現在イギリスの環境庁長官を務めているクリス・スミスも、同じように楽観的な経験談を語ってくれた。彼がカミングアウトしたのは一九八四年、英国議会に選出された翌年だった。

一九八〇年代半ばの社会的風潮は、ほかのゲイが彼に倣うことを推奨するようなものではなかった。スミスがカミングアウトして間もなく、イギリスのタブロイド紙が庶民院に女装姿で立っている人物を描いたマンガで彼をからかった。一九八七年、ゲイのフリーペーパー『キャピタル・ゲイ』のオフィスに発火物が投げこまれると、保守派の議員エレイン・ケレット＝ボウマンがその行為を擁護した。「悪に対する不寛容が必要だという考えはいたって正しいと認めるのにやぶさかではありません」と彼女は庶民院で発言している。[16]翌年の春、サッチャー政権が地方自治法第二八号、ゲイのパートナー関係が「模倣家族」にすぎないと定義した法案を可決する。こうしたことはすべて、エイズの蔓延を背景に起こったことだ。スミスが一三年間にわたってゲイであることをオープンにしているたった一人の議員だったのも、まったく意外ではない。

この時期、スミスは自らの存在感を高め続け、一九九七年にはトニー・ブレアによって内閣に加えられ、ゲイであることをオープンにしている英国史上初の大臣となった。彼の任命は、ほとんど騒ぎにならなかった。政界とビジネス界で野望を抱くゲイの人々は、スミスの成功から三つの教訓を学び取るべきだ。一番わかりやすいのは、リーダーシップを取る役割において、ゲイもストレートとまったく同じように能力を発揮できること。二つ目は、いったん性的指向を明らかにしてしまえば、マスコミはそのネタを追うのにすぐ飽きること。そして三つ目は、カミングアウトしたあとでも、個人的な人間関係も仕事上の人間関係も強いまま残ることだ。「ゲイであることをオープンにしていても、相手をするすべての人々から広く受け入れられることは可能だ。たとえ、相手が一般市民であっても、同僚政治家であってもね」とスミス。「ゲイであることは、彼らと築く人間関係には一切影響しない」[17]。二〇一三年、保守派の議員クリスピン・ブラントがスミスのこの言葉を裏付けた。ブラントはゲイであることをカミングアウトして二〇年連れ添った妻と別れたあとで、彼を地元選挙区の候補から外そうとするキャンペーンを打ち破ったのだ。有権者は五対一の割合でブラントを選び、支持者の言葉を借りるなら、ブラントを排除しようとした「恐竜たち」に勝利したのだった[18]。

私が生まれてから今までの間にイギリスで起こった変化は目覚ましいものだが、だからといってほかの地域の現実から目をそむけてはならない。保守的な国にいるLGBT政治家たちが直面する困難は、今も深刻だ。たとえばポーランドでは、社会全体で同性愛を受け入れるべきだと考えているのは人口の四〇％にすぎない[19]。最近の調査でも、ポーランド人の六〇％以上が同性カップルは公然と生活する権利に値しないと考えており、ゲイの結婚を支持しているのは人口の三分の一にも満たなかった[20]。だが二〇一三年にポーランド民主化の父でノーベル平和賞受賞者レフ・ワレサがゲイの男女には議会の正面に置かれたベンチに座る権利がないと言い、当選したなら「壁の向こう」に座るべきだと発言したときには、政府高官や著名人たちが怒りを表明した[21]。

二〇一一年、ポーランド議会で議席を獲得した初のLGBT政治家として、二人の候補が歴史に名を刻んだ。ゲイであることをオープンにしていたロバート・ビエドロンと、初のトランスジェンダー議員のアンナ・グロツカだ。二人は、新しく立ち上げられたパリコット党から立候補した。多様性をもっと尊重することを掲げた新党だ。驚いたことに、パリコット党はポーランドで三番目に人気の政党となった。私は、世代交代が人々の視野を広げているのではないかと考えている。また、ヨーロッパ各国同士の密接な結びつきも要因だろう。EUの中で勉強し、働く若いポーランド人たちは、より進歩的な価値観を故郷に持ち帰っている可能性が高い。

社会の変化がLGBT政治家の当選を後押ししているとはいえ、偏見から守ってくれるわけではない。議会では、グロツカは彼女の選出に対する反トランスジェンダー的な反応に対処しなければならなかった。「ときには、右寄りの特定の政治家による残虐で原始的な攻撃に呆然とするしかなかった」とグロツカは言う。[22] そのもっとも顕著な例には、法と正義の党に所属するクリスティナ・パヴロヴィッチがかかわっている。公式なインタビューの際、パヴロヴィッチはグロツカを、馬をはじめとするありとあらゆるものに喩えて批判した。「あんな女性がいます？　ボクサーみたいな顔をして」とは、ポーランドのメディア取材に応えて語った言葉だ。「ホルモンを注射しまくったからといって、女になれるわけじゃありませんよ」[23]

パヴロヴィッチのように無知をさらけだす人々も存在するものの、グロツカや欧米のほかのLGBT政治家たちに与えられた機会はつい一〇年前の政治家たちにはなかったものだと、私にははっきりわかる。メイン州の議員ジャスティン・シェネットは、こんな助言をしている。

「性的指向は選べるものではないが、オープンでいるかどうかは選べます。クローゼットに閉じこもって生きるほうを選ぶこともできますが、それにむしばまれてしまうでしょう。最終的には、能力を発揮しきれなくなります[24]」

スポーツ

ビジネス界で上層部に到達したゲイの男女がどれくらいいるのか、知ることは不可能だ。だが、その多くがカミングアウトせずに幹部職に昇りつめたと私は確信している。ビジネス界は、プロスポーツ界よりもずっと進歩的らしい。世界中のプロスポーツチームを見渡しても、ゲイであることをオープンにしている選手を一人でも抱えているところはほとんどない。ドイツのブンデスリーガで活躍するストレートのサッカー選手フィリップ・ラームは、スポーツ界における同性愛嫌悪を声高に非難している。「たしかに、今では同性愛者としてカミングアウトしている政治家もいる。だが彼らは毎週のように六万人の観衆の前でプレーしなきゃいけないわけじゃない」と、あるインタビューで彼は語った。「ほかの分野とは違って、同性愛のプレイヤーをあたりまえに受け入れられるほど社会が進んでいるとは、私には思えない[25]」

ゲイの人々の多くがプロスポーツの道に進まないという選択をしていると考えるのは、妥当な線だろう。スポーツを職業として選んだゲイのほとんどが、クローゼット状態でいることを選ぶ。二〇一三年四月に米プロバスケットボール協会（NBA）のジェイソン・コリンズ選手がカミングアウトすると、彼はアメリカの四大スポーツリーグで初めてカミングアウトした現役選手になった[26]。

ヨーロッパでも、状況は同じようなものだ。二〇一三年末時点で、ゲイであることをオープンにしている選手は上位六つのプロサッカーリーグには一人もいなかった[27]。二〇一三年二月、イングランドのリーズ・ユナイテッドに所属するアメリカ人選手ロビー・ロジャースが初めて、同性愛者であることをブログでカミングアウトした。彼はその同じブログで引退を表明したが、あとになってその理由を、サッカーファンやマスコミの反応を恐れたためだと打ち明けている。三カ月後、彼はロサンゼルス・ギャラクシーで現役復帰した。もう一人だけイギリスでカミングアウトした著名なプロサッカー選手ジャスティン・ファッシャヌは、一九九八年に自殺している。

カミングアウトは、チームの結束を乱す要素と見られる場合がある。一九七〇年代後半に、ロサンゼルス・ドジャースに所属していた元野球選手グレン・バークがゲイであることは、チームメイトには知られていた。一九九五年に、彼はエイズからくる合併症で死亡する。死の前に、彼はAP通信社に対し、自分がメジャーリーグにいた四年間、同性愛嫌悪が蔓延していたと語っている。あるとき、経営陣が彼の契約を更新しないことを決めたあとで、監督がダッグアウトでチーム全員を前にし、バークをにらみつけながらこう言ったそうだ。「俺のチームにファゴット（同性愛者の蔑称）はいらないからな」。また、女と結婚するなら新婚旅行の費用を出してやるよ、とコーチに言われたこともあったと主張している。それを断ると、別のチームにトレードされたそうだ(28)。

バークの経験から何十年経っても、クローゼット状態の選手の中にはカミングアウトすることでチームの結束にどのような影響があるのか恐れる者がいまだにいるかもしれない。

二〇一三年八月、私はパートナーと一緒に、イギリスの片田舎に暮らす旧友たちを訪ねた。私たちが到着したのは、午後のお茶の時間だった。来客の中には三〇代前半の男性がいて、ドイツでサッカー選手をしているトーマスだ、と紹介された。お茶のあと、彼は私たち二人と一緒に庭の散歩に出かけた。その非常に似つかわしくない環境で、トーマスはプロサッカー選手としての一二年間のキャリア後半に自分がゲイであることに気づき、そのことにいかに耐えてきたかを打ち明けた。

私たちが出会ったそのとき、彼はプロ選手を引退するべきかどうか、決めなければいけない時期にきていたのだった。ドイツのブンデスリーガやイタリアのセリエA、イギリスのプレミアリーグ、そしてドイツ代表チームまで、さまざまなクラブでプレーしてきた長いキャリアの中で、怪我も要素のひとつではあった。だが彼は同時に、カミングアウトするべきか、するならいつかということにも頭を悩ませ続けていた。彼は私の体験と、私の暴露を取り巻く状況に強い関心を示した。私が感じた恐怖、そして私の人生がどのように変わったかを知りたがったのだ。

　三週間と経たない二〇一三年九月上旬、その強力な左脚から「ハンマー」として知られていたその選手、トーマス・ヒッツルスペルガーは、引退を発表した。

　トーマスは、一二月にロンドンの私たちのもとを訪ねてきた。そして、サッカー界における同性愛性についての社会通念を覆した。「たいていの連中がファンの反応を気にするけど、すべてが制御されていて、スタジアムはカメラだらけだ。僕に何も起こりようがないだろう？」とトーマスは言う。「それに、僕は選手間で飛び交うゲイネタのジョークもそんなに気にしてなかった。実際、面白いやつもあったしね。でも、同性愛嫌悪は、もっと対処するのが難しい問題だ。もしカミングアウトしていたら、中には応援してくれる選手もいただろうし、そこに続く選手もいただろうとは思う[29]」

　現役・引退を問わずゲイであることをオープンにしている選手が非常に少ないサッカー界での話とはいえ、トーマスの体験は本書で紹介するほかの多くの体験ととても似ている。ビジネス界のLGBTの多くと同様、彼も自分のパフォーマンスが悪かったら性的指向のせいにされるかもしれないということを心配していたのではないかというのが、私が強く受けた印象だ。そして、歴史の中で少数派がみんなそうしてきたように、トーマスも自分の性的指向が暴露されることを恐れ、世間の注目を引かないよう自らに高い水準を課していたようだ。

　トーマスとの数少ない対話の中で、私は彼に対し、カミングアウトするのに一番いいタイミングも悪いタイミングもないと伝えた。また、彼のカミングアウトが若い世代のサッカー選手たちに与えるであろういい影響について、そしてスポーツ界における同性愛性について世間にもっと議論してもらいたいという彼の欲求についても語り合った。

この会話から一週間以内に、トーマスはカミングアウトすることを決断した。二〇一四年一月八日、彼はドイツの新聞紙『ディー・ツァイト』のインタビューで自分の性的指向を明らかにした。「僕が同性愛をカミングアウトするのは、プロスポーツ選手の同性愛性についての議論を前進させたいからだ」と彼は語った。(30) マスコミやほかのプレイヤーたちからの反応は素早く、そして圧倒的に好意的だった。イギリスのサッカー選手ジョーイ・バートンがツイッターでつぶやいたこのメッセージもそうだ。「トーマス・ヒッツルスペルガーは今日、ものすごい勇気を見せてくれた。純粋に自分という人間性だけを基準に他人から判断されると思えるのが、選んだ職業から身を引いてからようやく、というのは悲しいことだ。我々は社会全体として反省するべきだ(31)」

ヒッツルスペルガーの行動がほかの現役選手にもカミングアウトする勇気を与えるかどうかは、まだわからない。過去には、カミングアウトで選手の相対的な訴求力や商業的魅力が損なわれた事例がある。これが、彼らをクローゼットに閉じこもらせてきた要因だ。通常、アスリートがスポーツで生計を立てていられる期間はごく短い。カミングアウトすればスポンサーがつかなくなるかもしれない。三〇年前のビリー・ジーン・キングがそうだった。彼女は一九八一年までにテニスのグランドスラムでシングルスのタイトルを一二回も獲得しており、世界でもっとも有名な女性アスリートの一人となっていた。その年、彼女の元秘書で一九七〇年代初頭に関係を持ち始めたマリリン・バーネットが裁判を起こし、そのためにキングの性的指向が公になった。アドバイザーたちの助言に反してキングは記者会見を開き、たしかにバーネットと関係を持っていた、と認めた。スポンサー各社は同性愛嫌悪に裏打ちされた、経済的に合理的と思える判断を下した。たった一日で彼女はすべてのスポンサーを失い、本人によれば損失額は少なくとも二〇〇万ドルにのぼったという。[32]

ビリー・ジーン・キングの記者会見から数カ月後、ウィンブルドンでシングルスのタイトルを九回獲得しているマルティナ・ナブラチロワが、自分もレズビアンだと認めた。当時彼女は世界ランキング第二位で、共産主義のチェコスロバキアから亡命してアメリカ市民になっており、非常に有名な人物だった。「私にはそもそもテニス以外に何もなかったから、それで契約を失うということはありませんでしたよ」と、フロリダの自宅で私からの電話に応えて彼女は言った。「ウィンブルドンでタイトルを次々獲得していったけど、それでも契約の話はこなかった。カミングアウトしたことでたくさんのお金や称賛を失ったことはわかっているけど、お金が私の決断の邪魔になったことは一度もありません」[33]

一九八〇年代を通じて、ナブラチロワはマスコミからの激しい攻撃にさらされた。当時、彼女はその原因を自分が冷戦時代に共産圏から移住してきたためだと考えていた。フロリダ州のアメリア島でのトーナメント前、地元のとあるコラムニストが、金髪でアメリカ人の異性愛者クリス・エバートとナブラチロワとの試合について、「善vs悪」と書きたてた。その後、男性のスポーツライターが彼女にこう尋ねた。「あなたは今でもレズビアンなんですか？」それに対して彼女は、質問で返した。「あなたは今でも異性愛者なの？」[34] ファンは、彼女の存在に対して否定的な反応を示した。「みんな面と向かっては何も言わないけれど、でもコートに足を踏み入れた瞬間、全体の雰囲気は確実に感じ取れました。誰もがクリスには拍手を送るのに、私には口笛や野次を飛ばしていた。『あんたたちに野次られるような何を私がしたって言うの？』と思ってましたよ」[35]。その多くが同性愛嫌悪から来ていたことに彼女が気づいたのは、ずっとあとになってからだった。

これらの体験談は、プロスポーツ界でゲイであることをオープンにすることの途方もない困難を示している。アスリートはプロとしてそのスポーツを続けることをやめるか、クローゼット状態で続けるかの選択を迫られる。どちらの道がより多くのゲイアスリートに選ばれているのかは、知りようがない。たとえば、二〇一二年夏のオリンピックに参加したアスリート一万五〇〇〇人のうち、ゲイであることをオープンにしていたのはわずか〇・一六%だった。これが、ゲイアスリートの本当の数を示している可能性はかなり低い[36]。第三の道、つまりカミングアウトしてなお競技を続けることは、もっとも選ばれない選択肢に思われる。

プロスポーツ界は、社会のあらゆる領域に影響を与えられる巨大な力を持っている。だから、もっと現実を反映できるようになるべきだ。決して差別を助長するようなことをしてはならないはずだが、現状ではまさにそれをやっている。だが、世論の変化に合わせて、プロスポーツ界の態度も変わり始めているように見受けられる。スポンサーやチームメイト、スポーツ団体から排除されるリスクは減少してきた。企業はいまや、ゲイアスリートのスポンサーにつくことに商機を見出している。ナイキは二〇一三年四月に初めて、ゲイであることをオープンにしているプロバスケットボール選手のブリトニー・グライナーと契約を結んだ。同じく現役バスケ選手のジェイソン・コリンズがカミングアウトしたのはその数日後だ。過去にコリンズと契約したことがあったナイキは、応援メッセージを発表した。「私たちはジェイソンの勇気を尊敬しますし、彼がナイキのアスリートであることを誇りに思います」とそのメッセージは訴えた。「ナイキは、アスリートの性的指向が判断材料に使われない、公平な競技場を信じています[37]」。数多くの著名人やアスリートから支援の言葉が寄せられた。NBAコミッショナーのデヴィッド・スターンや、プレイヤー仲間のコービー・ブライアントも支援を表明した。

異性愛者のプレイヤーの多くが、今ではゲイアスリートの受け入れを促進している。「ゲイの選手はいる。ぼくたちもゲイの選手と一緒に競技をしてきたし、引退してからカミングアウトする選手も見てきた」と二〇一三年のラジオ番組のインタビューで語ったのは、元ボルティモア・レイブンズのブレンドン・アヤンバデージョだ。ゲイの結婚を支持する法廷助言書を最高裁に提出したあとのインタビューだった。「だから、ぼくたちはただ毎日、毎月、毎年ゆっくりと前進し続けて、選手たちが安心して本当の自分でいられるようにしているだけだ。自分らしくいられれば、もっといい選手になれるから」(38)。イングランドサッカー協会も、行動を起こしている。二〇一二年、協会はツイッターでゲイに対する中傷をつぶやいた選手に懲罰を与えた。二〇一三年には、リヴァプール・フットボールクラブがそのような誹謗中傷を禁止する。その秋、一部の選手がLGBT選手を支持する虹色の靴ひもを着けだした。

ビリー・ジーン・キングは、ビジネス界における態度を変えていくことが、プロスポーツ界の態度にも影響を与えていると信じている。「ジェイソン・コリンズのようなアスリートがカミングアウトしたとき、彼は合衆国大統領に祝福されました。私が暴露されたときは、すべての支持を一夜にして失いました」と彼女はメールで私に語った。「ビジネス界全般は、今のゲイやレズビアンのアスリートに対してずっと寛容だと思います。カミングアウトする人は誰も、自分のタイミングでできるようにするべきです——自分に正直に生きる用意ができたときに。私にはそのチャンスがなく、その代償を支払う結果になりました。でもそれはそのとき、今は今です(39)」

以前にも増して、ゲイアスリートは機運が味方してくれていると感じられるようになっている。トーマス・ヒッツルスペルガーは、ゲイの選手がカミングアウトした場合、チームの経営陣が支援してくれるという期待感が高まっていると信じている。「それまで活動してきたチームにとっては政治的問題となる。どう対処できるかの試練となるんだ(40)」

二〇一三年末、イギリスのオリンピック飛び込み選手トム・デイリーが、自分が男性と交際していることを明らかにした[41]。すでにカミングアウトしていたオリンピックメダリストの飛び込み選手三人、マシュー・ヘルム、マシュー・ミッチャム、グレッグ・ルガニスの後に続く形だった。彼の発表直後、BBCが短いインタビューに応えてほしいと電話で私に依頼してきた。そのインタビューで、私はカミングアウトにリスクが伴わないことはないと語った[42]。しかし、デイリーの正直さが彼にとっていい結果を生むこと、ほかのゲイアスリートに何が可能かを示してくれることを私は祈っていた。彼に寄せられた支援はとてつもない規模だった。その日の午後、イギリスでもっとも著名な元サッカー選手で解説者の一人ゲーリー・リネカーが、ツイッターを通じて応援メッセージを送った。コメディアンのスティーブン・フライもこの件を取り上げ、このようなメッセージを送った。「アドベントカレンダー〔一二月一日からクリスマス・イブまで、毎日一つずつ開ける小窓のついたカレンダー〕の二日目を開けたら、トム・デイリーが出てきた。マジメな話、おめでとう。本当にうれしい」

現在、プロスポーツとビジネスの境界線は曖昧になり、双方の体験が重複するようになってきた。リック・ウェルツは、NBAでも最上層部に位置する経営陣の一人になった。シアトル育ちのウェルツは、一九六九年にシアトル・スーパーソニックスというバスケチームのボールボーイとしてキャリアをスタートさせた。そして大学卒業後に再びチームに戻り、広報責任者にまでなる。一九八二年にはニューヨークでゲイの建築士と一緒に暮らしていたが、同僚たちに会わせたことはなかった。カミングアウトすることを恐れ、パートナーについて話すことを避けていたのだ。「同じような立場の人を見倣うことはできなかった」と彼は語る。「彼らの経験から学んだり自信を得たりすることはできなかったし、何が起こるかは想像もできなかった[43]」

彼のパートナーは、一九九四年に亡くなった。ウェルツはあまりにもクローゼットの奥深くに閉じこもっていたので、パートナーの死を悼むためにもたった二日しか仕事を休まなかったほどだった。職場に戻った彼は完全に感覚を失っていて、誰とも悲しみを分かち合うことができなかった。二〇〇九年になると彼はフェニックスに住居を移し、フェニックス・サンズのCEOになっていた。二人目の恋人との九年にわたる関係が、良くない終わり方をしたところだった。「あの関係が破綻した大きな要因は、私が人生でもっとも大事な人を、自分の仕事人生に参加させることができなかったという事実だ」とウェルツは言う。「あの分岐点で、私は今度誰かとの関係を長続きさせたかったら、同じようなことをやっていてはいけないと心に決めた。自分の人生を、もっとオープンにすることにしたんだ」

二〇一一年五月、ウェルツは『ニューヨーク・タイムズ』紙の一面インタビュー記事でカミングアウトすることに決めた[44]。その過程で、取材を担当した記者はウェルツのキャリアを育てた人物、デヴィッド・スターンに取材をした。スターンは、ウェルツがゲイであることは何年も前から知っていたが、プライベートに介入したくなかったので一度もそれについて話し合ったことはない、と語った。

「投書は九〇％が肯定的で、一〇％くらいは否定的かな、と思っていた」とウェルツ。「だが何千もの人々がメールを通じて私に手を差し伸べてくれ、手書きの手紙も何十通と届いた。否定的な意見を述べた人は、ただの一人もいなかった。信じられないだろうが」。ウェルツの経験は、私自身の経験と一致する。彼同様、私も圧倒されるほどの数の応援メールや手紙を受け取った。わざわざ否定的なことを書く手間をかけたのは、一人だけだった。

カミングアウトして間もなく、ウェルツは新しいパートナーと暮らすためにサンフランシスコに引っ越した。九月になると、ゴールデンステート・ウォリアーズがウェルツを新社長兼CＯＯに任命した。

法律

二〇〇二年、エイドリアン・フルフォードは最高裁判事に任命された。一年後には、新しい国際刑事裁判所の一八人の判事の一人となる。そして二〇一二年、彼はイングランドおよびウェールズで二番目に位の高い裁判所、控訴院に名を連ねた。いずれも重要な任務だったが、彼が任命されたのは意外なことだった。フルフォードはオックスフォードにもケンブリッジにも行っていない。大学では法律ではなく歴史を学び、しかも本人いわく、「成績はそんなに良くなかった」[45]。弁護士見習い研修も、由緒ある法律事務所では受けなかった。そして何よりの障壁だったと言えるのが、彼がゲイであることを一九七〇年代後半からオープンにしていた事実だ。

カミングアウトしようというフルフォードの決断には、影響が伴わなかったわけではない。ほかの法廷弁護士たちの何人かには冷たい態度を取られたし、ときには「厳しく、妥協がなく、敵意のある態度」を取る裁判官を相手にすることもあって、それは同性愛嫌悪によるものとしか考えられなかったそうだ[46]。一九九四年に初めて非常勤の判事になろうと申請を出したときには、「グレーのスーツを着た男たち」から成る審査委員会の攻撃的な尋問に遭い、「どうしてもこの道を進む必要があるのかね?」などという質問に耐えなければならなかった。

司法界の一部に蔓延するこうした態度にもかかわらず、フルフォードは裁判官に採用された。彼の申請が性的指向ではなく彼の真価に基づいて判断されることに責任を負っていた心の広い大法官の存在がなければ自分の成功はあり得なかった、とフルフォードは信じている。ビジネス界と同様、最上層部のリーダーシップは大きな違いを生む。昔の時代を反映する偏見を持つ上級判事や弁護士はやがて引退し、その後の数年で、別の人々が司法界を一新した。フルフォードが裁判官になるための研修を終えるころ、彼の指導員の一人でのちにイングランドおよびウェールズの首席裁判官となった著名な裁判官が、こう保証してくれた。「ゲイの成功を阻むガラスの天井などないし、裁判官志望者を評価する際にゲイであることに判断を左右されたりはしない」。彼のような手本となる人物が、司法界を「白人で異性愛者の男性という非常に狭い人種の私的な封土」ではない方面へと動かしていったのだとフルフォードは言う(47)。

司法界はいまだに、社会全体をそのまま反映しているとは言えない。だが今の若い弁護士たちの多様性を見る限り、将来的に、人々が差別に気を配り続けるという前提であれば、それも変わっていくはずだ。「当然、この国の各地には旧式なやり方が今も通用している司法機関や特定の法律事務所、個人弁護士がいるだろう」とフルフォード。「だが、一般論として、私は窓が開かれて非常に強い風が吹き抜けたと感じている。そして、過去のもっとも悔やむべき要素を吹き飛ばしてくれたと。若い弁護士がカミングアウトするべきかどうかと私に訊いたなら、私はこう答えるだろう。『恐れることはない。決して恐れることはない』と。私を見てみろ、とね(48)」

多くのゲイの人々が、今はビジネス界よりも司法界のほうが困難に直面することは少ないと考えている。実際そうだと思われる大きな理由は、二つある。まず、教育が以前よりも多様性の理解と深くつながるようになってきており、司法界でのキャリアには長く厳しい学業が必要だということ。そしてもうひとつは、弁護士業では毎日のように公平な分析が求められ、根拠のない価値判断の余地がないということだ。

だが、イギリスの法曹界に従事する一部の社会人を調査した最近の研究によると、法律事務所で完全にカミングアウトしているのはレズビアンが四人に一人、ゲイが一〇人に一人にとどまっている。[49] カミングアウトしている弁護士は、自分一人で決断するのが普通だ。手本とできるようなオープンなLGBTの同僚がいると答えたのは半数以下だった。

国際弁護士事務所CMSキャメロン・マッケンナのパートナー弁護士ダニエル・ウィンターフェルドは、一九九八年にロンドンで働き始めた。最初の法律事務所では五〇〇人いる職員のうち、ゲイであることをオープンにしている弁護士は彼一人だった。五年後に別の法律事務所に移ったときも、やはり彼だけがゲイであることをオープンにしていた。ときには、それが彼の展望を曇らせることもあった。「見上げたとき、私が進む道の先に手本になる人物がいるとは思えませんでした」と彼は言う。「そういう機会が得られるように一生懸命がんばりましたが、おかしなことに、私は仕事があるだけでもラッキーと感じるしかなかったんです[50]」

これはひょっとすると、法律事務所にとってはLGBT弁護士の数よりも女性や少数民族の数のほうが重要だからかもしれない。男性弁護士と女性弁護士の採用者数は、ほぼ均等だ。だが、イギリスの主要一〇〇法律事務所の全共同出資者のうち、女性は一〇%未満しかいない。[51] 少数民族は、パートナーのうちたった五%だ。[52] 法律事務所はダイバーシティとインクルージョンの努力を、LGBTよりもはるかに人口が多いこうしたグループに割くべきだという実際的な判断を下したのかもしれない。

手本となる人物の不在にもかかわらず、若い弁護士たちは先駆者たちよりもずっと頻繁にカミングアウトしている。五一歳から五五歳の人々のうち、最初に勤めた法律事務所で安心してカミングアウトできると答えたのは一五％にすぎない。二五歳未満の弁護士にとっては、その数は四倍にものぼった。[53] 年配者の考え方は過去の時代、あからさまな嫌がらせや差別があたりまえだった時代から来ている。もっと寛容な世界で育った若い人々は、違う経験をしてきた。彼らのほうが自分に自信があり、満足していることは明らかだ。ただ、彼らが平等な昇進の機会を得られるかどうかは、まだわからない。

二〇〇八年、ウィンターフェルドはイギリスにおけるLGBT弁護士の非公式ネットワーク「インターロー・ダイバーシティ・フォーラム」を設立した。二〇一三年末までに、この組織には七〇の法律事務所と四〇の企業から、一二〇〇人を超える弁護士が参加していた。ゲイであることをオープンにしている同僚がいない弁護士にとっては、貴重なリソースとなっているのだ。インターロー・フォーラムの支援を受け、イギリスの法曹界は大きな進歩を遂げた。二〇〇八年まで、LGBTの権利擁護団体ストーンウォールが毎年発表する「職場における平等指標」で上位一〇〇社に入っている法律事務所はなかった。だが二〇一四年には、一〇社がランクインしている。

法人顧客は、法律事務所に対して多様性受け入れの努力を女性と少数民族以外にも広げるよう、圧力をかけるようになってきた。弁護士たちは、クライアントがより進歩的で、かつLGBTの従業員をより受け入れていると考えている。ロンドンで法律事務所ベイカー・ボッツを運営するスティーブ・ワードローは、ゲイであることを一九八〇年代からオープンにしている。

「司法界は、ずっと旧態依然だった。『波風を立てるな』というやつだ」と彼は言う。[54]これを裏付けるように、ウィンターフェルドもこう語っている。「法律事務所の経営陣がようやく目を覚まし、そこに本当の問題があることに気づき始めている。人材が自分たちのところを離れ、クライアントのもとへと行ってしまうのを目の当たりにしているからだ」

象徴

政治、スポーツ、そして司法の各業界は、多様性の受け入れを目指す旅のそれぞれ異なる段階にある。進歩の速度はさまざまだが、目指す方向は一緒だ。これは非常に重要なことだ。これらの業界と、そしてエンターテインメント業界とは、世論と公共政策をもっとも大きく形作る人々を生み出すことができるからだ。そうした手本となれる人々が、社会におけるもっとも有力なゲイの象徴となってくれるかもしれない。また、ビジネス界の考え方にも、強い影響を与えるかもしれない。

進歩の度合いや障害は違えど、どの業界にもあてはまる共通の原則があると私は考えている。簡単に言ってしまえば、変化にはリーダーシップが必要だ。次の章で見ていくように、リーダーシップは実際的な活動によって導かれる。

8 ガラスを打ち破る

社会的変化に関して、政府は促し、法を作ることはできるが、変化を実現することはできない。国民だけが個人として、そして社会の一員として、変化をもたらすことができるのだ。私たちの人生を形作るすべての組織の中で、企業組織は問題を解決したり解決策を提供したりするために存在する。したがって、効果的なリーダーリップと実際的な手法を組み合わせれば、企業がガラスのクローゼットを打ち破れることは明らかだ。

本書の旅路は、行動のための布石を打っている。今では多くの企業が、ＬＧＢＴに自分は受け入れられていると感じさせる環境を整えている。だが私自身の経験から言えば、企業は今度は二つのことを、均等かつ着実におこなわなければならない。ひとつは、明確な方向性を打ち出すこと。次に、その方向性が実現できるよう、管理ツールにしっかり注意を払うことだ。

ＬＧＢＴ向けの政策を実施するのは、インクルージョンに向けた道のりの出発点としては自然なものだろう。その政策の現実世界での適用は測定可能で、企業の基本的価値観を知るきっかけを提供してくれる。だが、そうした政策が提供するはずの保障と、ＬＧＢＴ社員が実際に感じている安心感や居心地の良さとの間には齟齬がある。企業の経営陣がＬＧＢＴ社員を受け入れていても、それは将来の入社希望者や新入社員、クローゼット状態の社員には必ずしもはっきりと伝わっていないかもしれない。何十年も自分の性的指向を隠してきた経験からわかることだが、クローゼット状態の人々は通常、カミングアウトすれば悲惨な結末が待っていると思いこんでいる。企業は言葉と行動の両方をもって、その考えが誤っていることを実証していかなければならない。

二〇〇六年、ピーター・マレーは英国議会の顧問としての仕事を離れ、技術系コンサルティング会社アラップに転職した。彼はこう語る。「先輩政治家に言われました。『十分に注意しろ。君は技術系の会社に入るわけで、連中は職場でカミングアウトする人々にそれほど寛容ではないからな』」。その善意に基づく、だが誤った助言のせいで、マレーは二年にわたって自分のプライベートについての詳細を経営陣から隠し続け、性的指向を明かすことに対して非常に敏感になってしまった。「問題は、アラップがゲイにやさしい会社だということを示す標識がどこにもなかったことでした。上司たちは、誰もがそのことをもう知っていると思いこんでいたのです」[1]

カミングアウトすることがＬＧＢＴ社員にとってそこまで手ごわい挑戦でなければ、もっと多くの人々がすでにカミングアウトしているだろう。そこには、彼らを押しとどめるハードルが存在するのだ。中には非常に個人的なものもあって、会社がそれを取り除くことはできない。だが、会社は適切な標識を作ることはできる。インクルージョンの文化を単に方針や手引書で明文化するだけではなく、従業員の考え方や態度にも反映されるよう構築していくべきだ。そして、それは企業のリーダーから始まる。リーダーが、すべての判断の際にインクルージョンについて考える必要がある。自分が新しいアイデアに対してオープンでいるかどうか、社員を個人として理解しているかどうか、部下一人ひとりのことを気にかけているかどうかを考えなければならないのだ。

LGBTを正しく受け入れていくためには、取るべき行動が七つある。

- トップの地位から方向性を積極的に設定する
- LGBTリソースグループを設立し、支援する
- ストレートの社員にも支援を奨励する
- 確固とした目標を設定し、測定する
- LGBT社員には個人としての責任を自覚させる
- 手本となる社員を見つけ、彼らの体験談を繰り返し伝える
- 保守的な国で働く者に対しては明確な期待値を設定する

積極的なリーダーシップ

連邦最高裁判所が結婚防衛法を撤廃したその日、世界でもっとも規模の大きな企業が何社か、その決定を支持する声明をすぐさま発表した。「これは当社にとっても当社の顧客にとっても良いことですが、何よりも重要なのが、これが正しい行為だということです」と述べたのは、JPモルガン・チェースの社長兼CEOジェイミー・ダイモンだ。「すべての人々の権利は重要であり、守られなければなりません」。フェイスブックの共同設立者でCEOのマーク・ザッカーバーグは、自身のフェイスブックに応援メッセージを投稿した。「我々の国が正しい方向に動いていることを誇らしく思うし、数多くの友人たちやその家族のためにもうれしく思う」。アップルのCEOティム・クックは二〇一三年一二月のスピーチで、同社が「誰を愛しているかにかかわらず、すべての従業員に対する平等と無差別を要求する法案を応援している」ことを表明した。[2]

これらの例は、リーダーが明確な方向性を示さなければならないという、インクルージョンに対する大前提を浮き彫りにする。それは、LGBTの人々が公平に扱われることを保障する政策から始まる。あからさまであれわかりにくいものであれ差別があってはならないし、同性愛嫌悪はどのような形であれ、容認してはならない。

経営陣からのポジティブなメッセージは、組織全体の管理職にとっての前例となり得る。HSBCのアントニオ・シモエスは、公の場や社内イベントで定期的にゲイ問題について語っている。「みんな、リーダーがLGBTの受け入れについて語ることがどれほど重要なのかを過小評価している」と彼は言う。「多様性に満ちていてオープンなロンドンやニューヨーク、香港に住んでいても、LGBTについて話す必要があるとは思わないかもしれない。だが、イギリスでさえ、五万人いる従業員の誰かが居心地悪く感じているかもしれない。人と違っていても大丈夫だと言ってやれれば、彼らは自信を持つことができる。『あなたのスピーチには本当にやる気を出させられました。多様性と能力主義を本当に尊重する会社で働けてとてもわくわくしています』なんて手紙が世界中のHSBCからどれほどたくさん届くか、驚くほどだよ」(3)

LGBTの受け入れを真剣に考える経営者は、その信念を広く伝えるために時間を割く。二〇一二年、毎年開かれるLGBTリーダーシップイベント「アウト・オン・ザ・ストリート」の主催者たちが、ウォールストリートにおけるLGBTの受け入れについて議論するべく、一一の組織から大勢の上級管理職を一堂に集めた。バンクオブアメリカ・メリルリンチやゴールドマン・サックスを含むアメリカ各地の金融機関から、LGBTの平等を支援するために現役CEOが集結したのはこれが初めてだった。(4) その後世界各地で開催された会合には、銀行や会計事務所、関連サービス業からさらに多くの経営者や上級幹部が参加した。

二〇一二年一一月、私はそうした会合のひとつで司会を務めた。聴衆はLGBTに対する意識の高い人々ばかりで、釈迦に説法なのは明らかだ。私の長年の友人でBP時代の同僚だったポール・リードが、この会合で発言してくれた。彼は、このイベントには二つのメリットがあると言う。第一に、発言者はお互いに成功事例を共有することができる。第二に、彼らのコメントが公的に報じられる。その報道が、イベントに参加している企業で働く従業員の耳に届く。ポールがこのとき発言した内容はロンドンの『ザ・タイムズ』紙に掲載され、『ロンドン・イブニング・スタンダード』紙と『ゲイ・スター・ニュース』にも転載された。「何百人ものBP社員が記事を見て、社内メールをずいぶんたくさんもらった」とポール。「あの報道のおかげで、BP内部でカミングアウトを受け入れる雰囲気を促進することができたよ[5]」

すぐれたスピーチが持続可能な行動を生むわけではないが、トップが正しい方向性を定めてくれなければ、何も起こらない。ダイバーシティとインクルージョンに対するリーダーの真剣さの度合いも、組織全体の構造に反映されるのだ。現在、フォーチュン五〇〇企業の約六〇%がCDO（最高ダイバーシティ責任者）か、ダイバーシティとインクルージョンを監督する同様の幹部職を置いている。[6] フォーチュン五〇〇のリストで上位に入っている企業ほど、そうした役職を設定している可能性が高い。[7] ダイバーシティとインクルージョンに責任を持つ管理職に上級幹部の肩書を与えればその地位のステータスが上がり、ダイバーシティが重要だというメッセージをさらに力強く発信することになる。二〇〇〇年に、私はBPのダイバーシティとインクルージョンの舵取りにパティ・ベリンジャーを任命し、彼女にグループ副社長の肩書を与えた。彼女は、社員が一〇万人を超える会社全体で四〇人しかいないグループ副社長の一人になったのだ。彼女の役割を意義深いものとして位置づけるためには、意義深い肩書を与えることが重要だった。

もちろん、企業の上級幹部に話を聞いてもらえる立場でなければ、その肩書には意味がない。アメリカでは、ダイバーシティとインクルージョンに責任を持つ管理職の中でＣＥＯに直接報告する立場にいるのはたった四分の一で、残りの大部分はほかの部署、多くは人事部に報告する立場だ(8)。これでは、効果はほとんどない。「人事部の責任者に報告する立場だと、当事者が守っているまさにそのことを攻撃しているかのような印象を与えてしまいます」とベリンジャー。「人を変え、心や考え方を捉えたいわけですが、同時に組織的な変化も起こしたい。そのためには、既存の人事プロセスを見直したり取り消したりすることもあります。それが、差別につながるような障害となっていればね(9)」

人事部はビジネス機能の中核にあるが、必ずしも企業の使命にとって必要不可欠とはみなされていない。イギリスの平等人権委員会の元会長トレヴァー・フィリップスは、ダイバーシティとインクルージョンを改善しようという努力が、現実によって押し出されてしまうと語る。「変化を促進するという責任は、人事部にとどめ置かれているべきではありません」と彼は言う。「本当は、営業やマーケティングにあるべき責任です(10)」。変化を起こさずにはいられないようにするためには、リーダーはダイバーシティとインクルージョンを補助的な問題ではなく、ビジネスの課題として捉えなければならない。BPでは、私は人としてダイバーシティとインクルージョンのことを気にかけていた。だが同時に、ダイバーシティとインクルージョンの欠如が生産性と創造力を損なう脅威になっていることも見て取った。ベリンジャーはBPでまずは人事部に配属されたが、すぐに自由に行動できる権限を与えられ、倫理や法令順守、マーケティング、採用にもかかわるようになっていった。彼女に指示を与えていたのは人事部の責任者ではなく経営者だ。

経営者が特定の問題を重要だとみなすと、必然的に「いつもの人」、つまり仕事をこなしてくれる人物として信頼されている内部の人間を動かすことになる。ベリンジャーは私の副官に報告していたが、私とも定期的にやり取りをしていた。これは、誰もが知っていることだった。まれにある頑固な幹部との間で問題が生じた場合には、「このことを、ジョン（＝私）に話しましょうか？」と言えば話を強引にでも推し進められることを彼女は知っていた。上層部からの指令だという認識が、BPはダイバーシティに対して真剣に取り組んでいることを明確にしていた。

経営陣は、会社の政策に沿って行動しなければならない。それは社外のサプライヤーと取引している場合も同じだ。もっとも重要かつ成功している企業は、安全と正直さ、社員の扱いについての価値観がサプライヤー側にも受け入れられなければ、ビジネスをする相手としてはふさわしくないと考える。企業はサプライヤーの内部規定もLGBTに対する自社の方針を反映していることを確認しなければならない。さもなければ会社が重視する価値観を損ない、インクルージョンのメッセージが薄れてしまう危険性があるからだ。

たとえば、ＩＢＭのサプライヤーに対するガイドラインは性的指向やジェンダー・アイデンティティ、ジェンダー表現に基づいて差別をしてはならないと明記しており、ＩＢＭがＬＧＢＴ社員に対するいかなる形の嫌がらせや給与格差、福利厚生や昇進の差別も容認しないとはっきり示している。[11] クライアントに立ち向かうのは必ずしも簡単ではないが、それを実行してきた企業の実例は存在する。クローディア・ブラインド＝ウッディは、ＩＢＭでは自社の価値観よりもビジネスを優先させることはしないと決意している。「過去には、黒人や女性の営業担当を望まないクライアントもいました。「そんなとき、私たちはこう言いました。『わかりました、そういう担当者は行かせません。というより、営業担当は誰も行かせません。御社とは仕事をしたくありませんから[12]』」と彼女は説明する。

ＬＧＢＴリソースグループ

経営者が発信するメッセージは本来、企業のトップから各事業部の責任者へと下りていくべきだ。だが現実には、そうならないことのほうが多い。コミュニケーションがあるべき形で効果を発揮できていることはめったにないのだ。日々の差し迫った仕事に追われている中間管理職で滞ってしまったりする。多様性の受け入れに対処する時間が作れるLGBTリソースグループのリーダーたちが、伝えるべきメッセージを広める手助けができる。

LGBTグループの活動は創造的で、多岐にわたる。キャンベル・スープ社のLGBTグループ「OPEN」は、ストレートやゲイを問わず全社員が家族の写真を持ってくることを奨励する写真デーを企画した。これなら、社員は自然に、かつリラックスした環境で性的指向を公表することができる。BPのヒューストン支社では、LGBTグループがあるとき、カップケーキと一緒にキッチンマグネットを配った。それには、「子どもを職場に連れて来よう！」をもじって、「自分自身を職場に連れて来よう！」と書かれていた。

二〇一二年、ロンドンのゴールドマン・サックスのLGBTリソースグループはその年の活動テーマとしてバイセクシャリティを選んだ。彼らは六月の「プライド月間」の一環としてバイセクシャルの映画製作者を招いてバイセクシャルについてのドキュメンタリー映画を職場で上映し、さらにバイセクシャルについてのパネルディスカッションを実施した。このイベントは、ゴールドマン・サックスのロンドン支社に籍を置く全従業員を対象に開かれたものだ。「ネットワークとして、私たちはLGBTネットワーク内のさまざまなグループそれぞれをできるだけ受け入れ、支援していけるよう心を注いできました」と語るのは、ゴールドマン・サックスの業務執行取締役でLGBTネットワーク「EMEA」の共同代表を務めるギャヴィン・ウィルスだ。「あのドキュメンタリー映画は、みんながバイセクシャルの視点を理解し、より幅広い議論のきっかけとなるすばらしい媒体でした」[13]

グーグルでは社員は「グーグラー」と呼ばれるが、ゲイの社員は自分たちを「ゲ<0xE3><0x83><0xBB>イ<0xE3><0x83><0xBB>グラー」と呼び、その多くがサンフランシスコやダブリン、バンガロールなど、世界各地のゲイ・プライドのパレードに参加している。二〇一二年、彼らはニューヨーク・シティ・パレードに参加し、虹色の旗を車体にペイントした二階建てバスの後ろを行進した。グーグルのＬＧＢＴリソースグループについての動画を見ると、ワルシャワからテルアビブ、シンガポールまで、世界中のオフィスの社員たちが、人と違うことがこの会社ではどれほど簡単かについて語っている。「私は性転換者ですけど、性転換したのはグーグルに入ってからです」と語るのは、カリフォルニア州マウンテンビューのオフィスで働くタミーだ。「『私はトランスジェンダーです』と言えるだけでなく、それに対する反応が『すごい！　もっと詳しく教えて』である職場で働けて、心から誇らしく思っています」[14]。サンパウロのオフィスで働くジョアンは、月曜日に出勤して「週末に何をしたか、彼氏と旅行をしたのかゲイが普段集まるレストランに行ったのか」を心置きなく話せるそうだ。

ストレートの協力者たち

ほぼ例外なく、会社全体の雰囲気はトップに立つ異性愛者によって決定される。アメリカの銀行大手ウェルス・ファーゴのルネ・ブラウンによれば、ゲイ社員のもっとも効果的な擁護者は「ストレートの積極的な協力者」だそうだ。「人々の考え方を変えていけるのは、ストレートの既婚者です」とブラウンは言う。「彼らにはLGBTの子どもや親友、親戚がいるかもしれない。そしてそのことについて熱意を抱き、周囲の人々に知識を共有してもらうことが重要だと感じているのです。変化は、ストレートの人たちが私たちの側に立ってくれたときに起こります」[15]。税理士法人EYのインクルージョン・ディレクターのクリス・クレスポは、彼らのリソースグループ「ビヨンド」の活動には、ストレートの同僚たちの存在が欠かせないと言う。「グループのメーリングリストについて調べてみると、登録者の五八％がストレートでした」[16]

企業の幹部は、LGBTのインクルージョンを支援するようストレートの社員に奨励する、公式な「協力者プログラム」を立ち上げて参加するべきだ。国際的コンサルティング企業アクセンチュアでは、従業員はメールの末尾に応援メッセージを表示させる。ゴールドマン・サックスでは、サポーターたちがデスクの上に「協力者テント」を置いている。このテントはだいたい七センチ×五センチくらいで、虹がデザインされている。アルコアやバークレイズ、デルでも、応援のプラカードが掲示された。ウォルマート本社では、LGBTを応援する幹部社員がウォルマートのロゴに虹のついたピンを襟に留めている[17]。

バンクオブアメリカ・メリルリンチが協力者プログラムを立ち上げたのは、二〇一三年六月だった。最初の五カ月で、登録した社員は二〇〇〇人以上。登録すると、「カミングアウトする人を支援できる方法」について説明するウェルカムパッケージが届く。このほかに、ステッカーやポスター、著名なゲイ支援者リストもついてくる。このリストにはヒューレット・パッカードのメグ・ホイットマンやアマゾンのジェフ・ベゾス、エンターテインメント業界からレディ・ガガやブルース・スプリングスティーンが含まれる。さらに、LGBTの友人や家族との経験についてストレートの同僚たちと話す際、LGBT社員に指導をする際、同性愛嫌悪や配慮のない行動に対処する際の一〇個のヒントも与えられる。

同性愛嫌悪的なからかいは、容認できない行為のわかりやすい例だ。適切な方策をすべて導入している環境でも、笑えない冗談やゲイに対する中傷は、排斥や不利益の恐怖のもととなり得る。そうした状況に対しては、ストレートのリーダーと熱意ある支援者たちが妥協することなく取り組まなければならない。

無神経な行動は軽蔑的な言葉だけに限らない。誰もが異性愛者だという前提に立ったり、異性愛者のほうが同性愛者よりすぐれていると示唆したりする、いわゆる「ミクロ不平等」と呼ばれる行動や態度も含まれる。たとえば、男性は誰でも女性と結婚していると決めつけたり、ストレートの同僚にはパートナーのことを尋ねるのに、決まり悪い思いをしないよう、ゲイの人々には質問することを避けたりするのもそうだ。バンクオブアメリカ・メリルリンチが実施しているようなプログラムは、こうした問題に人々の意識を向けるべく構築されている。製薬会社メルクで最高ダイバーシティ責任者を務めていたデボラ・ダジットは、LGBTA（「A」

は自身はストレートだがLGBTを支援する人、アライ［Ally］を意味する）コミュニティの人々に自分が支援者であることを知らせるため、公の場では夫のことを「パートナー」と呼んでいる。「受容的な協力者でいるにはそれほど多くの努力や勇気、創造力は必要ありません」と彼女は言う。「ただ、言葉が大事だということを意識するだけです。そして、相手を受け入れる意思があることを反映する言葉を選べばいいんです[18]」

目標と測定

何十年も前から、雇用主は女性や少数民族のキャリアアップを追跡することの価値を理解してきた。そのデータは、企業の採用、昇進、業績における問題を特定する際に役立つ。長い期間をかけて蓄積したデータは、自分たちの努力には成果があったのかどうか、どうすればプロセスを最善の方法で磨き上げ、改善していけるかを経営者に教えてくれる。

雇用主は、多様性のモニタリング範囲を性的指向やジェンダー・アイデンティティにまで広げ始めている。ヒューマンライツ・キャンペーンが二〇一四年に実施したCEIによれば、アメリカで評価された七三四の雇用主のうち半数近くが、従業員が匿名でも内密にでも性的指向やジェンダー・アイデンティティを公開できる環境を整えていた[19]。この割合は、二〇〇六年のわずか一六％に比べれば大幅な増加だ[20]。

二〇〇八年以来、EYは年に二回実施される仕事への取り組みと満足度の調査で、性的指向について従業員に尋ねている。「人事業務の過程で見られる影響を測定することができなければ、それについて何も対処することはできません」とクリス・クレスポ。「EYでは、グローバル・ピープル・サーベイのデータから社員数や仕事に対する満足度、取り組みの実績や傾向を知ることができないか、活用法を模索しています[21]」

サンフランシスコに拠点を置く「アウト・アンド・イコール・ワークプレイス・アドボケート」の設立者でCEOのセリッス・ベリーは、このように取扱いに慎重を要する情報を集める際には、忍耐が必要だと語る。「自分についての情報を明らかにする自己同定を最初に実施すると、多くの人々、とりわけクローゼット状態の人々は心臓の動悸を覚えて、『私はカミングアウトなんかしない』と思うでしょう」とベリーは言う。「でも次の年にまた同じ調査が実施されたときには、それほど動揺しなくなります。そして三年目になると、実際に回答欄に印をつけてくれるかもしれません[22]」

回答率を上げるためには、このような調査の機密性を保持するために必要な対策をすべて取り、経営陣がなぜこの情報を知りたがっているのかを説明するのが最善の方法だ。JPモルガンが初めて匿名の「グローバル社員意識調査」を実施したときには、回答者の二%が自らをLGBTであると答えた。二度目の調査では匿名での回答は認めなかったが、経営陣は回答が絶対にほかに漏れることはないと強調した。自らをLGBTと認めた社員の割合は、ほぼ倍の四%となった[23]。自己同定は、前進を測る重要な指標になるのだ。

個人の責任

組織の指導者は、その義務を果たす責任を持つ。だが受容的な環境をつくり上げる責任は、経営陣だけのものではない。変化は、一人ひとりが責任を負わなければ起こらないものだ。

二〇〇三年、クリス・クレスポはEYの同僚たちにLGBT問題について話し合うよう求め始めた。当時、社内にはLGBT社員のためのリソースグループは存在しなかった。だが世界中からあらゆる肩書の社員が四〇人ほど集まり、自分たちの懸念や、職場でカミングアウトすることについて非公式な議論を交わすようになった。あるとき、電話会議の最中に、参加している上級幹部がマイク・サイヤーズ一人だということが話題になった。クレスポはサイヤーズに対し、彼の立場を利用してクレスポが社員ネットワーク「ビヨンド」を立ち上げるのを手伝ってくれないかと依頼する。サイヤーズは、友人や社外の仕事仲間に助言を求めた。「そのときに受けたアドバイスは、『君はまだそこの会社では新参者だろう。その活動がどこへ向かうか、本当のところはまだわからないじゃないか。どうして自分をそんな型にはめて、レッテルを貼ろうとするんだ?』だったよ」。だが、サイヤーズはそれまでに参加してきた議論から、違う結論に至った。彼は、一部のゲイの社員が職場でカミングアウトすることに不安を感じているのを知っていた。「問題は私じゃなかった」と彼は言う。「重要なのは、事態を前進させるプラットフォームを造ることだった。クリスのように情熱を持った献身的な人たちに出会ったからこそ、私は彼らと一緒に活動しようと決めたんだ[24]」

サイヤーズとクレスポは次に、会社の上級副会長でのちにグローバルCOOとなるジョン・フェラーロとの会合を設定した。フェラーロは、一部の社員が職場で感じている居心地の悪さについて知りたいと、オープンな考え方をする人物だった。「私たちは机を囲んで座り、子どもたちの写真を見せ合った」とサイヤーズは回想する。「私には娘が一人、クリスには三つ子がいる。私たちはただ話をして、ジョンとお互いのことを知り合うところから始めたんだ」。フェラーロはすぐさま支援を申し出て、間もなくビヨンドが誕生した。

二〇〇五年、ＥＹはアメリカの大手四社の会計事務所の中で初めてＣＥＩで満点を獲得した。それ以来、毎年満点を獲得し続けている。サイヤーズとクレスポが理解しているとおり、受け取るためには求めなければならない。受容的な環境をつくり上げるためには、問題を特定したり解決策を考えたりする活動に参加するよう、社員を促さなければならない。それから、社員は自分のキャリアを自分の手で押し上げていかなければならない。「会社が私たちのことを気にかけてくれ、支援してくれたから、私たちは変化を起こせると思えた」とサイヤーズ。「立ち上げ当初から、社内でかなり地位の高い経営陣が大勢、協力者として参加してくれている」

手本となる人物と彼らの物語

本章で紹介した変化が永続的な違いをもたらすためには、世界水準のリーダーシップが伴わなければならない。それは、トップの明確かつ一貫したメッセージから始まる。ダイバーシティとインクルージョンの重要性についてスピーチをしながら自分自身はクローゼットに閉じこもっていた上級幹部は私が初めてではないし、最後ではなかったこともわかっている。企業の方針やスピーチが形式的、あるいは偽善的にさえ見られていると、経営陣から発せられる適切な信号を探しているゲイの人々は混乱するだけだ。そうなれば、待っているのは無気力だ。

トップからのメッセージは、問題を現実のものとして感じられるようにする物語も伴わなければならない。カミングアウトした社員は自身の体験について語るべきだ。恐怖を吹き飛ばすのに、実際の体験談ほど効果的なものはないからだ。経営陣はそうした社員を手本として、褒め称えるべき優秀な例として挙げ、職場で本当の自分をまだ出せていない社員が見倣えるようにするべきだ。企業の方針やＬＧＢＴネットワークがカミングアウトできる適切な場を作ってくれるが、成功が実現可能だということを証明するのは手本となる人々だ。クローゼット状態の社員にとって、彼らはインスピレーションのもととなり、あこがれの的となる。

イギリスに拠点を置くレズビアン、ゲイ、バイセクシャルの平等を求める組織「ストーンウォール」の代表ベン・サマースキルは、優秀な人材を採用し、保持することに真剣に取り組むすべての企業にとって、それが重要だと考えている。「近年、労働市場が劇的に変化したひとつの側面が、若い人々、とりわけ新卒採用者が企業に対して『そっちは多様性の話をやたらするけど、それを実証して見せてくれ』と言うようになったことです」と彼は言う。「相手が若いゲイの人々であれ、若い黒人や若い女性であれ、自分の会社が彼らのキャリアアップを応援することを実証できる唯一の方法は、彼らと同じような人々が上層部にいると示すことだけです[25]」

そのような成功は当然称賛されるべきだが、失敗を特定することも同じくらい重要だ。間違いを犯したことを正直に認めることは、カミングアウトを検討している社員の信頼を勝ち取るためには欠かせない。成功だけを取り上げるのは適切ではない。不満を抱く社員や良くない対応を受けた社員の話も伝えなければならない。

勇敢な政治家から成功しているＬＧＢＴネットワークまで、そして全国的な迫害の仕組みから職場における個人レベルの同性愛嫌悪まで、成功と失敗の物語はいずれも繰り返し伝えられなければならない。私の経験上、これが組織で変化を起こせる唯一の方法だ。

保守的な国で働く

多くの国でかなりの進歩が見られたものの、二〇一三年末時点で世界中の国のうちまだ三分の一以上が同性愛を犯罪としている。ヒューマン・ディグニティ・トラストの代表ジョナサン・クーパーは、こうした法律を撤回させようと活動している。「これらの国ではゲイの人々は単に逮捕や拘留、起訴のリスクを負っているだけでなく、搾取や脅迫、左遷の恐れもあります」とクーパー。「それはたとえば警察がゲイの男性に対してパトカーを洗車させるといった低レベルな侮辱の場合もありますが、被害者がゲイだった場合に警察が重犯罪の捜査を怠るといった深刻なものもあります。ゲイやレズビアンは、事実上のアウトローになるのです[26]」

このような国々で働くLGBT社員が直面する困難は、ニューヨークやロンドンといった自由な地域で働く人々のそれよりもはるかに厳しい。こうした労働者のためのLGBTリソースグループが果たす役割は、そのぶんきわめて重要だ。

コンサルティング会社ベイン・アンド・カンパニーのゲイ・レズビアングループBGLADは、毎年メンバー向けの会議を開催している。世界中のLGBTスタッフを一堂に集め、数日がかりのイベントを開くのだ。外部から見れば引きこもっているようにしか見えないかもしれないが、このイベントのおかげで小規模なオフィスで働くスタッフは組織内で自分と同じような人々が成功しているのを知ることができる。「インドや中国、ドバイの同僚たちに、もっとも大きな効果が見られます」とロンドンのメンバー、クリス・ファーマーは言う。「これほどの規模のLGBTグループが集まって居心地良く過ごしているのを見ることが、彼らはめったにありませんから。これが、彼らにとって最大の支援ネットワークになっているんです[27]」。この支援は、グループのメーリングリストを通じて一年中続く。何百人というＬＧＢＴの人々とつながり、助言を求めることができるのだ。

異性愛者の社員も参加する「協力者グループ」があることは、保守的な国ではとりわけ重要だ。企業は、伝統的にＬＧＢＴ組織の数が非常に少ない地域にＬＧＢＴの多様性イニシアティブを拡大することができる。グループに異性愛者がいれば、グループの存在そのものが物議をかもす可能性が低くなる。また、ＬＧＢＴの社員がカミングアウトしなくても参加しやすくなる。[28]「私たちは、二〇〇九年にインドでＬＧＢＴネットワークを立ち上げました」と語るのは、ゴールドマン・サックスのアジア太平洋グローバル・リーダーシップ・アンド・ダイバーシティ部門の代表スティーブン・ゴールデンだ。「以来、ネットワークには三〇〇人以上の社員が参加しています。中にはカミングアウトした専門職もいれば、ストレートの協力者もいます[29]」

ＬＧＢＴの多様性にもっとも力を注ぐ企業は、どれだけ困難な環境になろうとも方針を曲げたりはしない。たとえばＩＢＭは、事業を展開する一七〇の国で無差別政策を現地の状況に合わせて調整することを認めていない。たとえ、アフリカや中東であってもだ。性的指向に基づく差別や嫌がらせを禁じることで、現地の法規定よりもさらに一歩踏みこむのだ。それが、雇用創出と地元経済にとって大手国際企業の存在がどれほど重要かわかっている政府に対する力強いメッセージとなる。「私たちは、ＬＧＢＴ社員がキャリアを積んでいく中でほかの社員と同じように海外勤務できるようにしたいんです」とブラインド＝ウッディは言う。「私たちは、IBMの壁の中での安全に本当に注力していますから」[30]

保守的な国に配置されたLGBT社員は、四六時中オフィスにいるわけではない。会社の壁に守られた中でならカミングアウトできるが、職場環境においても街中においても、直面するかもしれない危険を常に意識している必要がある。社員は、彼らに海外に行くよう勧める上司と一緒に、自分が直面する可能性のある困難や危険について率直に話し合うことが重要だ。社員自身も下調べはするが、会社も最低限、特定の国におけるLGBTの法的な地位について最新の情報を提供し、リスクを説明するべきだろう。ときには、同性パートナーを伴侶として認めさせるのに苦労するかもしれない。イギリスのゲイとレズビアンの擁護団体ストーンウォールは、同性愛嫌悪の傾向がある国ではゲイの従業員向けの特別緊急手順を策定することを奨励している。「ゲイの職員には、治療のためにパートナーと一緒にイギリスまたは第三国に出国できるような健康保険が必要となるかもしれない。交通事故のような一般的な事故でも、ゲイの職員は非常に脆弱な状態で差別にさらされる可能性があるからだ」[31]

ゲイの社員が、困難な異動を受諾するよう強制されることがあってはならない。また、そうした異動を拒否することで長期的なキャリアに傷がつくと感じることがあってもならない。国際的な法律事務所シモンズ・アンド・シモンズでは、社員は自身の性的指向を明かさずに人事部と内密に話をすることができる。そのうえで、別の地域への異動や帰国できる回数、あるいは在宅勤務の可能性などを交渉することができるのだ。[32]

ある大手国際コンサルティング会社でコンサルタントをしているウィリアムは、中東のクライアントと定期的に仕事をしている。彼はエネルギー関連プロジェクトで働くことを楽しんでいて、中東は働く場所として非常に興味深いのだ。彼は職場では全員にカミングアウトしているが、現地のクライアントには明かしていない。私生活についての会話を避けるために、相手が話したがるであろう文化や慣習について質問するようにしている。「彼らが僕に結婚しているのかと聞くのは親切心からであって、僕を困らせようとしているわけじゃない」とウィリアム。「聞かれたからといって落ち着かない気持ちにはならないよ。でも保守的なイスラムの国では、カミングアウトという荷物は背負いたくない。単に、プラスにならないからね[33]」

経営陣の中には、どれほど困難な状況でも誠実でいることが重要だと考える者もいる。上級幹部という役職に守られ、彼らは環境の変化を起こすことができる。一九九〇年代半ば、イヴァン・スカルファロットはモスクワに移り、ロシアとウクライナ、カザフスタンのシティバンクで人事部の責任者となった。彼が着任して間もなく、広報部が彼のインタビューを社内のニュースレターに載せたいと言ってきた。いくつか質問をされたその一〇日後、人事部での直属の部下がオフィスのドアをノックした。彼女によれば、広報は家族について聞かれたときの彼の答えが「パートナーと猫」だったことに不満があるとのことだった。

スカルファロットは、このような説明を受けたそうだ。「ロシア語では、『パートナーがいる』

はとにかくおかしいんです。『結婚はしていない。猫を飼っている』と答えるよう提案されました」。彼は発言を変えることを拒否した。「私はこう言いました。『真実ではないことを人に伝えたくない。本当の自分を伝えたい。私はここに特別な誰かを連れてきていることを伝えたい。ロシア語でおかしく聞こえるかどうかはどうでもいい。答えは変えないでくれ』とね[34]」

数日後、あるクローゼット状態の社員からメールが届いた。率直なインタビューに感謝する内容だった。「あなたのような人が人事部にいてくれて、とても誇らしく思います」とメールには書かれていた。「あなたはとても勇敢だと思います。でも私からメールがあったことは、誰にも言わないでください」

未来

世代交代は、LGBTインクルージョン問題の大部分を解決してくれている。ゲイの権利に反対する人々は、文字通り死に絶えつつあるのだ。ますます多くの若者が早いうちにカミングアウトしていて、同年代のLGBTにとってそれが励みになっている。彼らは過去の世代にはなかった自信を持ってビジネス界に足を踏み入れているが、その自信は誰でも強く持っているものではない。本書で取材した中にも、ゲイであることをオープンにしているが、雇用主の機嫌を損ねたりキャリアアップの妨げになったりすることを恐れて匿名を希望した者が大勢いた。

それでも、私たちが正しい方向に向かって進んでいることについて、私は楽観的でいる。変化は起こりつつある。公開会社でＣＥＯの地位に昇りつめるには二五年以上かかることもあるため、現在ゲイであることをオープンにしている社員が将来的に手本となるようなゲイのＣＥＯとなるのは時間の問題だ。

だが、進歩は時間だけに任せていてはいけない。私の経験上、本章で示した実際的な手法は手始めにはいいかもしれないが、それだけでは不十分だ。企業が実施しなければならない変化の例としては政策、リソースグループ、協力者プログラムなどが挙げられる。

企業は、こうした行動に命を吹きこむことができるリーダーを求めている。誠実さに対する深い理解を持つリーダー、ＬＧＢＴ社員が安心して職場でカミングアウトできるようになるために欠かせない感情がどういったものか、人材への教育や訓練にどういったものが必要かを理解しているリーダーが必要だ。ビジネス界が新しい世代のリーダーを得ていく中、そのような理解はあたりまえのものになってきた。だが本書で紹介した実例が示すとおり、変化には常に注意を払っておく必要がある。

9 クローゼットの外へ

私は成人期のほとんどの時間を追い詰められた気分で過ごし、自分の本当の姿を世界に見せることができずにいた。重大な秘密を抱えた二重生活を深い孤独の中で送り、もっとも近しい人に対しても壁を作っていた。その人生が始まったのは、同性愛がまだイギリスでは違法だった学生時代だ。それは、ときに同性愛嫌悪的な環境の場合もある石油産業に入ってからも続いた。私は、BPを中規模企業から世界第三位の規模の大会社へと育て上げた。ゲイであることが、私のキャリアに害を成すことはなかった。だが、性的指向を隠すことは私をとても不幸せにした。結局最後の最後まで、私は見え透いた芝居を続けていたことになる。暴露されるという恐怖でがんじがらめになっていたからだ。最近、この話をBBCのラジオ番組で語ったところ、六〇代後半のリスナーからメッセージが届いた。そのメッセージによれば、私たちは、「失われた世代」なのだそうだ。(1)

周囲の環境が変わっていく中でも、私の不安感は続いていた。BPでの最後の六年間、イギリスにおけるLGBTの環境が法的、社会的、政治的などあらゆる重要な側面から改善していることは見て取れた。二〇〇〇年には、英国軍がゲイであることをオープンにしている人員の国防軍への参加禁止を解除した。禁止を解除しても、批判者たちが予測したような大規模な脱退は起こらなかった。(2)翌年、イギリス政府は同性愛者の性的同意年齢を異性愛者と同じになるよう法律を整えた。二〇〇二年の夏には、アラン・ダンカンが保守派下院議員としては初めて公にカミングアウトした。「現代社会において政治家として偽装した生活を送ることは、とにかく選択肢には含まれない」というのが彼の意見だった。「保守党の見解はずっと『気にしないから、黙っていろ』だった。だが、もうそれが通用する時代ではない」(3)

BPもこの波に乗り、進歩の象徴となるべく自らを位置づけた。二〇〇二年夏、私はBPがゲイやレズビアンを含むマイノリティに特化した採用プログラムを初めて実施すると発表した。そして、同性愛関係のパートナーにも平等に福利厚生を提供することも。(4)一〇月には、ロンドンの『サンデー・タイムズ』紙がこの発表を「シティでの変化が速度を増している」(5)兆しと解釈した。変化は、BPではもう何年も前から起きていた。私はその変化を支援していたが、自分がゲイだとは見られないよう慎重に立ちまわっていた。LGBT関連の発表を冷静に、他人事のようにしゃべるたびに、自分が何か間違ったことをしているような歯がゆい思いをしたものだ。そうした発表を私は、信念こそ持っていたが、個人的な感情は一切交えずにおこなっていたのだ。

進歩には、必ずしも全員がついてくるとは限らない。CEOとしての私は、誰か政治家や著名人、あるいはBPの社員がカミングアウトしたとしても、そこに追随できる気がしなかった。BPをどのようなスキャンダルにも巻きこみたくなかったし、保守的な国での会社の立場も危うくしたくなかった。そうした国々で、BPは何万人分もの雇用を生み出す責務を負っていたのだ。私の心配事は、仕事に関係するものばかりではなかった。個人的な話で言えば、同僚たちはもとより、親しい友人たちにさえもこれほど長い間嘘をつき続けてきたという事実を暴露したくはなかった。

社会がますますLGBTを受け入れるようになってきたのに、カミングアウトすることにそこまで後ろ向きだった私のことを、理解できないという人も当然いるだろう。私の辞任から数日後にジャーナリストのマシュー・パリスが書いた説得力のある論説が、私の恐怖を説明している。彼は、私を「進歩は見えているのに、そこから十分な恩恵を受けられずにいるクローゼット状態の人々」の世代に区分したのだ。

「ジョン・ブラウンのような人々は、過渡期に権力と名声を手に入れるという不幸にみまわれた」と彼は書いた。「彼らのキャリアは、二つの時代にまたがっている。彼がまだ駆け出しの若造だったころは、ゲイであることをオープンにして中間管理職の頂点に昇りつめることはまずできなかっただろう。選択肢は二つにひとつ、独身を貫くか、ごまかしすれすれの慎重さを貫くかだった。時代が変わり、人々の考え方が変わってきたときには、もうその時代の波に乗るには遅すぎた。最初に打ち立てた印象を今更否定することはできなくなっていたのだ。彼は、もはや人目にさらされすぎるようになっていたからだ[6]」

振り返ってみれば、私の恐怖の大部分は根拠のないものだったことがわかる。ゲイの人々が直面するプレッシャーを理解する人々は多く、そのため人生の一部を柵で囲ってしまった人々に対しても驚くほど寛容であることが今ならわかる。私は、友人や同僚たちが私のすべてを受け入れてくれるわけがないと思いこんでいた。だが問題のほとんどは彼らではなく、私の中にあったのだ。自分の性的指向を認めざるを得ない状況に追いこまれたとき、つらい時期も多くあったが、最終的には私の世界は終わることなく続いていった。私はまた、自分がゲイであることを誰がすでに知っていたか、あるいは疑っていたかについても見誤っていた。本当の自分を隠すのにどれほど長けていると自分では思っていても、近しい人々や察しのいい第三者からは、クローゼットの扉越しにこちらが見えている。そして彼らの多くが、他人に引きずり出される前に自分で出てきてくれればいいのに、と静かに願っているのだ。

今わかっていることを当時の自分が知っていたら、もっと早くカミングアウトしていただろう。BPからの私の辞任はもっと円滑に、そして何よりももっと威厳をもっておこなわれていただろう。私はBPにとっても、ビジネス界全般にとっても、ゲイを勇気づけ、説得できる前例を作れたはずだった。しかし、私の経験の中で、絶対に変えたくないところがひとつある。

そしてそれこそ、ほかの人々にも経験してほしいことだ。パリスは、このことを論説の中で予測していた。「ブラウン卿が今後数週間でどれほどみじめな思いをしようとも、彼がある朝目を覚まして、長年頭上に吊るされていたダモクレスの剣〔王位をうらやむ家臣ダモクレスを王が王座に座らせ、その頭上に馬の尾の毛一本で剣を吊るしたというギリシアの逸話。高い地位にある者には常に危険がつきまとうことを意味する〕が消え去っていることに気づく日が年内には必ず来るだろう。そのとき彼の苦悩には、少なからず安堵の気持ちが交じっているはずだ(7)」

解放

二〇〇七年に私の性的指向が暴露されて以降、進歩はさらに加速している。多くの社会が、多様性とLGBTをますます受け入れるようになってきているのだ。カミングアウトすれば、友人や家族が褒め称えてくれることも多い。LGBTを受け入れられずにいる人々もまだいるが、そうした人々は私と同じかもっと上の世代がほとんどだ。彼らの子や孫たちがそのような考えを持っている割合はかなり低く、むしろゲイの知り合いがいたり、ポップカルチャーの中でゲイに対する肯定的な描写を目にしていたりする。アメリカとイギリスでは、いまや大多数が結婚の権利や職場での保護も含め、ゲイの平等を支持している。世界に目を向ければ、ゲイの権利は人権としてみなされるようになってきた。彼らを尊重することは寛容な社会の指標となるだけでなく、文明的な社会の指標ともなった。ＬＧＢＴを受け入れる社会は共通の倫理観を持ち、それが最終的には国同士の絆を強める。そこに加わらない国は後ろ向きと見なされ、取り残されるだけだ。

こうした支援は、ビジネス界にも浸透してきた。私は、ＬＧＢＴを支持する政策、ＬＧＢＴリソースグループやインクルージョンを示唆するその他のイニシアティブが、安心してカミングアウトできる環境をはぐくむためには欠かせないと確信している。職場における差別を排除し、カミングアウトする自信を人々に与えるためには、ビジネス界の全員が常に気を配っている必要がある。先を行く企業もあれば、後れを取る企業もあるだろう。この両者の間の距離は、経営陣の考え方や行動の質を通じて測ることができる。すぐれた企業経営者は社員の自信を高め、自分らしくいられるよう勇気づける。ゲイであることをオープンにしている上級幹部がいれば、カミングアウトしても成功の機会が奪われることはないと実証できる。ＢＰでは、私にはゲイであることをオープンにしている手本はいなかったし、ほかの最高責任者に前例を求めることもできなかった。ゲイの手本がいなかった私は、他者の手本となることもできなかったのだ。

リーダーシップは、解決策の必要不可欠な部分だ。だが、変化の最終的な責任は、ＬＧＢＴ社員一人ひとりにある。より多くのＬＧＢＴがカミングアウトしたうえで成功すれば、周囲のＬＧＢＴも見倣いやすくなる。リーダーは部下に対して自信を持つよう勇気づけることはできるが、その自信をもってカミングアウトできるのは本人だけだ。

ファイザーの広報担当幹部サリー・サスマンは、二五年連れ添った伴侶の存在を否定するか、正直に打ち明けるかを選ばなければならなかったときのことを振り返る。「私は左手の薬指に指輪をしています。あるとき、面接に行ったら面接官が、『ご主人は何をなさっているんですか？』と聞きました」と彼女は言う。「彼は年配の男性で、悪意はありませんでした。その瞬間、私は自分がどんな人間になるかを決めなければいけなかった。私は、できるかぎり腰を低く、丁寧に振る舞おうと努めました。そこで、私は幸運にもすばらしいパートナーにめぐまれて、彼女は私のキャリアを応援してくれていて、いつかは彼にも彼女に会ってもらいたいと伝えました。私はその面接に合格しましたが、それはきっと面接官が私のことを信頼してくれたからだと思います[8]」

今後数十年で新しい世代が影響力を持つ地位に就いていくにつれ、問題の大部分は解決されるだろう。彼らは、今ゲイであることをオープンにしている上級幹部たちの前例から学んでいる。だが、私たちにはそれまで待っていられない理由がある。本書のために取材をしている最中、私はクローゼット状態の社員たちが経験する不安を知って悲しみを覚えた。彼らの多くは二〇代後半で、過去のどの世代よりも自由とオープンさを享受しているはずの世代だ。にもかかわらず、さまざまな状況や経験が理由で、彼らは恐怖でがんじがらめになっている。取材を受けてくれた若者たちの中には、痕跡を残すことを恐れてメールでのやり取りを拒否した者もいる。あるいは、ゲイの男性と一緒にいるところを見られるのを恐れて、公共の場で会うことを拒否した者もいる。彼らの恐怖を見て、私は今から三〇年経ってもきっとカミングアウトをためらう人々がまだいるだろうという確信を強めた。とは言え、私は、そうした人々が多数派ではなく少数派になっているはずだと期待している。

一方、カミングアウトする人々は、偏見が常に存在し、多くのグループに対して続くものだということを理解しておくことが重要だ。偏見は女性に対して、少数民族に対して、障害者に対しても存在する。背が低い人々、高齢者、肥満の人々に対しても存在する。ゲイも例外ではない。

差別に注意を払うことは重要だが、無神経な発言をする人々がいると理解することも重要だ。品のない冗談を言う人はいるものだ。そういう人々は、自分と会う人間はみんな異性愛者だと思いこんでいる。だが、そういう事例は執拗な嫌がらせに比べればたいした問題ではない。誰もが、無知に基づく行動と悪意に基づく行動を区別できるだけの自信を身につけておく必要がある。

クローゼット状態の人々は、その秘密がどれほど自分の負担になっているかを完全に理解することができずにいる。クローゼットに閉じこもっているという二重性とそのために消費する精神力はかなりのものであるにもかかわらず、それが生きていくための持続可能かつ健康的な方法だと信じている人々はいるのだ。

だが、嘘で塗り固めた人生に伴う代償はあまりにも大きい。人生は、自分の性的指向を不快に思うかもしれないごくわずかな人々を満足させるように構築するべきではない。装っている自分ではなく、本当の自分を尊重してくれる人々との有意義な関係を生み出せるように構築するべきだ。人の性的指向を非難する連中にこびへつらうのは、自分の快適さよりも相手の快適さのほうが重要だと認めることになる。それは間違いだ。スタンダード・チャータードのピーター・サンズが「隠れた人生の隠れた代償」[9]といううまい言い方で表したもののことを、考慮しない人が多すぎる。

私たちは、誰しも貢献したいと願っている。働くことは、その欲求を満たせるもっともわかりやすい選択肢のひとつだ。カミングアウトによって、私は自分のプライベートと仕事の世界を合体させることができた。私はもうCEOではないが、それでも高い生産性を維持することはできた。ある意味、以前よりも確実に生産的になっているかもしれない。隠し事をするのに無駄な時間を使わなくなったからだ。

多くのLGBTが現在享受している自由は、何世紀にもわたる犠牲と成功の上に成り立っている。啓蒙思想家たちは、なぜ過去の指導者たちが性的指向を犯罪化するのかと疑問を投げかけた。一部の心理学者は、同性愛を精神疾患ではなく通常の生活の一部だと定義するために戦った。活動家や芸術家、政治家たちが声を上げ、屈辱と暴力の危険にさらされても信念を曲げなかった。デイヴィッド・ホックニーは同性愛を堂々と絵画で表現し、ジェイムズ・ボールドウィンは異性愛者の世界でゲイでいることの孤独を勇敢にも共有した。ストーンウォール・インに集まっていたドラグ・クイーンたちはもう抑圧されるのはごめんだと言い、警棒や銃を持った警察官たちに立ち向かった。ハーヴェイ・ミルクはサンフランシスコでゲイの権利を擁護し、そして殺害された。彼らの一人ひとりが、人と違うことが今ほど受け入れられなかったもっと厳しい時代のLGBTに敬意を払っていた。中世に火あぶりにされたゲイの男たち、ナチスによって排除された人々、そして今も世界各地で抑圧されながら生きているLGBTの人々。進歩は平等であったことも、恒久的であったこともないのだ。

本書を執筆していた一年間で、私は正直でいるために人々が払った多大な犠牲について多くを学ぶことができた。彼らのおかげで私たちはより良くなり、かつてないほどの大きな自信をもって行動することができる。企業やそのリーダー、従業員たちがより良い職場環境をはぐくむためにおこなっている努力についても多くを知ることができた。その過程で、彼らはより健全な社会を作り、過去の教訓を確実に学べるような一歩を踏み出している——願わくは、これが決定的な一歩になると良いのだが。彼らの努力、そして社会の考え方の大きな変化が合わさって、世界各地で他に類を見ないほどの気運が生まれている。本書で紹介した事例からも、LGBTが直面する困難は消えつつあることがはっきりわかるはずだ。だが、歴史のもっとも暗い闇へと逆戻りしないよう、警戒は常に必要だ。少数派に対する攻撃の歴史は、たびたび繰り返される悲劇のひとつなのだから。

自由に生きることのできる機会を与えられた者は、その機会をつかむべきだ。ビジネス界はその機会を大きくするために多くの努力を費やしてきたが、機会を実現するにはＬＧＢＴの当事者とその支持者たちがそれをつかんではぐくんでいかなければならない。ゲイの人々は、時代遅れの考えを持つ人々を満足させるために自分の幸福を犠牲にするべきではない。自分を第一に考えることは、自己中心的ではない。自分に正直でいれば、世界をもっと良くすることができる。

私は、軽々しくこの結論に至ったわけではない。歴史が発する警告にも耳を傾けたし、老若を問わず多くの人々がそれぞれの置かれた環境でカミングアウトすることでキャリアに傷がつくかもしれないといかに恐れているか、その不安にも耳を傾けてきた。ここでのキーワードは、「かもしれない」だ。

カミングアウトは、その瞬間には身がすくむような思いをする。だが非常に公な形でカミングアウトした人間として、私にはこう言える。カミングアウトすることで、否応なく誠実で透明性を持ち、勇敢にならざるを得なくなるのだと。最終的にはそれらの要素は自分にプラスに働く。キャリアの階段をどれほど高く昇っていても、まだかなり下のほうにいても、それは同じだ。リスクを取るだけの価値がある場合のほうが多いのだ。

その一歩を踏み出せばガラスを打ち破り、人生の本当の美しさを見ることができる。もっと大きく物事を考え、もっと高い目標を目指し、クローゼットに閉じこもっていたときよりも、ずっと大きな人間になれるはずだ。

謝辞

本書を書き終えたのは、チリの広大なパタゴニア地域でだった。火山や山々、川や無人の熱帯雨林は、人間がいかにちっぽけかをまざまざと思い知らせてくれる。地理と歴史という幅広い尺度で見れば、重要なことなど何もない。だが、私たち自身の時間と概念から見れば、私たちの人生に影響する意味深いことは数多い。二〇一三年の一瞬を反映するこの本が、ゲイやレズビアン、バイセクシャル、トランスジェンダーであるがゆえに孤独を感じていたり、人と違うと思ったり、傷ついたり混乱したりしている人々の役に立ってくれればというのが私の切なる願いだ。また、多数派であるストレートの人々がＬＧＢＴを歓迎し、受け入れ、尊重してくれることも願っている。

本書は、多くの人々の協力のおかげで実現した。取材を受諾し、寛大にも時間を割いてくれた全員に感謝したい。彼らの名前はこのあとに列記させていただく。また、本書のための取材に応えてくれたが、匿名を希望した人々にも感謝する。いつの日か、彼らが世界に本当の自分を見せることを検討してくれればと願っている。

ビジネス界においてゲイであることについて何か書いてみないかと最初に私に提案したのは、ゲイル・レバックだ。彼女はこの本の「ゴッドマザー」であり、執筆する自信を与えてくれた。本当に感謝している。

エージェントのエド・ヴィクターは、本書の発端から出版まで、いつもどおりに賢明な助言を提供し続けてくれた。英国ランダムハウスの出版者エド・フォークナーと米ハーパー・コリンズのジョナサン・バーナムとホリス・ハイムバウチは、貴重なアドバイスを提供してくれた。この一八カ月間にわたって提供してくれた意見や提案、英知に感謝する。

本書の初期の草稿を批判的な目で見るために貴重な時間を割いてくれる友人や同僚たちがいて、私は幸せだ。英国推理作家協会のゴールドダガー賞受賞者で著名な作家のブライアン・マスターズ、作家でクリストファー・イシャーウッドの日記の編集者でもあるケイト・バックネル、イギリス行政府の元ディレクターで、私が高等教育の審査委員会を率いていたときもイギリス政府の首席独立取締役を務めていたときも非常によく私の面倒を見てくれたエムラン・ミアン（彼も作家で、現在はソーシャル・マーケット財団のディレクターを務めている）、BPで、その後リバーストーンでの元同僚ベン・モクスハム、親友で貴重な助言者でもあるデイヴィッド・イェランド、イギリスでの広報係マーク・ハッチンソン、スタンダード・チャータードのCEOピーター・サンズ、BPの上級幹部デヴ・サニヤル、四〇年ほど遅すぎたものの私にルアン・ボーンと『ランチ』誌を教えてくれた親友ジニ・サヴェージ、二〇〇七年初頭から私の物語にかかわってきた偉大なる弁護士ロッド・クリスティ＝ミラー、そして本書で引用した定量的調査をかなり慎重に注意を払って見直してくれた将来非常に有望な若き社会学者ベン・リチャーズには感謝してもしきれない。

私の右腕のマシュー・パウエルは、ただでさえ多い仕事に加えて数々の編集作業を引き受けてくれた。プロジェクト・ディレクターのトミー・スタッドレンも、難しい文章を書くときにその専門知識で貢献してくれた。サラ・ペインターは長年働いてくれている首席秘書だが、私がBPで過ごした最後の日々について自身の経験を語ってくれ、二〇〇七年に届いた怒涛のような応援の手紙（そのすべてを彼女は保管してくれていた）について私が思い出すのを手伝ってくれた。お願いしたよりもはるかに多くの手助けをしてくれた彼ら全員に、深く感謝する。

ウィリアム・リー・アダムスは人生の一年以上を割いて、私と一緒に本書に取り組んでくれた。彼はすばらしいプロフェッショナルのジャーナリスト、リサーチャー、ライターであり、LGBT問題について相当な知識を持っている。彼が本書のためにあれほど気持ちよく、ユーモアをもってしてくれたことすべてに感謝したい。彼がいなければ、本書は絶対に書かれることがなかっただろう。

そして、パートナーのギー・グエンには、彼の支援全般だけでなく、ウルグアイとチリを一緒に旅行していた間に最後の編集作業を引き受けてくれたことに感謝したい。最終稿への道のりを、有意義なものにしてくれた。

最後に、私の人生をいい形であれ悪い形であれ発展させてくれたすべての人々、とりわけゲイの人々に感謝する。彼らこそ、本書の礎だ。

ジョン・ブラウン
ロンドンとパタゴニアにて

協力者紹介

※肩書は原書発行時点のもの。

チャールズ・アレンはグローバル・ラジオ・グループと2シスターズ・フード・グループの会長であり、ITV、グラナダ・グループ、コンパス・グループの元最高責任者。貴族院の一代貴族である彼は、ロンドンオリンピック・パラリンピックの組織委員会の役員に名を連ねていた。

M・V・リー・バジェットは、マサチューセッツ大学アマースト校の公共政策・行政センターの学長で、カリフォルニア大学ロサンゼルス校ウィリアムズ・インスティテュートの上級研究員でもある。著書に『ゲイが結婚するとき——社会が同性婚を合法化すると何が起こるか』(*When Gay People Get Married: What Happens When Societies Legalize Same-Sex Marriage*／未邦訳) がある。

テディ・バシャム＝ウィザリントンはアウト・アンド・イコール・ワークプレイス・アドボケートの最高マーケティング責任者であり、ゲイ・プライドのコーディネーターから成る国際組織インタープライドの元共同代表。

アントニア・ベルチャーはロンドンの独立系建築コンサルタント会社MHBCの共同設立者。学歴や社会的・経済的背景に関係なく若者に調査の研修を提供するチャータード・サーベイヤーズ・トレーニング・トラストの理事も務めている。

パティ・ベリンジャーはハーバード・ケネディスクールのパブリック・リーダーシップ・センターで事務局長と非常勤講師を務めており、ハーバード・ビジネススクールではマネージャー教育プログラムの事務局長も務めていた。過去には、ロンドンのBPでグローバル・ダイバーシティおよびインクルージョンのグループ副社長も務めた。

セリッス・ベリーはレズビアン、ゲイ、バイセクシャル、トランスジェンダーのために安全かつ平等な職場を作る世界最大の非営利組織アウト・アンド・イコール・ワークプレイス・アドボケートの設立者でCEO。『アウト・アンド・イコール・アット・ワーク』の編集者でもある。テキサス大学で教育学修士号、サンフランシスコ神学校で神学修士号を取得。

マイケル・ビショップは航空会社BMIの元オーナーで、チャンネル4の元会長でもある。貴族院の一代貴族である彼は、公にカミングアウトした初の著名なイギリス人ビジネスパーソンの一人である。

ガイ・ブラックはテレグラフ・メディア・グループの業務執行取締役で、『デイリー・テレグラフ』と『サンデー・テレグラフ』のニュース発行者。また、貴族院の一代貴族でもある。

ジョン・ボスコはサウサンプトンで心の健康を支援する職員と簿記係として働いている。母国ウガンダで警察によるゲイコミュニティへの弾圧がおこなわれた後、二〇〇一年にウガンダからイギリスへと逃れた。

クローディア・ブラインド＝ウッディはＩＢＭの知的財産ライセンス部門の副社長兼業務執行取締役であり、ＩＢＭのＬＧＢＴダイバーシティに向けた実施作業部会の共同議長も務めている。また、ＬＧＢＴの権利擁護活動をおこなう法律専門家組織ラムダ・リーガルの理事や、政府のジョン・Ｃ・ステニス研究所の顧問も務めた。

ベス・ブルックはアーンスト・アンド・ヤング（ＥＹ）で公共政策部門の副会長を務め、同社の国際取締役会の一員でもある。『フォーブス』誌は六回にわたり彼女を世界でもっとも影響力のある一〇〇人の女性の一人に挙げている。

ルネ・Ｄ・ブラウンはノースカロライナ州シャーロットのウェルス・ファーゴで上級副社長とソーシャルメディア担当ディレクターを務めている。カミングアウトしているレズビアンで母親でもある彼女は、アウト・アンド・イコール・ワークプレイス・アドボケートの理事会にも名を連ねている。

キャロル・キャメロンはロッキード・マーティンで機械工学部門の経営幹部を務め、さまざまな宇宙船およびロケット部品の設計に責任を負う。ＬＧＢＴプライド社員グループの理事でもあり、数々の全国規模のダイバーシティ関連イベントに会社を代表して参加している。

マイケル・キャッシュマンはイギリスのウェスト・ミッドランズ都市州で欧州議会の労働党議員を務め、一九九八年から二〇一二年には労働党の全英執行委員会にも名を連ねていた。著名な俳優で歌手でもある彼がもっとも知られているのはおそらく、ＢＢＣの連続ドラマ『イーストエンダーズ』のコリン・ラッセル役としてだろう。

ジャスティン・シェネットは二一歳でメイン州の下院選挙に当選し、アメリカでゲイであることをオープンにしている最年少の議員だ。彼は青年幹部会の副会長を務めており、青年選出議員の州代表ディレクターであり、サコ・ベイ市民参加センターの設立者兼代表でもある。

ダレン・クーパーは一流の専門家によるLGBTコンサルティング会社アウト・ナウのシニアコンサルタント。ビジットベルリン、ロイズ銀行グループやバークレイカードなどの大手組織のために、LGBTを対象とした画期的なダイバーシティプロジェクト、調査研究やコミュニケーション活動の推進に尽力してきた。

ジョナサン・クーパーはロンドンに拠点を置いて世界中の同性愛を非犯罪化するべく活動する人権団体ヒューマン・ディグニティ・トラストの最高責任者である。イギリスでは現役の法廷弁護士でもある彼は外務・英連邦省、法務省、内務省、軍検察局でも活動してきた。

クリス・クレスポはEYでアメリカ受容性センターのディレクターを務め、同社のLGBTAアフィニティ・グループ「ビヨンド」の共同設立者でもある。専門家集団によるネットワークとLGBTA受容戦略に注力しながら、アメリカとカナダ全域で受容性と柔軟性をもってEYの活動を率いている。

ミランダ・カーティスはウォーターストーンズの会長で、マークス&スペンサーおよびリバティ・グローバルの非業務執行取締役も務めている。リバティでの二〇年にわたるキャリアの中で、彼女はヨーロッパとアジア太平洋で合弁企業の設立を交渉した。中でも、日本での合弁設立は特筆すべきだろう。

デボラ・ダジットは二二年のキャリアの間にフォーチュン二〇〇企業三社で最高ダイバーシティ責任者を務め、現在はデブダジット・ダイバーシティというダイバーシティとインクルージョンについてのコンサルティング会社の代表を務めている。生涯LGBTの味方であり、身体障害を持つ彼女は、その個性的な人柄と仕事人としての旅路について話してほしいと、しばしば講演に招かれている。

ジェフ・デイヴィスはロンドンのバークレイズで資本市場のグローバル責任者および業務執行取締役を務めている。また、ダウ・ジョーンズでは執行幹部と事業部長を務め、CBSマーケットウォッチでは執行副社長も務めた。

ラルフ・デ・シャーベルトはケンタッキー州ルイビルのブラウン=フォーマンで最高ダイバーシティ責任者を務めている。過去には医療系企業マクケッソン・コーポレーションでダイバーシティとインクルージョンの活動を率い、小売業者セイフウェイの最高多様性責任者も務めた。

マリア・デ・ラ・オはサンフランシスコに拠点を置くジャーナリストで、二〇年以上にわたってLGBTを含む幅広い問題を取材してきた。現在は『ワシントン・ポスト』紙の「シー・ザ・ピープル」コラムに執筆すると同時に、ヨルダン川西岸でバンドを始めた女性たちについてのドキュメンタリーを制作している。

デニス・ダイソンはワシントンD・Cのゲイ・アンド・レズビアン・ビクトリー基金および研究所のプログラム担当上級副社長。LGBTであることをオープンにしているリーダー的人物を対象に、研修や幹部育成プログラムを提供するチームを率いている。

ジャスティン・ドナヒューはオラクルのシリコンバレー支社で企業向けソフトウェア導入の主任コンサルタントを務めている。ロッキード・マーティンのリーダーシップ育成プログラムの卒業者であり、ロッキード・マーティンのスペース・システム社でプライド組織の会長も務めたことがある。

ジャック・ドレッシャー医学博士はニューヨークシティで精神科医および精神分析医として個人開業している。過去には精神医学振興グループの代表や米国精神医学会の特別フェロー、同団体のゲイ・レズビアン・バイセクシャル問題委員会の議長も務めた。

トッド・エヴァンスはアメリカとカナダのほとんどのLGBT発行物で全国規模の広告を手がけるLGBT対象のインターネット広告一次代理店リーベンデール・メディアの社長兼CEOである。また、メディア業界におけるLGBT向けの業界紙『プレス・パス・Q』の発行者でもある。

クリス・ファーマーはコンサルティング会社ベイン・アンド・カンパニーのゲイ・レズビアングループBGLADのメンバー。オックスフォード大学のディベート部「オックスフォード・ユニオン」の部長も務めていた。

ゲイリー・ファイエルタークはBPの戦略および実績担当のマネージャーで、公認会計士の資格も持つ。BPのLGBT従業員ネットワークのイギリス支部会長も務めた経験があり、現在も職場におけるLGBTの平等の擁護活動を続けている。

マイク・フェルドマンはゼロックス・コーポレーションの大企業オペレーション部門の責任者であり、アウト・アンド・

イコール・アドボケートの理事会に名を連ねている。ゼロックスに入る前は、ヒューレット・パッカードで二四年間務めていた。

フランソワ・フイヤは国際法律事務所ヴィンソン&エルキンスのロンドン事務所のパートナー。国境をまたぐ複雑な合併や吸収の専門家である彼は、一〇〇〇億ドルを超えるエネルギー関連取引に助言をしてきた。

ディーナ・フィダスはワシントンD・Cのヒューマンライツ・キャンペーンで職場平等プログラムのディレクターを務めている。過去には米国自由人権協会や「ヒラリー・クリントンを大統領に」の資金調達活動をおこなっていた。

ジェフ・フランクはロンドン大学のロイヤル・ホロウェイ・アンド・ベッドフォード・ニュー・カレッジで経済学教授を務めている。彼は学部創立時の学部長でもあった。ハーバード大学とカリフォルニア大学バークレー校では客員教授として金融を教えたこともある。

エイドリアン・フルフォードはイングランドおよびウェールズの控訴院判事。ハーグの国際刑事裁判所に最初に就任した一八人の判事の一人として、二〇〇三年から二〇一二年まで務めた。

トーマス・ゲンセマーは国際広報代理店バーソン＝マーステラのアメリカ担当最高戦略責任者を務めている。過去にはデジタル広報会社ブルー・ステート・デジタルの共同設立者、業務執行社員および最高責任者を務めていた。

エイダン・デニス・ギリギャンは政府系・非政府系組織の複雑な科学コミュニケーションに特化した国際的コンサル組織サイコム――メイキング・センス・オブ・サイエンスの設立者兼CEO。欧州大学院大学や欧州委員会でコミュニケーションにかかわる数々の上級役職に就き、ヨーロッパ最大の科学者組織ユーロサイエンスの運営理事も務めている。

アラン・ギルモアはフォード・モーター社の元副会長で、ウェイン州立大学の名誉学長でもある。化学品メーカーのダウ・ケミカルや金融機関プルデンシャル・ファイナンシャル、家電メーカーのワールプールなど数々の企業の取締役も務めてきた。

ヴァンディ・ベス・グレンは、ジョージア州ジケーターに住むフリーランスのライター兼編集者。トランスジェンダーの権利を巡る歴史的な訴訟グレン対ブランビーの原告だった。

スティーブン・ゴールデンはゴールドマン・サックスのグローバル・リーダーシップおよびダイバーシティのアジア太平洋担当責任者を務めている。法的に認定されたパートナーのリチャードと共に香港に在住。

アンナ・グロツカはポーランド議会でトランスジェンダーであることをオープンにした初の議員であり、議会の女性グループの現役メンバー。出版社アルマ・プレスの代表を務めたこともあり、ポーランド軍では上級士官候補生だった。

カピール・グプタはロンドンのヒューマン・ディグニティ・トラストのリサーチャーを務めている。欧州委員会の留学奨励制度エラスムス・ムンドゥスのもと、人権活動で修士号を取得した。インドの国立法科大学ボパール校で法律の学位も取得している。

シリ・ハリソンは世界的に著名な臨床心理学者で、LGBTコミュニティにおける積極的心理療法を専門としている。現在はロンドン中心部で開業しており、定期的にメディアに出演してLGBTの医療関連問題についての啓蒙活動を続けている。

エイプリル・ホーキンスはアウト・アンド・イコール・アドボケートのコミュニケーション担当マネージャー。テルアビブ大学で中東学の修士号を取得し、現在は北カリフォルニア全米レズビアン&ゲイ・ジャーナリスト協会の役員を務めている。過去には、イスラエルのテルアビブで国連難民高等弁務官事務所のためにも働いていた。

カズ・ヒルデブランドはロンドンに拠点を置くデザインスタジオ「ヒア・デザイン」の共同設立者。出版社テームズ&ハドソンやヴィクトリア&アルバート博物館などとも仕事をしてきた。ビジュアル料理本『パスタの幾何学』(*The Geometry of Pasta* /未邦訳)の共著者でもある。

トーマス・ヒッツルスペルガーは元サッカー選手で、現役時代はアストン・ヴィラ、ウェストハム、シュトゥットガルト、そしてドイツ代表チームを含むヨーロッパ最高峰のクラブチームでプレーした。二〇一四年一月、彼は初めてカミングアウトしたプレミアリーグの選手となった。

ジュリア・ホゲットはバンクオブアメリカ・メリルリンチの常務取締役で、ヨーロッパ・中東・アフリカ(EMEA)地域向けに短期確定利付き債権の起債やカバード・ボンド、金融機関への資金融資、環境債の資本市場を担当している。

同社のLGBT　EMEAネットワークの副会長も務め、金融サービス業界でダイバーシティとインクルージョンの政策を推し進めるために活動してきた長い経歴を持つ。

ジェフ・ホランドは経営と顧問業務で七〇億ドルの資産を持つヘッジファンド企業ライオンゲート・キャピタル・マネジメントの共同設立者。『インスティテューショナル・インベスター』誌は彼を「ヘッジファンドの新星」、『フィナンシャル・ニュース』紙は彼をヘッジファンドの「四〇歳以下の四〇人」に選出した。

イアン・ジョンソンはLGBTコンサルティング会社アウト・ナウのCEOを務めている。「国際的なLGBTの思想的指導者」と言われ、LGBTのニーズをいかに理解し、応えていくかについて、世界各国の政府やNGO、大手企業に助言している。

トム・ジョンソンはカリフォルニア州オークランドの消費財メーカー、クロロックスの経理・財務担当者で最高会計責任者。同社のLGBT社員リソースグループ「クロロックス・プライド」の創立メンバーであり、アウト・アンド・イコール・アドボケートの理事長も務めている。

ビンナ・カンドーラはロンドンのビジネス心理コンサルタント会社パーン・カンドーラの共同設立者でありシニアパートナー。『違いの価値――組織内での偏見を排除する』(*The Value of Difference: Eliminating Bias in Organisations*／未邦訳)をはじめ、複数の著書がある。

エリカ・カープはコンサルティング会社コーナーストーン・キャピタルの設立者兼CEO。コーナーストーンは持続可能な金融および経済の原理を活用して国際的な資本移動の円滑化を図っている。カープはUBS投資銀行の国際部門リサーチの元部門長で、米国サステナビリティ会計基準審議会の創設理事の一人でもある。

ビリー・ジーン・キングは元世界ランキング一位のテニスプレーヤーで、グランドスラムのシングルス、ダブルス、混合ダブルスのタイトルを三九個獲得している。女性とLGBTの権利を擁護する活動に対し、二〇〇九年の自由勲章を受章した。

ダミアン・リーソンは、イギリスの小売業者テスコの公共政策ディレクター。FTIコンサルティングの広報担当責任者、金融サービス機関プルデンシャルのグループ広報ディレクターも務めた。

アンナ・マンはヘッドハンティングおよび理事会コンサルティングの大手国際企業MWMの共同設立者。世界中の数々の大手企業で理事会の業績、能力、継続性について専門アドバイザーとして活躍してきた。

イヴァン・マッソーはロンドンのインスティテュート・オブ・コンテンポラリー・アーツの元会長であり起業家。性的指向が理由でローンや保険料を釣り上げられてしまうゲイのクライアントを対象としたイギリスで最初の投資顧問会社を一九九〇年に設立した。

ブライアン・マクノートは一九七四年以来LGBT問題について啓蒙する人気の教育者であり、職場における問題について世界中で企業経営者向けに講演をおこなっている。『ニューヨーク・タイムズ』に「ゲイの多様性と配慮についての研修の父」と称されたマクノートには六冊の著書があり、七本の教育DVDに登場する。

ウィリアム・J・モラン・ジュニアはワシントンD・Cのメリルリンチで上級副社長を務めている。同社の全国規模のLGBT金融サービスチームも率いていて、ダイバーシティとインクルージョンを統括する委員会に所属し、数々のLGBT非営利組織の理事も務めている。

ピーター・マレーはロンドンに拠点を置く広報の専門家。デザイナーやプランナー、エンジニア、コンサルタントによる独立企業アラップの政府業務担当責任者も務めている。

マルティナ・ナブラチロワは元世界ランキング一位のテニスプレーヤーで、グランドスラムのシングルス、ダブルス、混合ダブルスのタイトルを五九個獲得している。現在はスポーツ界における同性愛・トランスジェンダー嫌悪の撲滅に注力する非営利組織「アスリート・アリー」の理事を務めている。

ボブ・ペイジは新しいものから骨董まで白磁、クリスタル、銀などの収集品を扱う世界最大の小売業者リプレイスメンツの設立者でCEO。LGBTの平等のために戦うリーダーとして全国に名を知られるペイジは、二五年来のパートナーのデイル・フレデリクセンと双子の息子ライアンとオーウェンとともに、ノースカロライナ州に住んでいる。

トレヴァー・フィリップスはロンドンのナショナル・イクオリティ・スタンダードの運営委員会で副議長を務めており、ニューヨークの人材改革センターでもディレクターを務めている。イギリスの平等人権委員会の元会長でもあり、著書に『ウィンドラッシュ――多民族イギリスの抑え難い勃興』（*Windrush: The Irresistible Rise of Multi-Racial Britain*／未邦訳）がある。

マーティン・ポップルウェルはロンドンのメディアコンサルティング会社ココナツ・コミュニケーションズを運営している。大学院研修生としてＢＢＣに入り、ＢＢＣニュースチャンネルおよびスカイニュースに出演するようになった。

ランス・プライスはロンドンに拠点を置く慈善団体カレイドスコープ・トラストの設立者兼専務理事。カレイドスコープは世界中のＬＧＢＴの人権を守るために活動している。プライスはトニー・ブレア首相の特別顧問を務め、労働党の元広報担当ディレクターだった。

ポール・リードはＢＰで石油とガスの生産、精製用原料、燃料供給のマーケティングおよびＢＰグループ内すべての取引活動を統括する総合供給・取引部門のＣＥＯを務めている。また、ＢＰのＬＧＢＴネットワークのエグゼクティブ・スポンサーでもある。

マーガレット・リーガンはダイバーシティとインクルージョンを含む職場問題に取り組む国際コンサルティング会社フューチャーワーク・インスティテュートの社長兼ＣＥＯ。数々の大手国際企業でコンサルティングをおこない、北米やヨーロッパ、中南米、アジア、アフリカにおける問題の調査や対処をおこなってきた。

レイチェル・リスキンドはノースカロライナ州ギルフォード・カレッジで心理学の助教を務めている。性的指向、性と生殖に関する健康と偏見について研究しており、この数年は性的指向の「潜在的連合テスト（ＩＡＴ）」の監督とデータ分析に取り組んでいる。

イヴァン・スカルファロットはイタリア議会の議員で、民主党の元副代表。二〇一〇年、イタリアの企業がＬＢＧＴ社員のための均等機会政策を実施できるよう支援する非営利組織「パークス――リベリ・エ・ウグアリ」を立ち上げた。

トッド・シアーズはダイバーシティとインクルージョンのための活動を事業目的と合致させられるよう企業に助言する戦略的顧問会社「コーダ・リーダーシップ」の設立者で社長。ニューヨーク、ロンドン、香港の金融業向けＬＧＢＴリーダーシップサミット「アウト・オン・ザ・ストリート」を主宰する「アウト・リーダーシップ」の設立者でもある。

デーヴィッド・シェリーはロンドンの出版社リトル・ブラウンの編集者。ミッチ・アルボム、マーク・ビリンガム、J・K・ローリング、ヴァル・マクダーミドなどの作家を担当してきた。

アントニオ・シモエスはイギリスHSBCの代表で、過去にはマッキンゼーのパートナー、ゴールドマン・サックスのアソシエイトも務めた。二〇〇九年世界経済フォーラムで「次世代のグローバル・リーダー」に選出され、LGBTのリーダーによる会員制組織「アウトスタンディング・イン・ビジネス」が選ぶ二〇一三年のLGBTビジネスリーダーランキングで一位に輝いた。

クリス・スミスはイギリス環境庁の会長で、貴族院の一代貴族。一九八四年、スミスはイギリスで初めてゲイであることをオープンにしている国会議員となり、文化メディアスポーツ大臣を務めた。

カーク・スナイダーは南カリフォルニア大学マーシャル・スクール・オブ・ビジネスの助教。ビジネスにおける多様性問題と受容的リーダーシップの専門家として知られ、著書に『G指数』(*The G Quotient*／未邦訳)や『成功へのラベンダー色の道のり』(*Lavender Road to Success*／未邦訳)がある。

マーティン・ソレルは一九八六年以来、多国籍広告・広報会社WPPのグループ最高責任者。フォーミュラ・ワン・アンド・アロカの非業務執行取締役も務めている。

マーガレット・S・スタンプは、二〇年以上最高投資責任者として務めた「クワンティテイティブ・マネジメント・アソシエイツ(QMA)」で現在は上級顧問を務めている。資産配分、証券の選択やポートフォリオ構築の定量的調査に取り組んでいる。ブラウン大学で経済学の博士号を取得した。

カレン・サンバーグは現在、グーグルでダイバーシティの推進に取り組んでいる。人材改革センターで八年働き、「カミングアウトの力」や「カミングアウトの力2・0」を含む調査を率いてきた。

ベン・サマースキルはロンドンに拠点を置くLGB平等組織ストーンウォールの最高責任者。イギリスの平等・人権委員会の元理事でもある。

サリー・サスマンは世界最大級のバイオ製薬会社ファイザーの企業広報室で執行副社長を務めている。米国議会図書館信託基金、WPP、国際救済委員会、米印ビジネス評議会の理事会にも所属している。

マイク・サイヤーズはアーンスト・アンド・ヤングのパートナーで、ニューヨーク取引投資顧問業で不動産・接客業を担当している。EYのLGBTA社員グループの創立メンバーで、同社のパートナーによるインクルージョン諮問委員会の一員でもある。

ロザリン・テイラー・オニールは多様性コンサルティング会社クック・ロスの首席コンサルタントで、『成功への七つの鍵――多様性への情熱を解き放つ（*7 Keys 2 Success: Unlocking the Passion for Diversity*／未邦訳）』の著者。二〇〇八年から二〇一二年まで、キャンベル・スープ社の副社長および最高ダイバーシティ・インクルージョン責任者を務めた。

ブルック・ワードはヒューストンにあるBPの北米ガス・石油事業部門のガス決済担当責任者。BPのビジネスリソースグループ「BPプライド」では設立以来活発なメンバーとして参加し、現在はアメリカのBPグループで全国有数のリーダーでもある。

スティーブン・ワードローは国際法律事務所ベイカー・ボッツのロンドン支社で首席パートナーを務めている。過去にはモスクワ支社の首席パートナーも務め、アジア、ヨーロッパ、中東のエネルギー分野でエネルギー会社や規制機関、政府に対して助言を提供してきた経験が豊富。

リック・ウェルツはバスケットボールチームのゴールデンステート・ウォリアーズの社長兼COO。フェニックス・サンズの社長兼CEOのほか、NBAプロパティーズの上級副社長、最高マーケティング責任者と社長も務めていた。

ボビー・ウィルキンソンはテキサス州サンアントニオのUSAA保険・金融サービスでメンバー・エクスペリエンス・グループの副社長補佐を務めている。アウト・アンド・イコール・アドボケートとサンアントニオ・プライド・センターの理事も務める。

ギャヴィン・ウィルスはEMEA地域のゴールドマン・サックスで法人向けサービスおよび不動産部門の責任者。ロンドンに拠点を置く彼は地域内で同社のLGBTネットワークの共同代表も務めている。

ダニエル・ウィンターフェルドは国際弁護士事務所CMS

キャメロン・マッケンナのロンドン支社で国際資本市場の責任者およびダイバーシティ・インクルージョン担当のパートナーを務めている。ＬＧＢＴネットワークのための国際法律ダイバーシティフォーラムの設立者でもあり、共同議長も務めている。二〇一二年には、『フィナンシャル・タイムズ』の「今年の法律部門での革新者」に選ばれた。

ボブ・ウィテックはアメリカに拠点を置くウィテック・コミュニケーションズの設立者で社長。著書に『ビジネス徹底解説』(*Business Inside Out*／未邦訳)がある。コミュニケーション戦略家であり、ＬＧＢＴの人口動態、市場調査およびマスコミ対応の先駆的請負人でもある。

チャック・ウルフはゲイ・アンド・レズビアン・ビクトリー基金および研究所の社長兼ＣＥＯ。フロリダ州の母校ステッソン大学で評議員も務めている。

クラウス・ヴォーヴェライトはベルリン市長。連邦参議院の議長、社会民主党の副会長も務めた。

ルイーズ・ヤングはキャリアの大部分をテキサス・インストルメンツとレイセオンのダラス支社でソフトウェア・エンジニアとして過ごしてきた。だが、職場の平等における先駆的なレズビアン活動家としてのほうが知られているだろう。

Guardian, 20 June 2002. *The Guardian* のウェブサイトよりアクセス：http: //www.theguardian.com/uk/2002/jun/20/johncarvel.terrymacalister
5. Chittenden, Maurice, 'Air tycoon breaks City's gay taboo', *The Sunday Times* (of London), 27 October 2002. *The Sunday Times* のウェブサイトよりアクセス：http: //www.thesundaytimes.co.uk/sto/news/uk_news/article216937.ece
6. Parris, Matthew, 'Lord Browne paid the price for the City's awkwardness about gays', *The Times* (of London), 2 May 2007. *The Times* のウェブサイトよりアクセス：http: //www.thetimes.co.uk/tto/opinion/columnists/matthewparris/article2044118.ece.
7. 同上.
8. 私信（2013 年 10 月 10 日）.
9. 私信（2013 年 12 月 3 日）.

ことになり，一緒に仕事をする本物の LGBT 企業として特定できるようになる．
12. 私信（2013 年 6 月 10 日）．
13. 私信（2014 年 1 月 16 日）．
14. 'Gayglers: Google's LGBT Employee Resource Group'. Google blog: http: //googleblog.blogspot.co.uk/2011/06/celebrating-pride-2011.html.
15. 私信（2013 年 8 月 30 日）．
16. 私信（2013 年 9 月 6 日）．
17. Froelich, Jacqueline, 'Gay Walmart group PRIDE comes out', *Arkansas Times*, 12 December 2012. *Arkansas Times* のウェブサイトよりアクセス：http: //www.arktimes.com/arkansas/gay-walmart-group-pride-comes-out/Content?oid=2568636.
18. 私信（2013 年 12 月 6 日）．
19. Human Rights Campaign, *Corporate Equality Index 2014*, p. 30.
20. Human Rights Campaign, *Corporate Equality Index 2006*, p. 8.
21. 私信（2013 年 9 月 6 日）．
22. 私信（2013 年 6 月 24 日）．
23. Cowan, Katherine, *Monitoring: How to monitor sexual orientation in the workplace* (Stonewall Workplace Guides, 2006), p. 12.
24. 私信（2013 年 9 月 11 日）．
25. 私信（2013 年 11 月 29 日）．
26. 私信（2013 年 12 月 2 日）．
27. 私信（2013 年 6 月 2 日）．
28. Hewlett, Sylvia Ann; Sears, Todd; Sumberg, Karen; Fargnoli, Christina, 'The Power of Out 2.0: LGBT in the workplace', Center for Talent Innovation, 2013, p. 35.
29. 私信（2014 年 1 月 16 日）．
30. 私信（2013 年 6 月 10 日）．
31. Ashworth, Alice; Lasko, Madeline; Van Vliet, Alex, *Global Working: Supporting lesbian, gay and bisexual staff on overseas assignments*(Stonewall Workplace Guides, 2012), p. 9.
32. Simmons & Simmons との私信（2014 年 1 月 10 日）．
33. 私信（2013 年 8 月 16 日）．
34. 私信（2013 年 6 月 14 日）．

9　クローゼットの外へ

1. *The World at One*, BBC Radio 4, 2 December 2013.
2. 'Gays in the military: The UK and US compared', BBC News, 2 February 2010. BBC のウェブサイトよりアクセス：http: //news.bbc.co.uk/1/hi/8493888.stm.
3. 'Gay Tory frontbencher comes out', *The Guardian*, 29 July 2002, *The Guardian* のウェブサイトよりアクセス：http: //www.theguardian.com/politics/2002/jul/29/conservatives.alanduncan
4. Macalister, Terry and Carvel, John, 'Diversity drive at BP targets gay staff, *The*

Calling.pdf.
50. 私信（2013年9月24日）.
51. Burton, Lucy, 'Revealed: females make up less than 10 per cent of top 100's equity partner ranks', *The Lawyer*, 24 October 2012. *The Lawyer* のウェブサイトよりアクセス：http: //www.thelawyer.com/revealed-females-make-up-less-than-10-per-cent-of-top-100s-equity-partner-ranks/1015190.article.
52. Hall, Kathleen, 'Diversity League Table shows promotion gap', *The Law Society Gazette*, 11 November 2013. *The Law Society Gazette* のウェブサイトよりアクセス：http: //www.lawgazette.co.uk/law/diversity-league-table-shows-promotion-gap/5038711.article.
53. LGB Solicitor Career Survey 2009/2010.
54. 私信（2013年9月27日）.

8　ガラスを打ち破る

1. 私信（2013年9月6日）.
2. 2013年12月10日，オーバーン大学人間科学科が1982年の卒業生であるティム・クックに生涯功労賞を贈った．クックのコメントは受賞スピーチの際に出たもので，オーバーン大学が2013年12月14日にYouTubeの公式チャンネルにアップロードした．動画は以下で閲覧可能：https://www.youtube.com/watch?v=dNEafGCf-kw
3. 私信（2013年8月14日）.
4. 'Out on the Street 2012: A Message from the Founder'. 以下のウェブサイトよりアクセス：http: //outonthestreet.org/wp-content/uploads/2012/11/membership-overview.pdf.
5. 私信（2013年7月12日）.
6. Kwoh, Leslie, 'Firms Hail New Chiefs (of Diversity)', *The Wall Street Journal*, 5 January 2012. *The Wall Street Journal* のウェブサイトよりアクセス：http: //online.wsj.com/article/SB10001424052970203899504577129261732884578.html.
7. Dexter, Billy, 'The Chief Diversity Officer Today: Inclusion Gets Down to Business', Heidrick and Struggles, 2010. Toronto Region immigrant Employment Council のウェブサイトよりアクセス：http: //triec.ca/uploads/344/inclusion_gets_down_to_business_cdo_summ.pdf
8. Kwoh, 2012.
9. 私信（2013年9月11日）.
10. 私信（2013年9月17日）.
11. 'IBM Supplier Conduct Principles: Guidelines'. Human Rights Campaign のウェブサイトよりアクセス：http: //www.hrc.org/files/assets/resources/scpg-v2.0.pdf.　2004年，全米ゲイ・レズビアン商工会議所（NGLCC）がアメリカン航空，IBM，インテル，JPモルガン・チェースを含む11の企業とタッグを組み，「サプライヤー・ダイバーシティ・イニシアティブ（供給業者の多様性への取り組み）」を立ち上げた．このプログラムはLGBTが過半数を所有するか，運営するか，経営するかしている小規模企業をLGBTBE（レズビアン，ゲイ，バイセクシャル，トランスジェンダーの事業）として認定する．この認証によって企業は調達手続きの際に目立つ

football/25628806.
32. Starr Seibel, Deborah, 'Billie Jean King recalls women's rights struggle of her time', *New York Post*, 31 August 2013. *New York Post* のウェブサイトよりアクセス：nypost.com/2013/08/31/sports-legend-billie-jean-king-recalls-womens-rights-struggle-of-her-time/.
33. 私信（2013 年 10 月 1 日）.
34. Wertheim, Jon, 'A reluctant trailblazer, Navratilova laid groundwork for Collins', *Sports Illustrated*, 30 April 2013. *Sports Illustrated* のウェブサイトよりアクセス：http: //sportsillustrated.cnn.com/magazine/news/20130430/jason-collins-martina-navratilova/.
35. 私信（2013 年 10 月 1 日）.
36. Adams, William Lee, 'Olympic Homophobia: Why Are There So Few Openly Gay Athletes?', *Time*magazine, 9 August 2012. *Time* のウェブサイトよりアクセス：olympics.time.com/2012/08/09/olympic-homophobia-why-are-there-so-few-openly-gay-athletes/.
37. 'Jason Collins says he's gay', ESPN.com, 30 April 2013. ESPN のウェブサイトよりアクセス：http: //espn.go.com/nba/story/_/id/9223657/.
38. Brinson, Will, 'Brendon Ayanbadejo, Chris Kluwe file brief supporting gay marriage', CBS.com, 28 February 2013. CBS Sports のウェブサイトよりアクセス：http: //www.cbssports.com/nfl/eye-on-football/21787786/brendon-ayanbadejo-chris-kluwe-file-amicus-brief-supporting-gay-marriage.
39. 私信（2013 年 10 月 9 日）.
40. 私信（2013 年 12 月 13 日）.
41. BBC News, 'Olympic diving star Tom Daley in relationship with man', 2 December 2013. BBC News のウェブサイトよりアクセス：www.bbc.co.uk/news/uk-england-devon-25183041
42. *The World at One*, BBC Radio 4, 2 December 2013.
43. 私信（2013 年 7 月 11 日）.
44 Barry, Dan, 'A Sports Executive Leaves the Safety of His Shadow Life', *The New York Times*, 15 May 2011. *The New York Times* のウェブサイトよりアクセス：www.nytimes.com/2011/05/16/sports/basketball/nba-executive-says-he-is-gay.html?pagewanted=all&_r=0.
45. Fulford, Adrian, Diversity Speech, South East Circuit, Middle Temple Hall, 20 January 2009. 以下のウェブサイトよりアクセス：www.judiciary.gov.uk/Resources/JCO/Documents/Speeches/justice-fulford-diversity-middle-temple-hall-200109.pdf.
46. 私信（2013 年 10 月 9 日）.
47. 同上.
48. 私信（2013 年 10 月 9 日）.
49. LGB Solicitor Career Survey 2009/2010, InterLaw Diversity Forum for LGBT Networks. 以下のウェブサイトよりアクセス：http: //outandequal.org/documents/London%20

15. 'Profile: Berlin's cult-status mayor', BBC News, 22 October 2001. BBC のウェブサイトよりアクセス : http: //news.bbc.co.uk/1/hi/world/europe/1613270.stm.
16. *Hansard*, Vol. 124, cc. 987-1038, House of Commons debate, 15 December 1987. *Hansard* のウェブサイトよりアクセス : http: //hansard.millbanksystems.com/sittings/1987/dec/15/prohibiition-on-promoting-homosexuality.
17. 私信（2013 年 9 月 25 日）.
18. Savage, Michael, 'Gay Tory MP Crispin Blunt fights off local "dinosaurs" who tried to oust him', *The Times*, 19 November 2013. *The Times* のウェブサイトよりアクセス : http: //www.thetimes.co.uk/tto/news/politics/article3925282.ece.
19. 'The Global Divide on Homosexuality: Creates Acceptance in More Secular and Affluent Countries,' Pew Research Center, Washington DC, 4 June 2013.
20. CBOS Public Opinion Research Center, 'Polish Public Opinion', February 2013. CBOS のウェブサイトよりアクセス : http: //www.cbos.pl/PL/publikacje/public_opinion/2013/02_2013.pdf.
21. Gera, Vanessa, 'Lech Walesa Shocks Poland with Anti-Gay Words', *Huffington Post*, 3 March 2013. *Huffington Post* のウェブサイトよりアクセス : http: //www.huffingtonpost.com/2013/03/03/lech-walesa-shocks-poland_n_2802860.html.
22. 私信（2013 年 9 月 25 日）.
23. 'Krystyna Pawlowicz mocks Anna Grodzka', *Super Express*, 29 January 2013. *Super Express* のウェブサイトよりアクセス : http: //www.se.pl/wydarzenia/kraj/krystyna-pawlowicz-kpi-z-anny-grodzkiej-blaszczak-brakujej-jej-doswiadczenia_303820.html.
24. 私信（2013 年 10 月 1 日）.
25. 'Soccer chief calls for gays to come out', Associated Press, 17 January 2012. ESPN のウェブサイトよりアクセス : http: //espn.go.com/sports/soccer/news/_/id/7471041/german-soccer-chief-theo-zwanziger-calls-gays-come-out.
26. 4 大スポーツリーグとはメジャーリーグ・ベースボール（MLB），全米プロバスケットボール協会（NBA），全米プロフットボールリーグ（NFL）と全米アイスホッケーリーグ.
27. UEFA のランキングによれば，ヨーロッパで上位 6 位に入るサッカーリーグはスペインのラ・リーガ（リーガ・エスパニョーラ），イギリスのプレミアリーグ，ドイツのブンデスリーガ，イタリアのセリエ A，ポルトガルのプリメイラ・リーガとフランスのリーグ・アン．UEFA のウェブサイトよりアクセス : http: //www.uefa.com/memberassociations/uefarankings/country/.
28. 'Inner strength, inner peace', Associated Press, 2 November 1994. 以下のウェブサイトよりアクセス : http: //news.google.com/newspapers?id=tplQAAAAIBAJ&sjid=FRMEAAAAIBAJ&pg=2309%2C370004.
29. 私信（2013 年 12 月 13 日）.
30. 'Homosexualität wird im Fußball ignoriert', *Die Zeit*, 13 January 2014. *Die Zeit* のウェブサイトよりアクセス : http: //www.zeit.de/2014/03/homosexualitaet-profifussball-thomas-hitzlsperger.
31. 'Thomas Hitzlsperger: Former Aston Villa player reveals he is gay', BBC News, 8 January 2014. BBC News のウェブサイトよりアクセス : http: //www.bbc.co.uk/sport/0/

7　オピニオンリーダーと象徴

1. 私信（2013年9月2日）.
2. ミランダ・カーティスは，2011年10月にウォーターストーンズの会長に任命された. スティーブン・クラークがW.H.スミスの最高責任者になったのは2013年7月だ.
3. 私信（2013年6月6日）.
4. 私信（2013年11月19日）.
5. 私信（2013年10月1日）.
6. 公選役職者のうちゲイであることをオープンにしている者について，より詳しくは，ビクトリー基金のウェブサイトを参照．http: //victoryfund.org
7. アメリカの新米政治家にとって，現職効果が大きなハードルになることは良く知られている．だからこそ，アメリカではイギリスよりも変化の速度が比較的遅いのかもしれない．たとえば，以下を参照．Cox, Gary W. and Katz, Jonathan N., 'Why Did the Incumbency Advantage in the U.S. House Elections Grow?', *American Journal of Political Science*, May 1996, Vo1. 40 (2), pp. 478-97; and Uppal, Yogesh, 'Estimating Incumbency Effects in U.S. State *Legislatures*: A Quasi-Experimental Study', *Economics & Politics*, 2010, 22, pp. 180-99.
8. Faiola, Anthony, 'Sicily's first openly gay governor wins support with anti-mafia crusade', *The Washington Post*, 2 August 2013. *The Washington Post* のウェブサイトよりアクセス：http: //articles.washingtonpost.com/2013-08-02/world/40999023_1_cosa-nostra-mafia-nichi-vendola.
9. Reynolds, Andrew, *Out in Office: LGBT Legislators and LGBT Rights Around the World* (Chapel Hill: LGBT Representation and Rights Initiative, 2013), pp. 29-33.
10. 同上.
11. これは，2012年に自らをゲイ，レズビアンまたはバイセクシャルと認めた成人1.5%と比べると対照的だ．以下を参照．Office for National Statistics, 'Key Findings from the Integrated Household Survey, January to December 2012'. 以下で入手可能：http: //www.ons.gov.uk/ons/dcp171778_329407.pdf. この調査は約340,000人からデータを集め，国勢調査後ではイギリス最大のソーシャルデータベースとなった．イギリスの国民は，庶民院で自分たちの利益を代表させるべく650人の議員を選ぶ．2013年末時点でゲイであることをオープンにしているのはそのうち24人で，全体の3.5%に相当した.
12. 議員は地元選挙区とロンドンの国会の間を行ったり来たりする．国会の規則により，議員は別宅を維持するための経費を請求することができる．2006年以来，議員が伴侶に対して家賃を払うことは禁止されている．2010年5月，パートナーに対して支払った家賃40,000ポンド以上を経費計上したという新聞報道を受け，ローズは大蔵副大臣職を辞任した．ローズは，経費を計上することによって自らの性的指向を隠しておきたかったのであって，個人的利益を増やそうという目的ではなかったと主張した.
13. 2010年7月15日，『ガーディアン』紙はデヴィッド・ローズのような公人が性的指向を隠さなければならないと感じることに悲しさを覚えるという内容の私の論説記事を掲載した．以下を参照．'Being outed is a blessing', *The Guardian*, 15 July 2010.
14. 私信（2013年7月8日）.

2. 私信（2013年7月2日）.
3. Reid-Smith, Tris, 'Global business leader Beth Brooke on coming out gay', *Gay Star News*, 20 April 2012. *Gay Star News* のウェブサイトよりアクセス：http: //www.gaystarnews.com/article/global-business-leader-beth-brooke-coming-out-gay200412#sthash.B5Z5K32L.dpuf.
4. 私信（2013年6月20日）.
5. アントニオ・シモエスはHSBCのリテール・バンキングおよび資産管理のイギリス・ヨーロッパ担当責任者を務めている.
6. 私信（2013年8月14日）.
7. 私信（2013年8月15日）.
8. Black, Kathryn N. and Stevenson, Michael R., 'The relationship of self-reported sex-role characteristics and attitudes toward homosexuality', *Journal of Homosexuality*, 1984, Vol. 10 (1-2), pp. 83-93.
9. 調査は一貫して，異性愛者の男性がゲイの男性に対して抱くイメージが，レズビアンの女性に対して抱くイメージよりもネガティブであることを示している．以下を参照．Kite, Mary. E. and Whitely, Bernard E., Jr., 'Sex difference in attitudes toward homosexual persons, behaviors, and civil rights: A meta-analysis', *Personality and Social Psychology Bulletin*, 1996, 22 (4), pp. 336-53, and Herek, Gregory M., 'Sexual prejudice and gender: Do heterosexuals' attitudes toward lesbians and gay men differ?', *Journal of Social Issues*, 2000, 56 (2), pp. 251-66. 後者の記事でヘレクが書いているように，「ゲイの男性に対する異性愛者の男性の態度は一貫してレズビアンの女性に対する態度よりも敵対的だったし，異性愛者の女性がいずれの性別の同性愛者に対して示す態度よりも敵対的だった」．ヘレクはまた，異性愛者の男性にとって「同性愛という話題はしばしば性的指向やジェンダー・アイデンティティ，個人的脅威に対する配慮を起こさせ，それが防御的機能を引き起こす場合が多い」とも書いている．以下を参照．Herek, Gregory M. and Capitanio, J. P., 'Sex differences in how heterosexuals think about lesbians and gay men: Evidence from survey context effects', *The Journal of Sex Research*, 1999, 36, pp. 348-60.
10. 私信（2013年6月13日）.
11. 私信（2013年7月11日）.
12. 私信（2013年6月21日）.
13. Human Rights Campaign, *Degrees of equality: A national study examining workplace climate for LGBT employees*, 2009, p. 15.
14. 同上.
15. 私信（2013年6月13日）.
16. 私信（2013年6月27日）.
17. 私信（2013年6月10日）.
18. 私信（2013年8月7日）.
19. 私信（2013年10月30日）.

Smart, Laura and Wegner, Daniel M., 'Covering up what can't be seen: Concealable stigma and mental control', *Journal of Personality and Social Psychology*, September 1999, Vol. 77(3), pp. 474-86.

46. Snyder, Kirk, *The G Quotient* (San Francisco: Jossey-Bass, 2006).
47. 同上．p. xx. 以下も参照．Odets, Walt, 'Some Thoughts on Gay Male Relationships and American Society', *Journal of the Gay and Lesbian Medical Association*, Fall 1998, Vol. 2 (1).
48. 以下を参照．Nicholas, Cheryl L., 'Gaydar: Eye-gaze as identity recognition among gay men and lesbians', *Sexuality and Culture*, Winter 2004, Vol. 8 (1), pp. 60-86; and Adams, William Lee, 'Finely Tuned Gaydar' (letter to the editor), *The New York Times*, 26 June 2005. *The New York Times* のウェブサイトよりアクセス：http: //www.nytimes.com/2005/06/26/fashion/sundaystyles/26LETTERS.html?_r=0.
49. このスタイルには，リーダーシップの 7 つの原則が含まれる．包含性，独創性，順応性，接続性，コミュニケーション力，直観力，協調性．スナイダーは，それを総称して「G Quotient」と呼んでいる．
50. 私信（2013 年 6 月 18 日）．
51. 'Send an email to Campbell Soup Company President Douglas Conant. Tell him you want his company to stop supporting the gay agenda', 19 December 2009. American Family Association のウェブサイトよりアクセス：http: //www.afa.net/Detail.aspx?id=2147483667.
52. 私信（2013 年 6 月 27 日）．
53. Harris Interactive (18 November 2013). 'America's LGBT 2013 Buying Power Estimated at $830 Billion' (press release).
54. ハリス・インタラクティブと提携しているウィテック・コミュニケーションズとの私信（2013 年 6 月 20 日）．
55. Wheeler-Quinnell, Charlotte, *Marketing: How to Market to Gay Consumers* (Stonewall Workplace Guides, 2010).
56. 私信（2013 年 12 月 30 日）．
57. Harris Interactive, 'Large Majorities of Heterosexuals and Gays Likely to Consider a Corporate Brand that Provides Equal Workplace Benefits to All Employees, Including Gay and Lesbian Employees' (press release), 6 February 2007. Harris Interactive のウェブサイトよりアクセス：http: //www.harrisinteractive.com/NEWS/allnewsbydate.asp?NewsID=1171.
58. 私信（2013 年 6 月 20 日）．
59. 私信（2013 年 6 月 13 日）．
60. 私信（2013 年 6 月 3 日）．
61. 私信（2013 年 10 月 2 日）．

6　カミングアウトで得られるもの

1. 私信（2013 年 8 月 19 日）．

開」ターンの場合，被験者はパートナーについてまったく同じ情報を知らされたが，恋人はジョシュという名前の男性であるという情報が追加された．被験者と「ゲイの学生」として紹介されたパートナーは，その後数学のテストに一緒に取り組んだ．予想通り，ゲイであることをオープンにしているパートナーと組まされた被験者が，そうではない被験者よりも良い結果を出した．2つ目の実験では，著者らはビデオゲームの成績を検証した．そのゲームは画面上に現れるターゲットを撃つというもので，被験者同士の継続的な意志の疎通が求められる．ここでもまた，ゲイであることをオープンにしているパートナーと組んだ被験者のほうが，はるかに高いスコアを叩きだした．

34. 同上． p. 409.
35. 私信（2013 年 6 月 10 日）．
36. Out & Equal Workplace Advocates, Harris Interactive and Witeck Combs Communications (2006), 'Majority of Americans: Companies not government should decide benefits offered to same-sex employees' (press release), 22 May 2006. Out & Equal のウェブサイトよりアクセス : http: //outandequal.org/documents/2006_Workplace_Survey052306.pdf.
37. 同上．
38. 以下を参照．Florida, Richard, *The Rise of the Creative Class* (New York: Basic Books, 2002)（リチャード・フロリダ『クリエイティブ資本論』井口典夫訳，ダイヤモンド社，2008 年）および Florida, Richard, *The Flight of the Creative Class* (New York: Harper Business, 2005)（リチャード・フロリダ『クリエイティブ・クラスの世紀』井口典夫訳，ダイヤモンド社，2007 年）．
39. Gates, Gary and Florida, Richard, 'Technology and Tolerance: The Importance of Diversity to High-Technology Growth', the Brookings Institution, June 2001. Brookings Institution のウェブサイトよりアクセス : http: //www.brookings.edu/research/technology-and-tolerance-of-diversity-to-high-technology-growth/
40. これらの都市はサンフランシスコ，ワシントン D.C，オースティン，アトランタ，サンディエゴ．
41. Florida, Richard, 'Gay-tolerant societies prosper economically', *USA Today*, 30 April 2003. *USA Today* のウェブサイトよりアクセス : http: //usatoday30.usatoday.com/news/opinion/editorials/2003-04-30-florida_x.htm
42. Noland, Marcus, 'Popular Attitudes, Globalization, and Risk', July 2004. 以下のウェブサイトよりアクセス : http: //www.iie.com/publications/wp/wp04-2.pdf.
43. Noland, M., 'Tolerance Can Lead to Prosperity', *Financial Times*, 18 August 2004. Peterson Institute for International Economics のウェブサイトよりアクセス : http: //www.iie.com/publications/opeds/oped.cfm?ResearchID=216.
44. Inglehart, R.; Foa, R.; Peterson, C.; Welzel, C., 'Development, Freedom, and Rising Happiness: A Global Perspective (1981-2007)', *Perspectives on Psychological Science*, 2008, Vol. 3 (4), p. 269.
45. たとえば，以下を参照．Bosson, J. K.; Weaver, J. R.; Prewitt-Freilino, J. L., 'Concealing to Belong, Revealing to be Known: Classification Expectations and Self-threats Among Persons with Concealable Stigmas', *Self and Identity*, 2012, Vol. 11 (1), pp. 114-35;

20. 2012年，エクソンはHRCの基準のいずれも満たすことができず，LGBTをより包含するべきと求めた株主決議に反対したことでさらに25点がマイナスされた．そして2013年と2014年にもマイナス点になっている．以下を参照．Taffet, David, 'Exxon maintains negative score on annual equality report', *Dallas Voice*, 13 December 2013. *Dallas Voice*のウェブサイトよりアクセス：http: //www.dallasvoice.com/exxon-maintains-negative-score-annual-equality-report-10163316.html 以下も参照．Juhasz, Antonia, 'What's Wrong with Exxon?', *Advocate*, 3 September 2013. *Advocate*のウェブサイトよりアクセス：http: //www.advocate.com/print-issue/current-issue/2013/09/03/whats-wrong-exxon
21. Human Rights Campaign, *Corporate Equality Index 2005*. HRCのウェブサイトよりアクセス：http: //www.hrc.org/files/assets/resources/CorporateEqualityIndex_2005.pdf
22. Human Rights Campaign. *Corporate Equality Index 2006*. HRCのウェブサイトよりアクセス：http: //www.hrc.org/files/assets/resources/CorporateEqualityIndex_2006.pdf
23. 私信（2013年6月21日）．
24. たとえば，LGBTを支援する政策や職場環境が企業の業績に与える影響を調べた36の調査に対するこの徹底的なレビューを参照．Badgett, M. V. Lee; Durso, Laura E.; Mallory, Christy; Kastanis, Angeliki, 'The Business Impact of LGBT-Supportive Workplace Policies', The Williams Institute, May 2013.
25. 私信（2013年6月18日）．
26. 私信（2013年7月10日）．
27. Sears, B. and Mallory, C. 'Economic motives for adopting LGBT-related workplace policies', 2011. Williams Instituteのウェブサイトよりアクセス：http: //williamsinstitute.law.ucla.edu/wp-content/uploads/Mallory-Sears-Corp-Statements-Oct2011.pdf.
28. Hewlett, Sylvia Ann; Sears, Todd; Sumberg, Karen; Fargnoli, Christina, 'The Power of Out 2.0: LGBT in the workplace', Center for Talent Innovation, 2013, p. 30.
29. 彼らを保護する政策の欠如が回答者の18%から指摘された一方，17%は解雇されることへの恐怖を告白した．Human Rights Campaign, *Degrees of equality: A national study examining workplace climate for LGBT employees*, 2009, p. 15. 'Human Rights Campaignのウェブサイトよりアクセス：https: //www.hrc.org/files/assets/resources/DegreesOfEquality_2009.pdf.
30. 同上．p. 13.
31. Hewlett, Sylvia Ann and Sumberg, Karen, 'The Power of Out', Center for Work-Life Policy, 2011, p. 7.「ワークライフ政策センター」は現在「人材改革センター」となっている．
32. 私信（2013年12月3日）．
33. Everly, B. A.; Shih, M. J.; and Ho, G. C., 'Don't ask, don't tell? Does disclosure of gay identity affect partner performance?', *Journal of Experinmental Social Psychology*, January 2012, Vol. 48, Issue 1, pp. 407-10.　2件の異なる実験がおこなわれた．最初の実験では，被験者は実験が始まるのを待っている別の被験者がすでに待っている部屋に座らされた．それから，実験におけるパートナーについて説明する紙を渡された．「不明」ターンの場合，被験者はパートナーがサンフランシスコ出身で，インテリアデザインを勉強しており，料理とダンスが趣味だと知らされた．恋人がいることも知らされたが，その性別は明らかにされなかった．「公

Organization for Marriage Announces International "Dump Starbucks" Protest Campaign' (Press Release). NOM のブログよりアクセス：http: //www.nomblog.com/20812/#sthash.10x1eaTr.dpbs; および Dump Starbucks campaign のウェブサイト：http: //www.dumpstarbucks.com/.

8. Gilbert, Kathleen, 'Like traditional marriage? Then dump Starbucks, says National Organization for Marriage', LifeSiteNews.com, 29 March 2012. LifeSiteNews.com のウェブサイトよりアクセス：http: //www.lifesitenews.com/news/like-traditional-marriage-then-dump-starbucks-says-national-organization-fo/. フェイスブックの「いいね」は以下の Dump Starbucks のフェイスブックページより．https: //www.facebook.com/dumpstarbucks/posts/636562603037541.
9. Allen, Frederick, 'Howard Schultz to Anti-Gay-Marriage Starbucks Shareholder: "You Can Sell Your Shares" ', *Forbes* magazine, 22 March 2013. *Forbes* のウェブサイトよりアクセス：http: //www.forbes.com/sites/frederickallen/2013/03/22/howard-schultz-to-anti-gay-marriage-starbucks-shareholder-you-can-sell-your-shares/.
10. 'Goldman Sachs CEO Lloyd Blankfein: Same-sex marriage support "a business issue" , CBS News, 10 March 2013. CBS News のウェブサイトよりアクセス：http: //www.cbsnews.com/news/goldman-sachs-ceo-lloyd-blankfein-same-sex-marriage-support-a-business-issue/.
11. 同上．
12. Out Now Global LGBT2020 Study (2011), p. 18. 私信により入手（2013 年 6 月 5 日）．
13. 私信（2013 年 6 月 13 日）．
14. Human Rights Campaign, *Corporate Equality Index 2014*, p. 6.
15. 同上．
16. 2014 年の数字については，以下を参照．Human Rights Campaign, *Corporate Equality Index 2014*, p. 8. 2002 年の数字は HRC との 2014 年 1 月 6 日の私信により確認した．
17. 最初の企業平等指数 (CEI) は 7 つの項目に対して企業を評価するところから始まったが，これが今も採点システムの基準となっている．従業員規則やマニュアルに明文化された無差別政策で性的指向に触れているか，同性のパートナーにも医療保険を適用しているか，LGBT 社員リソースグループを認知して支援しているか，職場で性的指向やジェンダーの表現も含む多様性研修を実施しているか，LGBT コミュニティを尊重した適切なマーケティングをおこなっているか，LGBT またはエイズ関連組織への支援を提供しているかどうかについて点数が付与される．企業が LGBT の平等をそこなうような行為をしていれば，点数が引かれる．CEI 採点方法の変遷については，以下を参照．Human Rights Campaign, *Corporate Equality Index 2013*, p. 12.
18. 2002 年の CEI で，HRC は 319 の企業を評価した．そのうち，13 社が満点を獲得している．以下を参照．Human Rights Campaign, *Corporate Equality Index 2002*. HRC のウェブサイトよりアクセス：http: //www.hrc.org/files/assets/resources/CorporateEqualityIndex_2002.pdf
19. 2011 年の CEI で，HRC は 615 の企業を評価した．以下を参照．Human Rights Campaign, *Corporate Equality Index 2011*. HRC のウェブサイトよりアクセス：http: //www.hrc.org/files/assets/resources/CorporateEqualityIndex_2011.pdf

uscourts.gov/opinions/ops/201014833.pdf.
40. 私信（2013 年 5 月 7 日）.
41. リプレイスメンツ・リミテッドへのメールは，ボブ・ペイジが共有してくれた.
42. FBI のヘイトクライム統計ウェブページを参照．http: //www.fbi.gov/about-us/cjis/ucr/hate-crime/2011/hate-crime. 以下も参照．Tzatzev, Aleksi, 'There's a Disturbing Trend Involving Anti-Gay Hate Crime in the US', *Business Insider*, 12 December 2012. *Business Insider* のウェブサイトよりアクセス : www.businessinsider.com/anti-gay-hate-crime-stats-dont-budge-2012-12.
43. フランスで同性愛を受け入れるべきだと回答した人の割合は，2007 年の 83% から 2013 年には 77% に減っている．これはガーナやチェコ共和国，ポーランド，ヨルダン，ロシア，トルコ，パレスチナ自治区も含め，調査が実施されたどの地域よりも大きな減少率だった．これらの地域はすべて，2013 年の同性愛に対する寛容度のほうが，2007 年よりも低い．以下を参照．'The Global Divide on Homosexuality: Greater Acceptance in More Secular and Affluent Countries,' Pew Research Center, 4 June 2013, p. 2.
44. Sethi, Neeruj, 'France Gay Marriage: Hate Crimes Spike After Bill Passes', PolicyMic, 9 May 2013. PolicyMic のウェブサイトよりアクセス : www.policymic.com/articles/40695/france-gay-marriage-hate-crimes-spike-after-bill-passes.
45. Sacks, Jonathan, *The Dignity of Difference: How to Avoid the Clash of Civilizations* (New York: Continuum, 2002), p. 46.
46. '30% increase in anti-Semitic incidents worldwide in 2012', *The Times of Israel*, 7 April 2013. *The Times of Israel* のウェブサイトよりアクセス : http: //www.timesofisrael.com/report-finds-30-increase-in-anti-semitic-incidents-worldwide/.

5　カミングアウトはビジネスのためになる

1. Browne, John, 'Three reasons why I'm voting for gay marriage', *Financial Times*, 2 June 2013.
2. 私信（2013 年 7 月 12 日）.
3. サンフランシスコ商工会議所，グーグル，H5，リーバイ・ストラウスは 2009 年 1 月 15 日に共同で法廷助言書を提出した．以下で入手可能 : http: //www.courts.ca.gov/documents/s1680xx-amcur-sfchamber-commerce.pdf
4. Eckholm, Erik, 'Corporate Call for Change in Gay Marriage Case', *The New York Times*, 27 February 2013. *The New York Times* のウェブサイトよりアクセス : http: //www.nytimes.com/2013/02/28/business/companies-ask-justices-to-overturn-gay-marriage-ban.html?_r=0.
5. Amicus Briefs, 278 Employers and Organizations Representing Employers. 以下のウェブサイトよりアクセス : http: //www.glad.org/doma/documents/.
6. Garber, Andrew, 'Starbucks supports gay marriage legislation', *The old.Seattle Times*, 24 January 2012. *The Seattle Times* のウェブサイトよりアクセス : http: //seattletimes.com/html/politicsnorthwest/2017323520_starbucks_supports_gay_marriag.html
7. 以下を参照．National Organization for Marriage (21 March 2012), 'The National

of discrimination against gay men?' in *Sexual Orientation Discrimination: 'An International Perspective* (Routledge: New York, 2007), pp. 93-104.
22. たとえば，以下を参照．Ginther, Donna K. and Zavodny, Madeline, 'Is the male marriage premium due to selection? The effect of shotgun weddings on the return to marriage', *Journal of Population Economics*, Springer-Verlag, 2001, Vol. 14(2), pp. 313-28.
23. たとえば，以下を参照．Korenman, S. and Neumark, D., 'Does marriage really make men more productive?', *The Journal of Human Resources*, 1991, 26 (2): 282-307; 'Lundberg, S. and Rose, E., 'The effects of sons and daughters on men's labor supply and wages', *The Review of Economics and Statistics*, 2002, 84 (2): 251-68; Akerlof, George A., 'Men without children', *The Economic Journal*, 1998, 108 (447): 287-309; Becker, Gary S., 'A theory of the allocation of time', *The Economic Journal*, 1965, 75 (299): 493-517.
24. たとえば，以下を参照．Carpenter, Christopher (2006), 'Do straight men "come out" at work too? The heterosexual male marriage premium and discrimination against gay men' in *Sexual Orientation Discrimination: An International Perspective* (Routledge: New York, 2007), pp. 76-92.
25. カリフォルニア大学アーバイン校のカーペンター教授は，「伝統的な結婚の特権は，一部には異性愛者であるというサインを示したことに対する報酬である」と述べている．以下を参照．Carpenter (2006), p. 88.
26. 私信（2013 年 6 月 11 日）．
27. Movement Advancement Project, Human Rights Campaign and Center for American Progress, 'A Broken Bargain: Discrimination, Fewer Benefits and More Taxes for LGBT Workers' (Full Report), June 2013, p. 35.
28. 同上．
29. Blandford, John, 'The Nexus of Sexual Orientation and Gender in the Determination of Earnings', *Industrial and Labor Relations Review*, 1 July 2003, Vol. 56 (4), p. 640.
30. Movement Advancement Project, p. 35.
31. 私信（2013 年 10 月 13 日）．
32. 私信（2013 年 9 月 26 日）．
33. 私信（2013 年 10 月 10 日）．
34. 私信（2013 年 12 月 17 日）．
35. 私信（2013 年 6 月 26 日）．
36. 私信（2013 年 7 月 4 日）．
37. Grant, Jaime M.; Mottet, Lisa A.; Tanis, Justin; Harrison, Jack; Herman, Jody L.; Keisling, M., *Injustice at Every Turn* (Washington: National Center for Transgender Equality and National Gay and Lesbian Task Force, 2011), p. 3.
38. 私信（2013 年 7 月 18 日）．
39. Appeals from the US District Court for the Northern District of Georgia, 6 December 2011. US Court of Appeals 11th Circuit のウェブサイトよりアクセス：http: //www.ca11.

企業も，アレンの在任中 FTSE100 に入っていた．

11. Banaji, Mahzarin R. and Greenwald, Anthony G., *Blindspot: Hidden Biases of Good People* (Delacorte Press: New York, 2013), p. xii.
12. このテストは，以下で受けられる．http: //implicit.harvard.edu.
13. Nosek, Brian A. and Riskind, Rachel G., 'Policy implications of implicit social cognition', *Social Issues and Policy Review*, 2012, 6, pp. 112-45.
14. 私信（2013 年 9 月 27 日）．
15. Tilcsik, A., 'Pride and prejudice: Employment discrimination against openly gay men in the US', *American Journal of Sociology*, 2011, 117 (2), 2011: 586-626.
16. 履歴書は両方各企業に送られたため，採用担当者が疑念を抱かないよう，微妙に内容を変える必要があった．だが，その違いは調査の結果に影響を与えることはなかったはずだ．「ゲイ」または「ストレート」の組織への言及は，それぞれの履歴書でランダムに配置されたからだ．また著者は 2 種類の履歴書の間に系統的バイアスがないかどうかを回帰モデルを用いて検証し，バイアスが存在しないことを確認した．
17. この差は統計的に有意であり（$p < .001$），異性愛者の求職者が思わしい回答を得るまでに履歴書を送った会社が 9 社以下だったのに対し，ゲイの求職者は同じ結果を得るまでに 14 社近くに応募しなければならなかったことを示している．以下を参照．Tilcsik, pp. 605-6.
18. 以下を参照．Tilcsik, p. 596. 他国の研究者も，同様の結果を得ている．2009 年にギリシアで実施された調査では，調査員はアテネの民間企業 1,714 社の求人に 2 種類の履歴書を送っている．一方がゲイだと具体的に明示したわけではないが，一方の個人情報欄には，ゲイ団体でのボランティア経験を記載した．ストレートの求職者のほうには，環境団体でのボランティア経験を記載した．どちらの求職者も 29 歳で，ギリシア軍で兵役に就いたという設定だ．にもかかわらず，ゲイ団体でのボランティア経験がある求職者のほうは，異性愛者の求職者と比べると面接までこぎつける可能性が 26.2% 低かった．面接担当者が男性だった場合 , 面接に呼ばれる可能性は 35% 近く低いという結果が出た．(Drydakis, Nick, 'Sexual Orientation Discrimination in the Labour Market', *Labour Economics*, 2009, 16: 364-72. 他の調査では，このバイアスがレズビアンの求職者にも当てはまることがわかっている．(Weichselbaumer, Doris, 'Sexual Orientation Discrimination in Hiring', *Labour Economics*, 2003, 10: 629-42).
19. Sears, Brad and Mallory, Christy. 'Documented Evidence of Employment Discrimination and its Effects on LGBT People', The Williams Institute, July 2011. 以下よりアクセス : http: //williamsinstitute.law.ucla.edu/wp-content/uploads/Sears-Mallory-Discrimination-Ju1y-20111.pdf.
20. Laurent, Thierry and Mihoubi, Ferhat, 'Sexual Orientation and Wage Discrimination in France: The Hidden Side of the Rainbow', *Journal of Labor Research*, 2012, 33: 487-527, p. 488.
21. たとえば，ロンドンで経済学者をしているジェファーソン・フランクは，40 代から 50 代の異性愛者で既婚の男性がイギリスの大学で働いている場合，同年代の異性愛者で未婚の男性と比べると，経験や学歴などの変動要素を考慮して調整したうえでも，年収が 17% 高いことを突き止めた．以下を参照．Frank, J. (2006), 'Is the male marriage premium evidence

25. Pierce, Andrew, 'Lord Browne made atypical misjudgment', *The Telegraph*, 2 May 2007. *The Telegraph* のウェブサイトよりアクセス：http: //www.telegraph.co.uk/news/uknews/1550281/Lord-Browne-made-atypical-misjudgment.html
26 Roberts, Laura, 'Desert Island Discs' most controversial castaways', *The Telegraph*, 2 March 2011. *The Telegraph* のウェブサイトよりアクセス：http: //www.telegraph.co.uk/culture/tvandradio/8355867/Desert-Island-Discs-most-controversial-castaways.html

4　亡霊と恐怖

1. 私信（2013 年 12 月 30 日）.
2. 2013 年末までに，下院はこの議案を採決に持ちこんではいなかった.
3. これらのデータは全米総合的社会調査のデータに基づくもので，全国的な標本の調査である．以下を参照．Pizer, Jennifer C.; Sears, Brad; Mallory, Christy; and Hunter, Nan D., 'Evidence of Persistent and Pervasive Workplace Discrimination Against LGBT People: The Need for Federal Legislation Prohibiting Discrimination and Providing for Equal Employment Benefits', 2012, 45 Loy. L.A. L. Rev. 715. 以下にて入手可能：http: //digitalcommons.lmu.edu/llr/vol45/iss3/3.
4. Hewlett, Sylvia Ann; Sears, Todd; Sumberg, Karen; Fargnoli, Christina, 'The Power of Out 2.0: LGBT in the workplace', Center for Talent Innovation, 2013, p. 4, ピュー研究所の 2011 年のデータに基づく.
5. Alliance for Board Diversity（取締役会の多様性のための同盟）が 2012 年に実施した調査によれば，『フォーチュン 500』企業の 5,300 以上の取締役職のうち，73.3% が白人男性によって占められていた．男女比では男性が 83.4%, 女性はたったの 16.6% だった．白人の男性または女性以外が占めていたのは，わずか 13.3%. この数字は，取締役が自己申告した性別と人種を反映している．性的指向についての情報は収集されていない．より詳しくは，以下を参照．'Missing Pieces: Women and Minorities on *Fortune*500 Boards', Alliance for Board Diversity, 15 August 2013. Alliance for Board Diversity のウェブサイトよりアクセス：http: //theabd.org/2012_ABD%20Missing_Pieces_Final_8_15_13.pdf
6. 2013 年にスペンサースチュアートが発表したアメリカの取締役会指標は，S&P500 企業 500 社のうち 493 社の取締役会を調査したものだ．それによると，独立取締役の平均年齢は 2003 年の 60.3 歳から 2013 年には 62.9 歳に上昇し，2013 年の取締役会の 44% が平均年齢 64 歳以上だった．これは 10 年前の 14% と比べると大きな増加だ．以下よりアクセス：https: //www.spencerstuart.com/~/media/PDF%20Files/Research%20and%20Insight%20PDFs/SSBI-2013_01Nov2013.pdf.
7. 私信（2013 年 11 月 19 日）.
8. 私信（2013 年 11 月 19 日）.
9. 私信（2013 年 11 月 19 日）.
10. クリストファー・ベイリーは 2013 年 10 月にバーバリーの最高責任者に任命された．だが 2014 年に就任する時点で，ゲイであることをオープンにしていた FTSE100 企業トップの最高責任者は彼が初めてではない．クリス・アレンが 1996 年から 2000 年までグラナダ・グループの最高責任者を務め，2004 年から 2007 年までは ITV の最高責任者を務めていたからだ．どちらのいないか）とその地域．比重は実質的にアメリカの国勢調査を基にしており，これによって捉えようとしている人口の妥当な推測が得られる．ここで繰り返される比較はいずれも，統計的に重要なものである．

10. Noble, Barbara Presley, 'At Work; The Unfolding of Gay Culture', *The New York Times*, 27 June 1993. *The New York Times* のウェブサイトよりアクセス：http: //www.nytimes.com/1993/06/27/business/at-work-the-unfolding-of-gay-culture.html
11. 私信（2013 年 5 月 21 日）．
12. 私信（2013 年 10 月 3 日）．
13. 私信（2013 年 7 月 15 日）．
14. 私信（2013 年 7 月 19 日）．
15. Guasp, April and Dick, Sam, *Living Together: British attitudes to lesbian, gay and bisexual people in 2012* (Stonewall, 2012), p. 3. この報告に関しては，YouGov が 2,000 人以上を対象にした意識調査をおこなった．YouGov はさまざまな宣伝手法を用いてオンラインで回答者を募集するもので，国を代表するようなサンプルの構築は意図していない．調査実施後，YouGov は各回答者に比重を加えて人口全般をおおむね代表するよう調整するが，その比重は年齢と性別，社会的階級および特定の新聞を読んでいるかどうかの区別だけだ．
16. Hewlett, Sylvia Ann; Sears, Todd; Sumberg, Karen; Fargnoli, Christina, 'The Power of Out 2.0: LGBT in the workplace', Center for Talent Innovation, 2013, p. 25.
17. 私信（2014 年 1 月 5 日）．
18. 私信（2013 年 6 月 25 日）．
19. 私信（2013 年 6 月 19 日）．
20. 私信（2013 年 7 月 26 日）．
21. 私信（2013 年 8 月 13 日）．
22. Macalister, Terry and Carvel, John, 'Diversity drive at BP targets gay staff, *The Guardian*, 20 June 2002. *The Guardian* のウェブサイトよりアクセス：www.theguardian.com/uk/2002/jun/20/johncarvel.terrymacalister
23. 従業員給付研究所によれば，家庭内パートナー給付とは「従業員が自らの結婚していないパートナーに対して提供することを選択する給付．そのパートナーが同性か異性かは問わない」というもの．アメリカでは異性愛者のカップルには昔から従業員の夫や妻を対象とした医療保障などの配偶者給付が提供されてきたが，法的に結婚できないゲイのカップルにはそれがなかった．アメリカで株式を公開している企業がそのような福利厚生を提供し始めたのは，1990 年代前半になってからだ．2005 年以降，イギリスではゲイのカップルが市民パートナーシップを持つことができるようになり，法の下で配偶者給付と同等の福利厚生が得られるようになった．詳しくは以下を参照．Solomon, Todd A., *Domestic Partner Benefits: An Employer's Guide* (Washington: Thompson, 2006).
24. Dougary, Ginny, 'Lord Browne: I'm much happier now than I've ever been', *The Times* (of London), 6 February 2010. *The Times* のウェブサイトよりアクセス：www.thetimes.co.uk/tto/business/moversshakers/article1891575.ece『タイムズ』のこの記事は『フィナンシャル・タイムズ』でのインタビューからの引用についてのもので，そちらはオンラインではもう読むことができない．

3　深く隠れて

1. British Social Attitudes Survey 30. BSA のウェブサイトよりアクセス：http: //www.bsa-30.natcen.ac.uk/read-the-report/personal-relationships/homosexuality.aspx
2. British Social Attitudes 'Survey, as quoted in Clements, Ben, 'Attitudes Towards Gay Rights', University of Leicester, Institute for Social Change, British Religion in Numbers Website, May 2012. 2013 年 12 月 10 日にアクセス：http: //www.brin.ac.uk/figures/attitudes-towards-gay-rights/.
3. 最終的な票数は 390 対 148 だった．以下を参照．'Gay Marriage bill: Peers back government plans', BBC News, 5 June 2013. BBC News のウェブサイトよりアクセス：www.bbc.co.uk/news/uk-politics-22764954
4. 'Cameron Warns Europe Rebels: I Won't Budge', Sky News, 22 May 2013. Sky News のウェブサイトよりアクセス：http: //news.sky.com/story/1094227/cameron-warns-europe-rebels-i-wont-budge.
5. ピュー研究所によれば，イギリスで同性愛が社会に受け入れられるべきだと考える人の割合は 2007 年から 2013 年の間に 71% から 76% まで増えたそうだ．ほかに支持が高まった国はイタリア（65% から 74%），スペイン（82% から 88%），ドイツ（81% から 87%）．以下を参照．'The Global Divide on Homosexuality: Greater Acceptance in More Secular and Affluent Countries', Pew Research Center, 4 June 2013, p. 2.
6. 7 つの世論調査は以下の組織によって以下の日付で実施された．CBS ニュース（2013 年 2 月 8 日），PRRI / ブルッキングス（2013 年 2 月 10 日），クイニピーアク（2013 年 3 月 1 日），ABC ニュース /『ワシントン・ポスト』（2013 年 3 月 9 日），ピュー研究所（2013 年 3 月 15 日），CNN（2013 年 3 月 16 日），FOX ニュース（2013 年 3 月 18 日）．FOX ニュースが 2013 年 2 月 26 日に実施した 8 度目の世論調査では，同性婚に賛成する割合と反対する割合が半々になった．以下を参照．Silver, Nate, 'How Opinion on Same-Sex Marriage is Changing, and What It Means', *The New York Times*, 26 March 2013. *The New York Times* のウェブサイトよりアクセス：http: //fivethirtyeight.blogs.nytimes.com/2013/03/26/how-opinion-on-same-sex-marriage-is-changing-and-what-it-means/?_r=0.
7. Belkin, Aaron; Ender, Morten; Frank, Nathaniel; Furia, Stacie; Lucas, George R; Packard, Gary Jr.; Schultz, Tammy S.; Samuels, Steven M.; Segal, David R., 'One Year Out: An Assessment of DADT Repeal's Impact on Military Readiness', 20 September 2012, p. 43.
8. Human Rights Campaign, *Corporate Equality Index 2014*.
9. Hewlett, Sylvia Ann; Sears, Todd; Sumberg, Karen; Fargnoli; Christina. アメリカで，著者らはオンラインで募集した回答者の大規模なデータベースを抱える世論調査・社会科学および市場調査会社ナレッジ・ネットワークスと連動して調査を実施した．ナレッジ・ネットワークスはそれらの回答者一人一人について人口統計情報やその他の情報を持っている．調査に関して，同社は調査に参加してくれる回答者に自らを LGBT と認識している人々を選ぶことができた．そこから，データに比重を加えて，現在ホワイトカラーの職業についており，大学の学士以上の学位を持つ 21 歳から 62 歳のアメリカ人をおおむね代表するよう振り分けた．用いられた比重は以下の通り．年齢，性別，人種，家庭でのインターネット利用，居住地（都市部に住んでいるか

76. 同上.
77. Verkaiklaw, Robert, 'Iran is safe for "discreet" gays, says Jacqui Smith', *The Independent*, 23 June 2008. *The Independent* のウェブサイトよりアクセス：http: //www.independent.co.uk/news/uk/politics/iran-is-safe-for-discreet-gays-says-jacqui-smith-852336.html.
78. 私信（2013 年 6 月 18 日）.
79. 'The Global Divide on Homosexuality: Greater Acceptance in More Secular and Affluent Countries', Pew Research Center, Washington DC, 4 June 2013, p. 1.
80. 'Putin signs "gay propaganda" ban and law criminalizing insult of religious feelings', *Russia Today*, 30 June 2013. *Russia Today* のウェブサイトよりアクセス：http: //on.rt.com/yzvrz4
81 'Vladimir Putin signs anti-gay propaganda bill', AFP, 30 June 2013. *The Telegraph* のウェブサイトよりアクセス：http: //www.telegraph.co.uk/news/worldnews/europe/russia/10151790/Vladimir-Putin-signs-anti-gay-propaganda-bill.html.
82. Fierstein, Harvey, 'Russia's Anti-Gay Crackdown', *The New York Times*, 21 July 2013. *The New York Times* のウェブサイトよりアクセス：http: //www.nytimes.com/2013/07/22/opinion/russias-anti-gay-crackdown.html.
83. 'Mr. Putin's War on Gays', editorial, *The New York Times*, 27 July 2013. *The New York Times* のウェブサイトよりアクセス：www.nytimes.com/2013/07/28/opinion/sunday/mr-putins-war-on-gays.html?_r=0.
84. 同上.
85. Fierstein, 2013.
86. Horsey, David, 'Putin's anti-gay laws set the stage for an international battle', *Los Angeles Times*, 15 August 2013. *Los Angeles Times* のウェブサイトよりアクセス：http: //articles.latimes.com/2013/aug/15/nation/la-na-tt-putins-antigay-laws-20130814.
87. Idov, Michael, 'Putin's "war on gays" is a desperate search for scapegoats', *New Statesman*, 19 August 2013. *New Statesman* のウェブサイトよりアクセス：http: //www.newstatesman.com/2013/08/putins-war-gays-desperate-search-scapegoats.
88. Greenhouse, Emily, 'Homophobia in Russia Finds a New Medium', *The New Yorker*, 16 August 2013. *The New Yorker* のウェブサイトよりアクセス：http: //www.newyorker.com/tech/elements/homophobia-in-russia-finds-a-new-medium
89. Baker, Peter, 'Obama Names Gay Athletes to U.S. Delegation', *The New York Times*, 17 December 2013. *The New York Times* のウェブサイトよりアクセス：http: //www.nytimes.com/2013/12/18/sports/olympics/obama-names-gay-athletes-to-delegation.html
90. Secretary-General's video message to the Oslo Conference on Human Rights, Sexual Orientation and Gender Identity, 15 April 2013. 国連のウェブサイトよりアクセス：http: //www.un.org/sg/en/content/sg/statement/2013-04-15/secretary-generais-video-message-oslo-conference-human-rights-sexual
91. 私信（2013 年 12 月 2 日）.

63. Jones, Owen, 'One day "coming out" won't be a thing - and the reaction to Tom Daley's announcement shows we're getting there', *The Independent*, 2 December 2013. *The Independent* のウェブサイトよりアクセス：http: //www.independent.co.uk/voices/comment/one-day-coming-out-wont-be-a-thing--and-the-reaction-to-tom-daleys-announcement-shows-were-getting-there-8977908.html.
64. 私信（2014 年 1 月 10 日）.
65. Rose, Lacey, 'The Booming Business of Ellen DeGeneres: From Broke and Banished to Daytime's Top Earner', *The Hollywood Reporter*, 22 August 2012. *The Hollywood Reporter* のウェブサイトよりアクセス：http: //www.hollywoodreporter.com/news/ellen-degeneres-show-oprah-winfrey-jay-leno-364373?page=2.
66. Handy, Bruce, 'Television: He Called Me Ellen Degenerate?', *Time*magazine, 14 April 1997. *Time* のウェブサイトよりアクセス：http: //www.time.com/time/subscriber/article/0,33009,986189-2,00.html.
67. 'Now for a queer question about gay culture', *The Economist*, 10 July 1997. *The Economist* のウェブサイトよりアクセス：http: //www.economist.com/node/370660/print.
68. Prono, Luca, *Encyclopedia of Gay and Lesbian Popular Culture* (Westport: Greenwood Publishing Group, 2008), p. 287.
69. GLAAD, 'Where Are We on TV: 2012-2013 Season', October 2012, p. 3. 以下より参照可能：http: //www.glaad.org/files/whereweareontv12.pdf
70. 以前は Gay & Lesbian Alliance Against Defamation として知られていたこのアメリカのマスコミ監視組織は 2013 年に名称を GLAAD に変更し，そのミッションにバイセクシャルとトランスジェンダーも含めるようになった.
71. GLAAD, pp. 3-4.
72. Hewlett, Sylvia Ann; Sears, Todd; Sumberg, Karen; Fargnoli, Christina, 'The Power of Out 2.0: LGBT in the workplace', Center for Talent Innovation, 2013, p. 4, ピュー研究所の 2011 年のデータによる.
73. Marsh, Stefanie, 'Ian, McKellen on Tom Daley,『*The Hobbit*』and Gandalf's sexuality', *The Times* (of London), 7 December 2013. *The Times* のウェブサイトよりアクセス：http: //www.thetimes.co.uk/tto/arts/film/article3941753.ece.
74. ヒューマン・ディグニティ・トラストによれば，2013 年末時点で 77 カ国が同性愛を犯罪に定めている．このほかに 5 地域が同じく同性愛を犯罪としている．現在はニュージーランドとともに自由連合で自治国家を形成しているクック諸島，パレスチナ自治区，キプロスからの独立を宣言した北キプロス・トルコ共和国，インドネシアの南スマトラとアチェ州だ．イラクとレソトでの犯罪化の状況は不明だが，それはつまり，ゲイの人々が現地では起訴されるおそれがあることを意味している．これらの地域を含めれば，同性愛は 83 の法域において違法とされている．イラン，サウジアラビア，スーダン，イエメン，モーリタニア，そしてナイジェリアとソマリアの一部では，いまだに死罪が適用されることもある.
75. ドキュメンタリー『*Call Me Kuchu*』が，ゲイであるがゆえに金槌で撲殺されたウガンダ人のゲイ擁護活動家デイヴィッド・カトの晩年に密着している．以下を参照．Adams, William Lee, 'Out in Africa', *Attitude*, November 2012, p. 142.

september/4/newsid_3007000/3007686.stm

47. Lelyveld, Joseph, 'Forster's *Maurice*Becomes a Movie', *New York Times*, 12 November 1986. *New York Times* のウェブサイトよりアクセス：http: //www.nytimes.com/1986/11/12/movies/forster-s-maurice-becomes-a-movie.html
48. 私信（2013 年 11 月 12 日）.
49. Carter, David, *Stonewall: The Riots that Sparkled the Gay Revolution* (New York: St Martin's, 2004), p. 148.
50. Truscott, Lucian, 'Gay Power Comes to Sheridan Square', The Village Voice, 3 July 1969, p. 1. 以下のウェブサイトよりアクセス：http: //www.milestonedocuments.com/documents/view/lucian-truscott-iv-gay-power-comes-to-sheridan-square/text
51. Di Brienza, Ronnie, 'Stonewall Incident', *East Village Other*4, No. 32, 9 July 1969, 以下にて引用 . Carter, p. 143.
52. Bone, Ruan, 'Julian: A New Series', *Lunch*, September 1972, p. 3.
53. Russell, A. S., 'Spot the Poofter', *Lunch*, September 1972, p. 16.
54. 'Profile - David Hockney', *Lunch*, September 1972, p. 5.
55. 以下を参照. Kissack, Terence, 'Freaking Fag Revolutionaries: New York's Gay Liberation Front, 1969-1971', *Radical History Review*, Spring 1995 (62), pp. 105-34. イギリスの初期のゲイ解放運動についてより詳しくは，以下を参照. Robinson, Lucy, 'Three Revolutionary Years: The Impact of the Counter Culture on the Development of the Gay Liberation Movement in Britain', *Cultural and Social History*, October 2006, Vol. 3 (4), pp. 445-71 (27).
56. 以下を参照. Fejes, Fred and Petrich, Kevin, 'Invisibility, homophobia and heterosexism: Lesbians, Gays and the Media,' *Review and Criticism*, December 1993, p. 402. マスコミは，1970 年代初頭には同性愛に関して「より断罪的ではない方向で」対処していた. Fejes et al. で指摘されているように，1969 年から 1975 年にかけての『ニューヨーク・タイムズ』の時系列での記事抄録を見ると，「同性愛に関する記事の大半は，ゲイやレズビアンの権利拡大と社会におけるより幅広い受け入れについて述べている」とのことだ.

57 Rizzo, Domenico, 'Public Spheres and Gay Politics since the Second World War' in *Gay Life and Culture: A World History*, edited by Robert Aldrich (London: Thames & Hudson, 2006), p. 217.

58. 同上. 以下も参照. Lewis, Gregory B., 'Lifting the Ban on Gays in the Civil Service: Federal Policy Toward Gay and Lesbian Employees since the Cold War', *Public Administration Review*, September-October 1977, Vol. 57, No. 5, pp. 387-95.
59. Rizzo, p. 220.
60. *EastEnders*, BBC, 1987.
61. マイケル・キャッシュマンはこれについて，『*The Star*』に原因があると述べている. 以下を参照. Cashman, Michael, 'We had death threats and bricks thrown at us, now it's all so different', *The Mirror*, 25 September 2003. 以下よりアクセス：http: //www.thefreelibrary.com/We+had+death+threats+and+bricks+thrown+at+us..now+it's+all+so...-a0108125395.
62. 同上.

Encyclopedia」ページを参照．http: //www.ushmm.org/wlc/en/article.php? ModuleId =10005261.

32. Lautmann, Rüdiger, 'The Pink Triangle: The Persecution of Homosexual Males in Concentration Camps in Nazi Germany', *Journal of Homosexuality*, 1980-16, pp. 141-60.
33. 同上.
34. 東ドイツは，1968 年に男性同士の同性愛行為を非犯罪化した．翌年には，西ドイツも後に続いている．Taffet, David, 'Pink triangle: Even after World War II, gay victims of Nazis continued to be persecuted', *Dallas Voice*, 20 January 2011. *Dallas Voice* のウェブサイトよりアクセス : http: //www.dallasvoice.com/pink-triangle-wwii-gay-victims-nazis-continued-persecuted-1061488.html
35. Nardi, Peter and Bolton, Ralph, 'Gay-Bashing: Violence and aggression against gay men and lesbians' in *Targets of Violence and Aggression*, edited by Ronald Baenninger (New York: Elsevier, 1991), p. 353.
36. Setterington, Ken, *Branded by the Pink Triangle* (Toronto: Second Story Press, 2013), p. 131.
37. Naphy, p. 251.
38. Phillips, Michael, 'The Lobotomy Files: Forgotten Soldiers', *The Wall Street Journal*, 11 December 2013. *The Wall Street Journal* のウェブサイトよりアクセス : http: //projects.wsj.com/lobotomyfiles/.
39. 以下より引用 . Ordover, Nancy, *American Eugenics: Race, Queer Anatomy, and the Science of Nationalism* (Minneapolis: University of Minnesota Press, 2003), p. 106.
40. American Psychiatric Association, 'Diagnostic and Statistical Manual Mental Disorders' (Washington DC: American Psychiatric Association Mental Hospital Service, 1952).
41 'Employment of Homosexuals and Other Sex Perverts in Government', Subcommittee on Investigations, Committee on Expenditures in the Executive Departments (1950). PBS のウェブサイトよりアクセス : http: //www.pbs.org/wgbh/pages/frontline/shows/assault/context/employment.html
42. Johnson, David K., *The Lavender Scare* (Chicago: University of Chicago Press, 2004), pp. 123-4.
43. SCOCAL, Vallerga v. Dept. Alcoholic Bev. Control, 53 Cal. 2d 313, 347 P.2d 909, 1 Cal. Rptr. 494. 以下より入手可能 : http: //scocal.stanford.edu/opinion/vallerga-v-dept-alcoholic-bev-control-29822
44. *Time*, 'Essay: The Homosexual in America', 21 January 1966. *Time* のウェブサイトよりアクセス : http: //content.time.com/time/magazine/article/0,9171,835069,00.html
45. Hailsham, V., 'Homosexuality and Society', in *They Stand Apart: A critical survey of the problems of homosexuality*, edited by J. T. Rees and H. V. Usill (London: William Heinemann, 1955), pp. 21-35.
46. BBC News, '1957: Homosexuality "should not be a crime" ', 4 September 2005. BBC News のウェブサイトよりアクセス : http: //news.bbc.co.uk/onthisday/hi/dates/stories/

and Male Culture in Renaissance Florence (New York: Oxford University Press, 1996), pp. 20-1.
17. Fone, p. 193.
18. Parkinson, R. B., *A Little Gay History: Desire and Diversity Across the World* (London: The British Museum Press, 2013), p. 74.
19. Corriveau, Patrice, *Judging Homosexuals: A History of Gay Persecution in Quebec and France* (Vancouver: UBC Press, 2011), p. 165.
20. Frank, David John; Boutcher, Steven A.; Camp, Bayliss, 'The Reform of Sodomy Laws from a World Society Perspective' in *Queer Mobilizations: LGBT Activists Confront the Law*, edited by Scott Barclay, Mary Bernstein and Anna-Maria Marshall (New York: .New York University Press, 2009), p. 136.
21. Sibalis, Michael, 'The Age of Enlightenment and Revolution' in *Gay Life and Culture: A World History*, edited by Robert Aldrich (London: Thames & Hudson, 2006), p. 123.（ロバート・オールドリッチ編『同性愛の歴史』田中英史，田口孝夫訳，東洋書林，2009 年）
22. 同上.
23. 引用は以下より．Hyde, H. Montgomery, *The Other Love: An Historical and Contemporary Survey of Homosexuality in Britain* (London: Granada Publishing, 1970), p. 138.
24. Human Rights Watch, 'This Alien Legacy: The Origins of "Sodomy" Laws in British Colonialism', 2008. ヒューマンライツ・ウォッチのウェブサイトよりアクセス : http: //www.hrw.org/sites/default/files/reports/lgbt1208_webwcover.pdf
25. Kirby, Michael, 'The sodomy offence: England's least lovely criminal law export?' in *Human Rights, Sexual Orientation and Gender Identity in the Commonwealth: Struggles for Decriminalisation and Change*, edited by Corinne Lennox and Matthew Waites (London: Institute of Commonwealth Studies, 2013), p. 67.
26. ヒューマン・ディグニティ・トラストによれば，かつて大英帝国の植民地，自治領，保護領，その他の自治国家だった 44 の国が 2013 年末時点でもまだ同性愛を犯罪としていた．昔はイギリスの統治下にあったさらに 2 つの地域が，やはり同性愛性を犯罪と定めている．現在はニュージーランドとともに自由連合で自治国家を形成しているクック諸島と，1983 年にキプロスからの独立を宣言した北キプロス・トルコ共和国だ．
27. 1993 年 4 月から 2013 年 8 月の間に，3600 万人以上がアメリカ合衆国ホロコースト記念博物館を訪れた．より詳しくは，以下を参照．http: //www.ushmm.org/
28. Langer, Emily, 'Rudolf Brazda dies; gay man who survived Nazi concentration camp was 98', *The Washington Post*, 7 August 2011. *The Washington Post* のウェブサイトよりアクセス : http: //www.washingtonpost.com/local/obituaries/rudolf-brazda-dies-gay-man-who-survived-nazi-concentration-camp-was-98/2011/08/05/gIQAUlb90I_story.html?utm_term=.0987b4079e62
29. Giles, Geoffrey, ' "The Most Unkindest Cut of All" : Castration, Homosexuality and Nazi Justice', *Journal of Contemporary History*, 27 (41), 1992, p. 47.
30. 同上． p. 46.
31. さらに詳しくは，アメリカ合衆国ホロコースト記念博物館のウェブサイトで「Holocaust

世紀初頭の報告では，それがエルサレムから 10 キロ弱離れたバッティールから発掘されたことが示唆されている．以下を参照．Williams, Dyfri, *The Warren Cup* (London: The British Museum Press, 2006), pp. 47-8.

2. Morrison, Richard, 'The somnolent jeunes of la belle France', 17 January 2003. *The Times* (of London) のウェブサイトよりアクセス：http: //www.thetimes.co.uk/tto/opinion/columnists/richardmorrison/article2045296.ece.
3. Frost, Stuart, 'The Warren Cup: Secret Museums, Sexuality, and Society' in *Gender, Sexuality and Museums: A Routledge Reader*, edited by Amy K. Levin (New York: Routledge, 2010), p. 144.
4. MacGregor, Neil, *A History of the World in 100 Objects*（ニール・マクレガー『100 のモノが語る世界の歴史』東郷えりか訳，筑摩書房，2012 年），Episode 36, Warren Cup. BBC のウェブサイトよりラジオの書き起こしを入手：http: //www.bbc.co.uk/ahistoryoftheworld/about/transcripts/episode36/.
5. マルグリット・ユルスナールがギリシアの詩人コンスタンディノス・カヴァフィスの詩集を紹介するエッセイの中で，カヴァフィスの同性愛性を称える際にこれらの言葉を使った．以下を参照．*Présentation critique de Constantin Cavafy 1863-1933, suivie d'une traduction des Poèmes par Marguerite Yourcenar et Constantin Dimaras* (Paris: Gallimard, 1978), p. 41; 以下にて引用：White, Edmund, *The Burning Library: Writings on Art, Politics and Sexuality, 1969-1993* (London: Picador, 1995), pp. 350-1.
6. Aldrich, Robert, 'Homosexuality in Greece and Rome' in *Gay Life and Culture: A World History*, edited by Robert Aldrich (London: Thames & Hudson, 2006), pp. 29-30.
7. 同上． P. 30.
8. 以下を参照．Plutarch *Erotikos* (761d); and Dowden, Ken, *The Uses of Greek Mythology* (New York: Routledge, 1992), p. 82.
9. Neill, James, *The Origins and Role of Same-sex Relations in Human Societies* (Jefferson: McFarland & Company, 2009), p. 147.
10. Aldrich, Robert and Wotherspoon, Garry, *Who's Who in Gay and Lesbian History* (London: Routledge, 2001), p. 174.
11. 聖書のレビ記では 2 カ所に同性愛への言及がある．レビ記 18 章 22 節「あなたは女と寝るように男と寝てはならない．これは憎むべきことである」．レビ記 20 章 13 節「女と寝るように男と寝る者は，ふたりとも憎むべきことをしたので，必ず殺されなければならない．その血は彼らに帰するであろう」．〔日本語訳は日本聖書協会 1974 年版より〕
12. Ellis, Havelock, *Studies in the Psychology of Sex: Sexual Inversion* (Honolulu: University Press of the Pacific, 2001; reprinted from the 1906 edition), p. 207.
13. Naphy, William, *Born to Be Gay: A History of Homosexuality* (Stroud: Tempus, 2006), p. 100.
14. 同上． 以下も参照．Fone, Byrne, *Homophobia: A. History* (New York: Picador USA, 2000), pp. 186-7.
15. Fone, p. 192.
16. Naphy, p. 109; 以下も参照．Rocke, Michael J., *Forbidden Friendships: Homosexuality*

Wall Street Journal, 6 May 2014. 以下のウェブサイトよりアクセス：http: //www.wsj.com/articles/SB10001424052702304163604579531893392671188.

プロローグ

1. Hewlett, Sylvia Ann; Sears, Todd; Sumberg, Karen; Fargnoli, Christina, 'The Power of Out 2.0: LGBT in the Workplace', Center for Talent Innovation, 2013, p. 1.
2. 同上．p. 27.

1　逃げ隠れ

1. Cowell, Alan, 'BP Chief Resigns Amid Battle With Tabloid', *The New York Times*, 1 May 2007. *The New York Times* のウェブサイトよりアクセス：http: //www.nytimes.com/2007/05/01/business/worldbusiness/01cnd-oil.html
2. Smith, David, 'Four decades of glory ruined by a white lie', *The Guardian*, 6 May 2007. *The Guardian* のウェブサイトよりアクセス：http: //www.theguardian.com/media/2007/may/06/pressandpublishing.oilandpetrol
3. 第2次世界大戦後，世界の石油産業を牛耳るアングロサクソン系企業を説明するのにイタリア人ビジネスマンのエンリコ・マッテイが「セブン・シスターズ」という名前をつけた．その内訳はアングロ・ペルシャ・オイル・カンパニー（BPの前身），ガルフ・オイル（現在はシェブロンの一部），スタンダード・オイル・オブ・カリフォルニア（現在はシェブロンの一部），テキサコ（現在はシェブロンの一部），ロイヤル・ダッチ・シェル，スタンダード・オイル・オブ・ニュージャージー，そしてスタンダード・オイル・オブ・ニューヨークだ．最後の2社はその後合併し，エクソンモービルとなる．1960年代末には，これらの企業が世界中の石油備蓄の85%を支配していた．
4. 1981年6月5日，米疾病対策センター（CDC）がロサンゼルスで5人のゲイの男性を襲っている異常な症状について初めて公式な報告書を発表した．AP通信と『ロサンゼルス・タイムズ』がこのニュースを報じたことで，国中の医師たちが同様の症例についてCDCに連絡してくるようになった．その年の終わりまでには，ゲイの男性が深刻な免疫不全症を発症している例が270件も報告されていた．ＨＩＶ／エイズの詳しい歴史については，HIV.gov のウェブサイトで「A Timeline of AIDS（エイズ年表）」．
5. Levy, Geoffrey, 'Lord Browne: The Sun King who lost his shine', *Daily Mail*, 1 May 2007. *Daily Mail* のウェブサイトよりアクセス：http: //www.dailymail.co.uk/news/article-451947/Lord-Browne-The-Sun-King-lost-shine.html.
6. Macalister, Terry, 'A year that went from turbulent to terminal,' *The Guardian*, 2 May 2007. *The Guardian* のウェブサイトよりアクセス：www.theguardian.com/media/2007/may/02/pressandpublishing.business1
7. Cavafy, C. P., *Passions and Ancient Days*, translated by Edmund Keeley and George Savidis (New York: The Dial Press, 1971), p. 31.（コンスタンディノス・カヴァフィス『カヴァフィス全詩集』中井久夫訳，みすず書房，1991年）．本文の訳は独自に訳出した．

2　美と偏狭

1. 歴史家や考古学者たちは，このカップがどこで発見されたのか，確定できていない．だが，20

の対処といった内容を尋ねるときにはこれが特に問題になりがちだ．質問がどれほどデリケートなものになるかは，3つの要因から導かれる．まず，質問そのものが立ち入り過ぎていると思われる可能性がある場合．次に，質問に正直に答えることでリスクが生じる可能性がある場合．そして最後に，回答が「社会的望ましさのバイアス」による影響を受けている可能性がある場合だ．質問が立ち入り過ぎている場合，たとえば，その質問がなされた文化において質問が突出して個人的あるいはタブーであるとみなされれば，回答者は単に回答を拒否するかもしれない．この非回答問題は，質問に回答する人々と拒否する人々との間に体系的な違いがある場合には特に厄介だ．正直に答えることにリスクが伴う場合，そのリスクをはらむ情報を公開しない回答者に対してバイアスがかかるかもしれない．たとえば，麻薬の使用のような違法行為の通報を要求する質問などがこれにあてはまる．一方，「社会的望ましさのバイアス」は回答者が社会的に望ましい傾向に合わせた回答をし，社会的に望ましくない回答を否定するという傾向を指す．このバイアスが意味するところは，回答者が表面上は社会にとって望ましいと思われる行動を自己申告し，望ましくないとみなされるかもしれない行動や態度は申告しないということだ．このようなバイアスの規模については実証的研究による推定が試みられ，調査手法の質問に対しては同性愛行為やバイセクシャルまたは同性愛的アイデンティティの申告が実際より大幅に少ないことが判明している．また同性愛嫌悪的思想も過小申告されていることを示唆する証拠もある．これらのバイアスは，質問者がその場にいない環境でアンケートを記入できるようにするなど，調査の方法を変えることである程度までは緩和できる．ただし，このバイアスを完全に排除することは不可能かもしれず，そのため，本書で引用されている数字については慎重に考慮する必要がある．

より詳しくは，以下を参照のこと．

Bryman, A., *Social Research Methods* (Oxford: Oxford University Press, 2012).

Coffman, K.; Coffman, L.; Marzilli Ericson, K., 'The Size of the LGBT Population and the Magnitude of Anti-Gay Sentiment are Substantially Underestimated', National Bureau of Economic Research, NBER Working Paper No. 19508, 2013.

Krumpal, I., 'Determinants of social desirability bias in sensitive surveys: a literature review', *Quality & Quantity*2013, 47(4): 2025-2047.

Tourangeau, R. and Yan, T., 'Sensitive Questions in Surveys', *Psychological Bulletin*, 2007, 133(5): 859-883.

まえがき

1. Cook, Tim, 'Tim Cook Speaks Up', *Bloomberg Businessweek*, 30 October 2014. 以下のウェブサイトよりアクセス：http://www.businessweek.com/articles/2014-10-30/tim-cook-im-proud-to-be-gay.
2. Edmans Alex (2011). 'Does the Stock Market Fully Value Intangibles? Employee satisfaction and equity prices', *Journal of Financial Economics*, 101: 621-40.
3. Kim, Jim Yong, 'The High Costs of Institutional Discrimination', *Washington Post*, 27 February 2014. 以下のウェブサイトよりアクセス : http: //www.washingtonpost.com/opinions/jim-yong-kim-the-high-costs-of-institutional-discrimination/2014/02/27/8cd37ad0-9fc5-11e3-b8d8-94577ff66b28_story.html アクセス日 2014 年 1 月 5 日.
4. 以下にて引用 : Feintzeig, Rachel, 'Why Gay Workers Decide to Stay in the Closet,

原注

数字についてひとこと

本書では，多種多様な調査から得られたさまざまな数字を紹介している．各調査で用いられた手法に加え，本書での論点の根拠として使った数字が実際に適切なものかどうかも含め，それぞれの数字の出典は慎重に調査されている．どの出典も，その手法と併せて，批判的な目で評価された．とはいうものの，用いられた数字の信頼性についてはある程度の概評や但し書きが必要だろう．引用した調査・研究のどれについても，過誤の可能性が大きく分けて２つある．ひとつは，用いられたサンプリング手法に関連するもの．もうひとつは，非サンプリング回答の誤差に関連するもの．とりわけ，性的指向とアイデンティティに関する質問がデリケートなものだと認識されるという，その事実に起因する誤差だ．

用いられたサンプリングの方法によって生じる可能性のある過誤に関しては，一般的に言えば，本書では３種類の調査が引用されている．1つ目は確率抽出法に基づく全国的な標本調査からのデータを用いるもので，特定の（たいていの場合全国の）人口について，十分に信頼性のある数字を弾き出すうえでもっとも確実な調査方法だ．2つ目は，確率抽出法を用いない調査からのデータを用いるもので，これはつまり，人口の中でも特定のグループがほかのグループよりも多く選ばれる可能性があるということだ．こちらの調査はデータを抽出するために，ある程度までは人口全体を代表するような比重を代わりに用いる．このサンプリング法は1つ目の手法と比べると信頼度が劣るので，これらの調査によるデータを用いるときにはより慎重になる必要がある．ただ，こうした調査も，LGBTのような少数派についての情報を得るためにはときには必要だ．確率抽出法を用いる調査では関連性の高い質問が聞かれない場合が多く，またこちらの調査手法のほうがずっと簡単に，安く実施できるからだ．3つ目の調査方法はもっと詳細な聞き取りをおこなうものだが，データ自体が一般集団全体を反映しようという努力は一切なされない．この手法を用いる調査は調査対象の人々が語る経験に関しては興味深い見識をもたらすかもしれないが，そこから得られる統計的数字は必ずしも，調査対象以外の人々について何かを示唆するために用いられるべきものではない．

一般集団（多くの場合，アメリカやイギリスの国民人口）内のグループ間の違いを比較する統計を引用する際には，本書は調査が実施されていてデータが入手可能であれば1つ目の調査手法を採用した．ただし，性的アイデンティティや指向についての質問，そして職場におけるLGBTの経験についての質問は，確率抽出法による大規模な全国調査には残念ながら含まれていない場合が多い．その場合，数字は2つ目の調査手法を用いた研究から引用したが，その場合の結果は慎重に扱わなければならない．3つ目の調査手法の結果は，本書では特定の人々の人生譚や体験談，動機を強調するために用いられている．とりわけトランスジェンダーについてのデータは非常に収集が難しいため，この3つ目の調査手法は特定のグループに属する人々の経験を理解するためには特に重要だ．とは言うものの，このタイプの調査手法が引用されている場合にはそれがたとえばアメリカのすべてのトランスジェンダーを代表するものではないのだと理解しておくことが大事になる．この手法による調査結果が引用されている場合，読者はそれが代表的なものではないことを心に留め置いてほしい．

だが，調査データにおける誤差の原因は，非サンプリング回答の誤差からも生じる可能性がある．質問が非常にデリケートな場合，たとえば性的アイデンティティや指向，職場における偏見や差別へ

[著者]

ジョン・ブラウン
John Browne

1948年にドイツのハンブルクで生まれる。母親はアウシュビッツを生き残ったハンガリー系ユダヤ人。ケンブリッジ大学で物理学の学士号、スタンフォード大学で経営学の修士号を取得。1966年に石油企業ブリティッシュ・ペトロリアム（後のBP）に入社。1995年にCEOに就任し、同社を世界的なエネルギー企業へと育て上げる。「石油を超えて」のスローガンの下、再生可能エネルギーの開発を推進したことでも知られる。2006年にはバロンズ紙の「世界で最も尊敬されるCEO」にも選出された。元パートナーとのスキャンダルを機に2007年に辞職。ゲイであることをカミングアウトした。2015年にL1エナジーの会長に就任。
1998年にはナイトの称号が、2001年には一代貴族（貴族院議員）の位が与えられた。英国王立工学アカデミー会長を務めたほか、王立協会フェロー、アメリカ芸術科学アカデミーの海外メンバー、テート・ギャラリーやドンマー・ウェアハウス劇場の理事長も務める。他の著書に回顧録『*Beyond Business*』や『*Connect*』、『*Seven Elements That Changed the World*』がある。

[訳者]

松本裕
Yu Matsumoto

翻訳者。オレゴン州立大学卒。訳書にヴィジャイ・マハジャン『アフリカ　動きだす9億人市場』、コナー・ウッドマン『フェアトレードのおかしな真実』、マーク・ガーゾン『世界で生きる力』（以上、英治出版）、アンガス・ディートン『大脱出』、デイヴィッド・バーチ『ビットコインはチグリス川を漂う』（以上、みすず書房）など。

● 英治出版からのお知らせ

本書に関するご意見・ご感想を E-mail (editor@eijipress.co.jp) で受け付けています。また、英治出版ではメールマガジン、ブログ、ツイッターなどで新刊情報やイベント情報を配信しております。ぜひ一度、アクセスしてみてください。

メールマガジン：会員登録はホームページにて
ブログ　：www.eijipress.co.jp/blog
ツイッター ID　：@eijipress
フェイスブック　：www.facebook.com/eijipress
Web メディア　：eijionline.com

カミングアウト

LGBT の社員とその同僚に贈るメッセージ

発行日	2018 年 9 月 20 日　第 1 版　第 1 刷
著者	ジョン・ブラウン
訳者	松本裕（まつもと・ゆう）
発行人	原田英治
発行	英治出版株式会社 〒150-0022 東京都渋谷区恵比寿南 1-9-12 ピトレスクビル 4F 電話　03-5773-0193　　FAX　03-5773-0194 http://www.eijipress.co.jp/
プロデューサー	高野達成
スタッフ	藤竹賢一郎　山下智也　鈴木美穂　下田理 田中三枝　安村侑希子　平野貴裕　上村悠也 山本有子　渡邉吏佐子　中西さおり　関紀子　瀧口大河
翻訳協力	株式会社トランネット　www.trannet.co.jp
印刷・製本	大日本印刷株式会社
校正	小林伸子
装丁	英治出版デザイン室

ISBN978-4-86276-259-7　C0034　Printed in Japan

サブスクリプション・マーケティング　モノが売れない時代の顧客との関わり方

アン・H・ジャンザー著　小巻靖子訳　本体 1,700 円

所有から利用へ、販売から関係づくりへ。Netflix、セールスフォース、Amazon プライム……共有型経済とスマートデバイスの普及を背景に、あらゆる分野で進むサブスクリプション（定額制、継続課金）へのシフト。その大潮流の本質と実践指針をわかりやすく語る。

プラットフォーム革命　経済を支配するビジネスモデルはどう機能し、どう作られるのか

アレックス・モザド、ニコラス・L・ジョンソン著　藤原朝子訳　本体 1,900 円

Facebook、アリババ、Airbnb……人をつなぎ、取引を仲介し、市場を創り出すプラットフォーム企業はなぜ爆発的に成長するのか。あらゆる業界に広がる新たな経済原理を解明し、成功への指針と次なる機会の探し方、デジタルエコノミーの未来を提示する。

UXの時代　IoT とシェアリングは産業をどう変えるのか

松島聡著　本体 1,800 円

IoT とシェアリングは、産業を、企業を、個人を、どう変えるのか？　すべての鍵は、UX(ユーザーエクスペリエンス) にある。物流改革からロボット研究、シェアリングビジネスまで手掛ける起業家が、今起きている変化の本質と、〈共有型経済のビジネスモデル〉を描出する。

ティール組織　マネジメントの常識を覆す次世代型組織の出現

フレデリック・ラルー著　鈴木立哉訳　本体 2,500 円

上下関係も、売上目標も、予算もない！？　従来のアプローチの限界を突破し、圧倒的な成果をあげる組織が世界中で現れている。膨大な事例研究から導かれた新たな経営手法の秘密とは。12 カ国語に訳された新しい時代の経営論、ついに日本上陸。

サーチ・インサイド・ユアセルフ　仕事と人生を飛躍させるグーグルのマインドフルネス実践法

チャディー・メン・タン著　マインドフルリーダーシップインスティテュート監訳、柴田裕之訳　本体 1,900 円

Google の人材はこの研修で成長する！――自己認識力、創造性、人間関係力などを大きく伸ばす、Google で大人気の能力開発プログラムを大公開。ビジネスパーソンのためのマインドフルネス実践バイブル。

アドボカシー・マーケティング　顧客主導の時代に信頼される企業

グレン・アーバン著　スカイライトコンサルティング監訳　山岡隆志訳　本体 1,900 円

「良い関係」だけでは足りない。顧客を徹底的に「支援」せよ！　カスタマーパワーの時代、企業は一時的な利益を捨てて顧客にとっての最善を追求し、長期的な信頼を得なければならない。従来の常識を覆したマーケティング論。